Böhme · Aisthetik

Gernot Böhme

Aisthetik

Vorlesungen über Ästhetik als allgemeine Wahrnehmungslehre

Wilhelm Fink Verlag

Umschlagabbildung:
Tokyo, Shibuya, Foto des Autors

Die Deutsche Bibliothek – CIP-Einheitsaufnahme

Böhme, Gernot:
Aisthetik : Vorlesungen über Ästhetik als allgemeine Wahrnehmungslehre / Gernot Böhme. – München : Fink, 2001
ISBN 3-7705-3600-2

Gedruckt auf alterungsbeständigem Papier.

ISBN 3-7705-3600-2

Satz: Druckhaus Plöger, Borchen
Herstellung: Ferdinand Schöningh GmbH, Paderborn

Inhalt

Vorrede

Die philosophische Ästhetik hat in der zweiten Hälfte des 20. Jahrhunderts einen radikalen Wandel erfahren. Dieser resultierte aus mehreren Entwicklungen: der Wiederentdeckung des menschlichen Leibes und der Rehabilitierung der Sinnlichkeit, der explosionsartigen Erweiterung künstlerischer Möglichkeiten durch die Avantgarde, und schließlich der phänomenologischen Bewegung, die ja nicht nur durch die Linie von Husserl bis Schmitz repräsentiert war, sondern zu der auch Denker wie Ludwig Klages (1970) und Heinrich Barth (1977) gehören. Im Kern war dieser Wandel der Ästhetik eine Rückbesinnung auf das, was sie ihrem Namen nach immer schon sein sollte, insofern nämlich αἴσθησις der griechische Terminus für Wahrnehmung ist: Lehre von der sinnlichen Erkenntnis. Insofern ist die neue Ästhetik als eine Renaissance des ursprünglichen Entwurfs von Alexander Gottlieb Baumgarten zu sehen. Freilich vollzog sich der Wandel zunächst nur symptomatisch, indem einzelne ästhetische Phänomene bzw. Erfahrungsweisen einer Analyse gewürdigt wurden, die bisher am Rande der Ästhetik oder geradezu quer zu ihr lagen. Charakteristisch dafür ist ein Buch, das unter dem Titel *Aisthesis* erschien, eine Sammlung von Essays zur *Wahrnehmung heute oder Perspektiven einer anderen Ästhetik* (Barck u.a. 1990). Dieses Buch ist eine Sammlung von Gesprächen und Essays, unter denen besonders die Aufsätze von Roland Barthes *Die Rauheit der Stimme* und von Shuhei Hosokawa *Der Walkman-Effekt* hervorzuheben sind. Irgendwann einmal mußte man sich der Herausforderung stellen, was sich durch den Perspektivenwandel und viele Einzeluntersuchungen an Konturen der neuen Ästhetik abzeichnete, systematisch zu entfalten. Ich habe das erstmalig in meiner Ästhetikvorlesung im SS 1994 getan, einer Vorlesung, die *im Prinzip,* nämlich als Tonbandmitschnitt dem an Ästhetik interessierten Publikum zur Verfügung stand.[1]

---

1 Heidelberg: Carl-Auer-Systeme. Verlag, Programm Autobahn Universität 1995, ISBN 3-927809-82-9. Teile der Vorlesung wurden in verschiedenen Vorträgen und Aufsätzen in der Zwischenzeit einem weiteren Publikum vor-

In enger Nachbarschaft sehe ich meine Bemühungen zu denen von Wolfgang Welsch (1990, 1993), Martin Seel und den Schülern von Heinrich Barth, Armin Wildermuth und Rudolf Schweizer. Auffällig ist dabei, daß Martin Seel seinen eigenen Systematisierungsvorschlag durch eine Absetzung von der Idee der Aisthestetik als allgemeiner Wahrnehmungslehre konturieren will. Wenn er ursprünglich eine solche Begründung der Ästhetik als empirisch ablehnte, so war das wohl darauf zurückzuführen, daß er sein eigenes Unternehmen nicht in den Zusammenhang der phänomenologischen Bewegung stellte und stellt. Der Kern seiner Distanzierung von einer Ästhetik als Aisthetik liegt aber in der Besorgnis, daß durch eine solche Ausweitung der Ästhetik das Besondere der Kunst sich nicht mehr abgrenzen lasse. Diese Besorgnis teilt er mit Karl Heinz Bohrer (1993). Faktisch ist aber sein eigener Systematisierungsvorschlag – unter dem Titel einer *Ästhetik des Erscheinens* (Seel, 2000) – ebenfalls eine Erweiterung der Ästhetik, nämlich auf das Erscheinen als solches, worin dann der Bereich der Kunst sich erst durch Abgrenzung von den Bereichen des bloßen Erscheinens und des atmosphärischen Erscheinens ergibt. Man fragt sich, ob damit das Feld seiner Ästhetik nicht ebenso weit ist wie das Feld der Ästhetik qua Aisthetik. Demgegenüber betont aber Seel, daß das Ästhetische einer *besonderen* Wahrnehmung korrespondiert, nämlich der *ästhetischen Wahrnehmung*, deren Gegenstand das Erscheinende als solches sei. Aber ist letzteres nicht Gegenstand jeder Wahrnehmung, könnte man fragen. Nach dieser Frage wird auffällig, daß Seel gerade von solchen Wahrnehmungsereignissen ausgeht wie *Ich sehe einen Baum*, bei ihm: *Ich sehe Oskars Ball* (2000, 52ff.), die bei mir erst am Ende der Analyse stehen, d.h. nämlich von Realitäts- bzw. Dingwahrnehmungen. Dem gegenüber

---

gestellt und der Ansatz wurde in ästhetischen Fallstudien erprobt. Das führte zu drei Büchern zur Ästhetik (Böhme 1998, 1999, 2000), bevor ich mich entschloß, die systematischen Grundlagen auch als solche zum Druck vorzubereiten. Dazu wurde die Vorlesung noch einmal, und zwar im SS 2000 gehalten und die letzten drei wurden zusätzlich in der *Denkbar* Frankfurt vorgetragen. Die jetzt vorliegende Druckfassung ist gegenüber der ursprünglichen Vorlesung angereichert und in der Argumentation und Diktion besser durchgearbeitet. Auch dürfte das Beziehungsgeflecht, innerhalb dessen meine Überlegungen anzusiedeln sind, expliziter geworden sein. Die Grundgedanken dagegen haben sich nicht geändert, und erweitert wurden die Vorlesungen lediglich durch Überlegungen in Hinblick auf ihre Anwendung in ästhetischer Praxis und Kritik.

erscheint dann die für ihn eigentlich ästhetische Wahrnehmung als eine Abstraktion und nicht als Fundament jeder Wahrnehmung. Damit könnte sich der Unterschied zwischen unseren Entwürfen, die sich in der Mitte in vielem treffen, als einer erweisen, der durch unterschiedliche Zugangsarten erzeugt ist. Möge das Publikum von dieser Differenz profitieren.

Darmstadt, September 2000.

I. Einführung

1. Ästhetik als Theorie sinnlicher Erkenntnis

Die Ästhetik gilt seit etwa Hegels Zeit als eine der Grunddisziplinen der Philosophie – neben Ontologie, Erkenntnistheorie, Ethik u.a. Sie ist auch heute als Kategorie der Rubrizierung von Büchern oder der Schwerpunktbildung im Studium oder auch als Arbeitsfeld für wissenschaftliche Forschung hinreichend klar definiert. Gleichwohl ist es nicht selbstverständlich, systematisch über Ästhetik zu lesen. Dem steht die Verwissenschaftlichung der Philosophie im akademischen Bereich entgegen. Dieser Verwissenschaftlichung würde es nämlich eher entsprechen, eine bestimmte Methode oder ein Forschungsprogramm auf ästhetische *Probleme* anzuwenden, als die Ästhetik aus ihren eigenen Fragestellungen heraus zu entwickeln. So kann man beispielsweise sprachanalytische Methoden auf ästhetische Probleme anwenden oder semiotische Methoden, ohne daß dadurch die Ästhetik schon ein eigenständiger Teil der Philosophie würde. Noch viel mehr als die Verwissenschaftlichung der Philosophie steht einer systematischen Behandlung der Ästhetik entgegen, daß es für eine solche Behandlung heute kein allgemein verbindliches Fundament gäbe. Worauf sollte man die Ästhetik gründen? Hier geht es der Ästhetik natürlich nicht anders als anderen philosophischen Disziplinen im nachmetaphysischen Zeitalter. Aus dieser Verlegenheit hilft man sich gewöhnlich, indem man die Ästhetik historisch vorträgt. Hier könnte man etwa mit Alexander Gottlieb Baumgarten anfangen, der in der Mitte des 18. Jahrhunderts zum erstenmal explizit über Ästhetik las und als Begründer der Disziplin gelten kann. Er wollte mit der Ästhetik eine philosophische Theorie sinnlicher Erkenntnis schaffen. Dieser Anfang mit Baumgarten wäre in jedem Fall gut gewählt, weil damit zugleich klargestellt würde, daß die Ästhetik überhaupt Philosophie ist – denn was anderes sollte sie sein als *Theorie* sinnlicher Erkenntnis? -, und daß sie ferner innerhalb der Philosophie eine besondere Disziplin ist. Baumgarten selbst setzte sie nämlich der rationalen Erkenntnis entgegen und schuf damit seinerzeit einen Gegenpol zum Rationalismus.

Also, man könnte mit Baumgarten beginnen und dann entweder, zurückgehend bis zu Platon und Aristoteles, die Teile der Philosophie identifizieren, die nach der neuen Aufteilung der Ästhetik zuzurechnen sind, also etwa die Rhetorik des Aristoteles und seine Poetik, oder man könnte sich nach vorne wenden und dann über Kant, Hegel, Dilthey, Gadamer zu Adorno fortschreiten. Dabei gäbe es natürlich noch viele Zwischenstationen und insbesondere Zuliefertraditionen, wie etwa den englischen Empirismus von Shaftesbury bis Hutcheson und Burke.

Es gäbe heute also zwei plausible Möglichkeiten, über Ästhetik zu lesen, nämlich einerseits aus der Perspektive einer bestimmten verwissenschaftlichten Philosophie oder aber andererseits, indem man die Geschichte der Ästhetik vortrüge. Beide Wege sollen hier nicht beschritten werden. Der erste nicht, weil die jeweiligen methodischen Zugänge natürlich die ästhetischen Probleme auf ihre Weise thematisieren und dabei häufig wichtige Aspekte verschwinden lassen bzw. überhaupt schon im Vorfeld der Probleme stehen bleiben. Letzteres gilt insbesondere für die analytische Philosophie, die ja ihrer Natur nach nicht auf die Bearbeitung von Sachproblemen aus ist, sondern auf die Klärung der Sprache, in der sie behandelt werden können. Ersteres wird am Ende dieser Vorlesung anhand der semiotischen Ästhetik erläutert werden. Der *historische* Zugang nun wird hier nicht gewählt, weil die Geschichte der Ästhetik nach Baumgarten und bis in die Gegenwart eine Verengung ihrer Fragestellung erzeugt hat, die die klassischen Ästhetiken gerade für die Fragen, die uns heute in diesem Feld bedrängen, als ungeeignet erscheinen lassen. Darauf ist etwas näher einzugehen.

Baumgartens allgemeiner Ansatz der Ästhetik als einer Theorie sinnlicher Erkenntnis wurde als solcher im Grunde nie voll entfaltet und systematisch ausgearbeitet, sondern ist bereits bei seinen unmittelbaren Nachfolgern zu einer Theorie der Kunst, der Kunsterfahrung und schließlich des Kunstwerks geworden. Weil diese Entwicklung heute wenig bekannt und folglich wenig verständlich ist, sei sie hier in einem Exkurs dargestellt. Dabei wird sich zugleich eine Begründung dafür ergeben, warum ich in dieser Vorlesung, in der es eigentlich um sinnliche Erkenntnis geht, immer wieder auf Kunstwerke – nicht als Gegenstände, sondern als Zeugnisse, zu sprechen komme.

Baumgarten hat seine *Aesthetica* 1750 veröffentlicht, in vollem Bewußtsein, damit etwas Neues geschaffen zu haben. Sie sollte eine Kunst (oder

Wissenschaft) sein, den Bereich der niederen Erkenntnisvermögen, also der Vermögen, die nicht distinkte Erkenntnisse produzieren, zu verbessern. In einer Vorlesungsnachschrift von Baumgartens Ästhetik-Vorlesung heißt es:

> „Wenn man bei den Alten von der Verbesserung des Verstandes redete, so schlug man die Logik als das allgemeine Hilfsmittel vor, das den ganzen Verstand verbessern sollte. Wir wissen jetzt, daß die sinnliche Erkenntnis der Grund der deutlichen ist; soll also der ganze Verstand gebessert werden, so muß die Ästhetik der Logik zur Hilfe kommen." (Baumgarten 1759/1983, 80)

Die Ästhetik soll im Gebäude der Philosophie der Logik zur Seite treten und damit das aristotelische Organon, das instrumentelle Wissen, erweitern. Als das Ziel einer solchen Verbesserung der niederen oder sinnlichen Erkenntnisvermögen nennt Baumgarten die Schönheit. In Paragraph 14 aus der *Aesthetica* heißt es:

> „Aesthetices finis est perfectio cognitionis sensitivae, qua talis. Haec autem est pulcritudo."
> (*Das Ziel der Ästhetik ist die Vollkommenheit der sinnlichen Erkenntnis als solcher. Diese aber ist die Schönheit.*)

Die Definition von Schönheit, die sich hier scheinbar nebenher ergibt, ist verblüffend. Wir werden auf ihren Gehalt noch weiter einzugehen haben. Es ist offensichtlich, daß Baumgarten in Paragraph 14 die Schönheit der Erkenntnis und nicht ihrem Gegenstand zuschreibt. Auch bei Kant ist Schönheit kein objektives Prädikat. Schönheit wird im Geschmacksurteil zwar vom Gegenstand ausgesagt, aber dieses Urteil findet seinen Grund nicht im Begriff des Gegenstandes, sondern im Zusammenspiel der menschlichen Erkenntniskräfte, das sich aus Anlaß des Gegenstandes ergibt.

Im Gegensatz zur Formulierung Baumgartens in der *Aesthetica* findet sich sowohl in seiner *Metaphysik* als auch bei seinem Vorgänger Christian Wolff, als schließlich auch bei seinem Nachfolger G. F. Meier eine objektivistische Schönheitsauffassung. In Baumgartens *Metaphysik* heißt es in Paragraph 662:

> „Perfectio phaenomenon sive gustui latius dicto observabilis est pulcritudo." (*Schönheit ist die erscheinende oder dem Geschmack im weiteren Sinne bemerkbare Vollkommenheit*).

Bei Christian Wolff heißt es in seiner *Psychologia empirica*, § 545:

> „Hinc definiri potest pulchritudo, quod sit rei aptitudo producendi in nobis voluptatem, vel, quod sit observabilitas perfectionis" (Wolff, 1732)

(Folglich kann man die Schönheit definieren als die Fähigkeit des Dinges, in uns Lust zu erzeugen, oder als die Wahrnehmbarkeit der Vollkommenheit.)

Nach H.-C. Juchem (1970) sei es Meiers Fehler gewesen, in Baumgarten gerade jene subjektivistische Wendung des Schönheitsbegriffes nicht wahrgenommen zu haben, die nachher wieder für Kant charakteristisch geworden sei.

Diese Einschätzung der Lage scheint mir allerdings fraglich: Auf der einen Seite begegnet uns bei Meier das bekannte Problem, wie die Kunst mit ihrer Maxime der *Nachahmung der Natur* auf das Häßliche zu reagieren habe, und er gibt die Antwort, daß sie das Häßliche schön, wenn auch nicht als schön darzustellen habe. Auf der anderen Seite fragt man sich, ob eine Anpreisung der Subjektivierung des Schönheitsbegriffes als der eigentlichen Errungenschaft von Kants *Kritik der Urteilskraft* (1790/1983) dieser überhaupt gut tut. Juchem jedenfalls kommt mit seiner Interpretation zum Schluß:

> „Denn die Urteilskraft kann eine Sache nur deshalb als schön beurteilen, weil es ihrem Prinzip entspricht, sie kann aber nicht erklären, warum es ihm entspricht, bzw. warum gerade diese Sache zweckmäßig ist. Wir berühren hier wohl eine Schicht, hinter die man nicht mehr zurückfragen kann". (Juchem 1970, S. 118)

Der Punkt, an dem sich Kant, sei es nun in Absetzung von Baumgarten oder von Meier, von dieser ganzen Tradition trennt, besteht darin, daß er eine Beziehung von Schönheit und Vollkommenheit leugnet. Vollkommenheit, sagt er, setze einen Begriff des Gegenstandes voraus, an dem gemessen dieser als vollkommen anzusehen sei. Das Geschmacksurteil sei aber gerade ein nicht begrifflich vermitteltes Urteil. Die *Kritik der Urteilskraft* enthält deshalb eigens einen Paragraphen, der die Unterschrift trägt: „Das Geschmacksurteil ist von dem Begriffe der Vollkommenheit gänzlich unabhängig" (Kant 1790/1959, §15). Kant verläßt damit sowohl den Begriff der Schönheit als einer diffusen Wahrnehmung von Vollkommenheit als auch das Programm einer Ästhetik, deren Ziel es ist, Vollkommenheit in die niederen Erkenntnisvermögen hineinzubringen.

Es bleibt noch auszuführen, was eigentlich im Programm der Baumgartenschen Ästhetik liegt. Ich habe schon festgestellt, daß nach Baumgarten das Ziel der Ästhetik die Vollkommenheit der sinnlichen Erkenntnis ist. Zunächst ist wichtig festzuhalten, daß hier innerhalb der Philosophie des Rationalismus eine Anerkennung derjenigen Erkenntnisweisen sich vollzieht, die gerade nicht *klar und deutlich* sind, welche Kriterien ja seit Descartes für Erkenntnis überhaupt entscheidend waren. Wenn Baumgarten nach der zitierten Vorlesungsnachschrift gesagt haben soll, daß man „jetzt" wisse, „daß die sinnliche Erkenntnis der Grund der deutlichen ist", so könnte man das als eine Vorwegnahme der kantischen Erkenntnistheorie ansehen. Der Teil der Philosophie, der bei Kant explizit den Namen *Ästhetik* trägt, ist ein Teil der Erkenntnistheorie, wie man sie in der *Kritik der reinen Vernunft* findet. In diesem Teil analysiert Kant den Beitrag der Sinnlichkeit zur objektiven Erkenntnis. Gerade in diesem Sinne hatte aber die sinnliche Erkenntnis im Rationalismus keine Anerkennung gefunden. Wenn die konfuse Erkenntnisweise als Basis der deutlichen angesehen wird, so heißt das dort noch, daß sie der Ausgangspunkt der Bemühung um Deutlichkeit ist. Das universelle Verfahren rationalistischer Philosophie ist deshalb die Analyse, ihr oberster Grundsatz der Satz vom Widerspruch: Erkenntnisgewinnung besteht darin, etwas, das zunächst konfus oder, sagen wir, implizit gedacht ist, zu analysieren und zur deutlichen Erkenntnis zu erheben. Diese Bedeutung von sinnlicher Erkenntnis für Erkenntnis überhaupt ist es aber nicht, was nach Baumgarten der Ästhetik ihre eigenständige Rolle sichert. In dem zitierten Paragraph 14 betont er vielmehr, daß das Ziel der Ästhetik die Vollkommenheit der sinnlichen Erkenntnis *als solcher* sei. Die Vervollkommnung der sinnlichen Erkenntnis, der die Ästhetik dient, besteht also nicht darin, daß die sinnliche Erkenntnis in etwas anderes – nämlich Verstandeserkenntnis -, daß die konfuse Erkenntnis in distinkte überführt wird. Sinnliche Erkenntnis hat ihre eigene Form von Vollkommenheit. Sie besteht nicht in analytischer Durchsichtigkeit – ihr Name ist *Schönheit*.

Das Eigentümliche dieses Gedankens tritt hervor, wenn wir uns seiner Entwicklung bei Meier zuwenden. Meier stellt fest, daß sowohl die höheren als auch die niederen Erkenntnisvermögen zur Naturanlage der Menschen gehören. Seine Anlagen können ausgebildet und verbessert werden, und zwar geschieht deren Ausbildung in divergierende Richtungen. Die Ausbildung und Vervollkommnung der höheren Erkenntnis führt zur Philosophie und Wissenschaft, die der niederen Erkenntnis zur Kunst. Das Wissen, das mit Kunst verbunden ist, wird von Meier im Unterschied zu den philosophischen Wissenschaften auch als *schöne Wissenschaft* bezeichnet, ein Mensch, der sich in seinen niederen Erkenntnisvermögen vervollkommnet, als *schöner Geist*. Bei Meier wird die Ästhetik, wie die Titel seiner Schriften sagen, explizit zur Theorie der Künste: Sein erstes Werk heißt *Anfangsgründe aller schönen Künste und Wissenschaften (Meier*

1748-1750), ein späteres *Betrachtungen über den ersten Grundsatz aller schönen Künste und Wissenschaften (Meier 1757).*

Das Entscheidende, was in diesem Baumgartenschen und Meierschen Programm der Ästhetik liegt, ist die Auffassung der Künste als Wissensformen. Diese Auffassung, so unvertraut sie heute erscheint, hat eine lange Tradition[1]. Diese Tradition geht auf Aristoteles zurück, der in der *Nikomachischen Ethik* (1139b15-18) die Künste (τέχναι) als Formen des ἀληθεύειν, des Wahrmachens, bezeichnet. Die Künste sind nach Aristoteles zugleich die Wissensarten, die das Herstellen von etwas leiten, das ποιεῖν. Ebenso bei Meier: die schönen Künste und Wissenschaften bestehen in einer Art Erkenntnis, „nach welcher gewisse Handlungen auf eine gewisse Art verrichtet werden, und nach welcher ein gewisser besonderer Gegenstand hervorgebracht wird, oder nicht." (Meier 1757, 48). Danach ist beispielsweise „die Dichtkunst eine Erkenntniß, nach welcher der Dichter gewisse Handlungen verrichtet, wodurch ein Gedicht entsteht." (ebd.) Also: Das Kunstwerk ist die Objektivierung einer Erkenntnis. Die Absicht der schönen Künste, sagt Meier, besteht „in der Hervorbringung einer schönen sinnlichen Erkenntniß in den Lesern, Zuhörern und Zuschauern" (Meier 1757, 57f.).

Über sinnliche Erkenntnis verfügt jedermann, und sie ist im Alltag von großer Bedeutung. Die Ästhetik dient der Vervollkommnung dieser Erkenntnis; als vollkommene ist die sinnliche Erkenntnis Kunst. Als Kriterien der Vollkommenheit sinnlicher Erkenntnis – der Schönheit – nennt Meier Reichtum, Größe, Wahrheit, Lebhaftigkeit, Gewißheit. Ferner soll das Schöne rührend sein, schöne Ordnung und Beziehung enthalten. Diese Kriterien wirken etwas unbeholfen; sie deuten aber an, daß die Wissensvermittlung im Bereich der sinnlichen Erkenntnis, also die Wissensvermittlung durch Kunst, anders stattfindet als in Philosophie und Wissenschaft. Das zeigt sich insbesondere beim Thema Rührung. Meier sagt darüber:

> „Eine schöne Erkenntniß muß nicht nur selbst allemal so sehr ergötzen, als möglich ist, sondern sie muß auch, über den Gegenstand, ein gehöriges Vergnügen und Mißvergnügen verursachen." (Meier 1757, 47)

Hier zeigt sich, daß die Erkenntnis im sinnlichen Bereich und die Wissensvermittlung durch Kunst über die Affektivität geht. Die letzte Wendung

1 Diese Unvertrautheit zeigt sich heute etwa darin, daß bei Habermas nur der theoretische Diskurs Wahrheit als Geltungsanspruch behandelt, während es im ästhetischen Diskurs um Angemessenheit des Ausdrucks geht (Habermas 1982)

Meiers „auch über den Gegenstand ein gehöriges Vergnügen und Mißvergnügen verursachen" bedeutet, daß in der Kunst auch die affektive Beteiligung am Gegenstand vermittelt werden soll, d.h. dessen Annahme oder Ablehnung. Soviel zu der Frage, warum die Ästhetik, die als Theorie sinnlicher Erkenntnis entworfen war, zur Theorie des Kunstwerkes wurde.

Was in der Ästhetik zu erkennen sei, wurde auf diesem Wege eingeschränkt, nämlich auf das Schöne und Erhabene. Eingeschränkt wurde aber auch die Erkenntnisweise als solche: In der Ästhetik geht es dieser Entwicklungslinie zufolge genaugenommen nicht um Erkenntnis, sondern um *Beurteilung*. So am deutlichsten bei Kant: Die Ästhetik ist dort *Kritik der Urteilskraft* (1790/1959), nämlich des Vermögens, etwas in Hinblick auf Schönheit und Erhabenheit zu beurteilen. Was auf diesem Wege inhaltlich verlorenging, war vor allem die Natur. Während noch in Kants Ästhetik, nämlich seiner Schrift *Kritik der Urteilskraft*, die Natur das wesentliche Paradigma sowohl von Schönheit als auch von Erhabenheit lieferte, ist die Ästhetik der Natur bei Hegel nur noch der Vorhof der eigentlichen Ästhetik. Natur ist im eigentlichen Sinne schön überhaupt erst *im Rahmen* oder als Kunstwerk. Was ferner verlorenging oder als niederes Feld abgedrängt wurde, ist der Bereich, den wir heute Design nennen, nämlich die ästhetische Gestaltung des Alltagslebens. Durch die Orientierung der Ästhetik an der Kunst und aufgrund ihrer Entwicklung als Theorie des Beurteilungsvermögens orientierte sie sich naturgemäß immer mehr an der hehren, der wahren, der großen Kunst, unter deren Perspektive dann alle *anderen* Felder ästhetischer Gestaltung als bloßes Kunstgewerbe[2], als Kulturindustrie[3] oder Kitsch abqualifiziert wurden. Es ist nun meine These, daß die entscheidenden Fragen, die die Ästhetik der Gegenwart zu bearbeiten hat, gerade den Bereich der Natur und den des Design betreffen – woraus nach dem Bisherigen folgt, daß eine entsprechende Ästhetik im Gegensatz zur großen Tradition der europäischen Ästhetik von Baumgarten bis Adorno *neu* zu entwickeln ist.

Das soll nun im folgenden weiter erläutert werden. Dazu zunächst einige Bemerkungen zur Frage, was von einer Ästhetik – funktional gesehen – zu erwarten ist oder, mit anderen Worten, worin ihre Nützlichkeit besteht.

---

2 »Der Widerwille gegen Kunstgewerbe ist, verschoben, das schlechte Gewissen der Kunst überhaupt« (Adorno 1985, 347)

3 Zu diesem Begriff siehe Horkheimer/Adorno 1944/1969, 128-178.

2. Felder der Ästhetik: Natur, Design, Kunst

Wir wollen für das Folgende jeweils drei Felder, auf die sich die Ästhetik bezieht, im Auge behalten, nämlich die Natur, den Bereich des Design und die Kunst. Was also wird von der Ästhetik erwartet, insofern sie sich auf die *Kunst* bezieht? Hier ist die allgemeine Funktion der Ästhetik wohl darin zu sehen, daß sie die Basis für die Kunstkritik liefert. Natürlich ist auch die Kunstgeschichte eine sehr wichtige Basis für die Kunstkritik, insofern sie erlaubt, Kunstwerke in Entwicklungslinien einzuordnen, Renaissancen oder das einfache Wiederkehren von Motiven, Bildtraditionen, Stilmitteln festzustellen und durch Querverbindungen Interpretationsmöglichkeiten bereitzustellen. Die *Ästhetik* ist eine Basis der Kunstkritik, insofern sie für letztere sowohl die Begrifflichkeit und die Sprache als auch ihre Beurteilungskriterien entwickelt. Das kann durch die bloße Explikation von Begriffen, die in der Kunstkritik verwendet werden, geschehen, es kann aber auch bis zur Begründung von Urteilen aus allgemeinen Prinzipien reichen. Mit der Entstehung der modernen Kunst ist der Ästhetik eine weitere Funktion zugewachsen, nämlich die der Vermittlung von Kunst an das Publikum. Die mit der modernen Kunst entstandene Kluft zwischen der künstlerischen Produktion und ihrem Publikum ist auch als eine Interpretations- und Kommentarbedürftigkeit der modernen Kunst empfunden worden. Ob diese Einschätzung richtig ist, sei im Moment dahingestellt. Faktum ist, daß die ästhetische Theorie in der Vermittlung moderner Kunst eine neue Funktion erhalten hat.

Die Erwartungen an die Ästhetik in bezug auf die Natur und den Bereich des Design sind durchaus andere. Sie seien zunächst nur kurz genannt. In einer Ästhetik der *Natur* gilt es herauszuarbeiten, ob es eine besondere *ästhetische* Naturerkenntnis gibt und was diese an der Natur erkennt. Von der Ästhetik des Design, wenn man *Design* sehr allgemein faßt, also als die ästhetische Arbeit, die sich auf die Ästhetisierung der Lebenswelt bezieht, muß heute erwartet werden, daß sie Möglichkeiten bereitstellt, mit der Ästhetisierung des Realen fertigzuwerden. Mit diesem Stichwort *die Ästhetisierung des Realen* ist nun auch ein höchst beunruhigender Sachverhalt genannt worden, der es, selbst in dieser Einleitung nicht mehr erlaubt, bloß bei Andeutungen stehenzubleiben. Soviel sei festgehalten: Die Frage nach ästhetischer Naturerkenntnis und das Problem der Ästhetisierung des Realen zwingen dazu, die Ästhetik als Theorie im ganzen neu zu konzipieren. Die Tradition klassischer Ästhetik mit ihrer

Verengung auf Kunst und Kunsterfahrung reicht dazu nicht aus, weil sie, funktional gesehen, ein begriffliches Instrumentarium zur Verfügung stellt, das auf die Zwecke der Kunstkritik und der Kunstvermittlung zugeschnitten ist.

Damit ist zugleich auch gesagt, in welchem Sinne in diesen Vorlesungen Ästhetik systematisch vorgetragen wird. Sie ist nicht systematisch in dem Sinne, daß sie sich in ein größeres System der Philosophie einordnen ließe und von diesem gehalten würde. Sie ist vielmehr systematisch, insofern sie aus den gegenwärtig drängenden Sachproblemen ihres Arbeitsfeldes und auf diese Probleme hin Schritt für Schritt ihre Begrifflichkeit entwickelt. Sie seien deshalb nach den soeben genannten drei Arbeitsfeldern der Ästhetik erläutert. Dabei geht es zunächst um die Probleme der Ästhetisierung des Realen, dann um die Notwendigkeit einer ästhetischen Theorie der Natur, und schließlich will ich noch einmal auf die Kunst zu sprechen kommen und versuchen, in aller Kürze darzustellen, daß selbst für die neueren Kunstentwicklungen die traditionelle Ästhetik unzureichend ist.

3. Die Ästhetisierung des Realen

Zunächst also zur Ästhetisierung des Realen. Hier handelt es sich um ein Phänomen, das unter sehr unterschiedlichen Stichworten diskutiert wird, etwa dem der neuen Medien oder dem der *Erlebnisgesellschaft* (Schulze 1993) oder dem der Ersetzung der Realität durch *Simulakren* (Baudrillard, 1982). Es handelt sich darum, daß an der Erscheinung von etwas in einem Maße gearbeitet wird, daß sie zu einem Selbstwert wird und tendenziell das Erscheinende auch fehlen kann. Die Ästhetisierung des Realen spielt beispielsweise als eine *Ästhetisierung der Politik* eine große Rolle. Dieser Ausdruck geht auf Walter Benjamin (1979) zurück. Er hat damit den Faschismus kritisieren wollen (1979, 42). Dieser lasse, wie er sagt, die Masse zu ihrem Ausdruck, nicht aber zu ihrem Recht kommen. Dabei hatte er sicherlich die großen politischen Inszenierungen der Reichsparteitage, der Aufmärsche, der Tingversammlungen im Auge. Diese Ästhetisierung der Politik ist in dem Buch von Peter Reichel *Der schöne Schein des Drittes Reiches* (1991) umfassend, d.h. unter Einschluß vom Personenkult, Arbeitsideologie, Beginn des Massentourismus in den Organisationen des KdF, Kraft durch Freude, und der Olympiade 1936 dargestellt worden. Hier zeigt sich – über Benjamin hinausgehend – auch, daß durch diese Ästhetisierung der Politik tatsächlich Bedürfnisse, aber eher affektive als materielle oder politische, befriedigt wurden. Die Ästhetisierung der Politik im Faschismus ist natürlich auf letzteren keineswegs beschränkt, sondern ebenso an anderen totalitären Staaten zu studieren, und was noch wichtiger ist, sie ist durchaus auch ein Phänomen demokratischer Staaten. Hier hängt sie allerdings viel mehr noch als bei den totalitären Staaten mit dem Heraufkommen der neuen Medien zusammen. Es handelt sich um das auch schon bei Walter Benjamin festgestellte Phänomen, daß die Politik mehr und mehr zu einer Politik auf dem Theater oder, besser gesagt, vor Lautsprechern und Fernsehkameras wird. Was hier geschieht, also die theatralische Geste, *ist* entweder das politische Handeln oder soll dafür gelten.

Die Ästhetisierung des Realen ist entsprechend diesem Phänomen auch häufig als eine Ersetzung der Realität durch Simulakren bezeichnet worden. So vor allem von Jean Baudrillard (1982). Hier handelt es sich darum, daß die Wirklichkeit in den Medien für den Zeitgenossen häufig bedeutsamer ist als das, was an Realität dahinterstecken mag. Es zeichnet sich damit die Tendenz auf ein Leben in medialen Scheinwelten ab. Weniger im Bereich des Politischen als dem der Simulation von Wahrnehmungs- und Erlebniserfahrungen sind diese Möglichkeiten von dem Romancier William Gibson (1990) zur Fiktion eines *cyberspace* ausgemalt wurden. Cyberspace ist eine nur noch medial erreichbare, aber eben auch medial unendlich erweiterte Erfahrungswelt bei gleichzeitigem Verlust oder gleichzeitiger Unterdrückung unmittelbar leiblicher Erfahrungen.

Die Ästhetisierung des Realen ist am schlichtesten die ästhetische Aufmachung, die Zurichtung und, wie ich terminologisch sagen möchte, Inszenierung von allem, womit und worin wir leben. Diese an sich zunächst triviale und harmlose Sache wird zu einem Problem dann, wenn die Inszenierung der Umgebungen, der Dinge, der Menschen, mit denen wir zu tun haben, zu dem Eigentlichen und Entscheidenden wird, worum es geht. Eine Tendenz hierzu scheint mir in einer späten Entwicklungsphase des Kapitalismus zu liegen, die ich als ästhetische Ökonomie bezeichnet habe (Böhme, 2000a, 45-47). Da diese auch die materielle Grundlage für die anderen Dimensionen der Ästhetisierung des Realen darstellt, sehe ich in der Entwicklung einer Kritik der ästhetischen Ökonomie die entscheidende Aufgabe, zu deren Lösung die neue Ästhetik in der Bewältigung der Ästhetisierung des Realen beizutragen hat. Es seien deshalb ein paar Worte über den Begriff der ästhetischen Ökonomie hinzugefügt.

Als ästhetische Ökonomie sei ein Entwicklungsstadium des Kapitalismus bezeichnet, in dem zu Gebrauchswert und Tauschwert ein dritter hinzutritt, den ich *Inszenierungswert* genannt habe. Die Unterscheidung von Gebrauchswert und Tauschwert geht auf Marx zurück. Der Gebrauchswert eines Gegenstandes wird durch diejenigen Eigenschaften repräsentiert, durch die er zu bestimmtem Gebrauch nützlich ist: also zum Beispiel, daß ein Tisch eine ebene Platte hat, nicht wackelt usw. Der Tauschwert ist der Wert, den ein Gegenstand als Ware im Tausch hat. Auch der Tauschwert wird durch bestimmte Eigenschaften des Dinges repräsentiert bzw. gesteigert. Es sind solche, die seine Attraktivität für den Käufer ausmachen. Formgebung, Farbe und dergleichen fördern häufig nicht den Gebrauchswert von Dingen, sondern ihren Tauschwert. Das gilt insbesondere natürlich für die Verpackung. Wolfgang Haug hat in seinem Buch *Kritik der Warenästhetik* (1977) bereits eine besondere Ästhetik des Tauschwerts ausgearbeitet und darauf hingewiesen, daß der Tauschwert im Fortschritt des Kapitalismus den Gebrauchswert zu dominieren beginnt. Inzwischen ist diese Analyse aber bereits schon wieder unzureichend. Es zeigt sich nämlich, daß der Tauschwert einer Ware, d.h. seine Attraktivität, häufig nicht nur im Zusammenhang des Tausches, d.h. solange der Gegenstand Ware ist, relevant ist, sondern es auch weiterhin bleibt und zu einer Art neuem Gebrauchswert wird. Das zeichnete sich schon früh ab bei Waren, deren reiner Besitz zum Statussymbol wurde. Hier kam es nicht darauf an, ob man sie brauchte, sondern daß man zur Schau stellen konnte, sie sich leisten zu können. Mehr und mehr werden Waren aber überhaupt Dinge, die nach ihrem Kauf nicht benutzt werden, sondern in gewissem Sinne Ausstellungsstücke bleiben. Es sind Waren, deren Gebrauchswert darin besteht, daß sie zur Inszenierung eines bestimmten Lebensstils beitragen. Es ist sinnvoll, hier von einem neuen Werttyp zu sprechen, dem Inszenierungswert. Einerseits weil er gewissermaßen eine Geburt der Kombination von Gebrauchswert und Tauschwert ist, andererseits weil der Inszenierungswert dem Kapitalismus eine neue Steigerungsdimension eröffnet hat. Das ist folgendermaßen zu verstehen: Man betrachtet die Ökonomie in der Regel als ein System zur Befriedigung von Bedürfnissen. Dabei wird aber keine besondere Rücksicht auf den Charakter der Bedürfnisse genommen und insbesondere auf einen wichtigen Unterschied, der sich aus der Frage ergibt, ob ein Bedürfnis durch seine Befriedigung gestillt ist. Es gibt nämlich Bedürfnisse, die durch ihre Befriedigung nur noch gesteigert werden. Solche Bedürfnisse sollen im folgenden nicht mehr

Bedürfnisse, sondern Begehren oder Begierde genannt werden. So ist etwa die Begierde nach Macht von der Art, daß sie durch ihre Befriedigung gesteigert wird. Macht will mehr Macht. Ebenso die Begierde nach Ruhm oder nach Sichtbarkeit. Dieses zuletzt genannte Begehren ist für unseren Zusammenhang von besonderem Interesse, weil sich aus ihm die unendliche Steigerung der Bilderflut erklären läßt. Es ist keineswegs bloß der Wunsch zu sehen, sondern auch oder vielmehr der Wunsch gesehen zu *werden*, der diese Bilderflut hervorbringt. – Zurück zur Ökonomie: Die ästhetische Ökonomie ist gekennzeichnet durch ein Dominantwerden des Inszenierungswertes. Es werden mehr und mehr Waren erzeugt, deren Gebrauchswert nicht mehr der Befriedigung von Bedürfnissen im engeren Sinne dienen, d.h. solchen, die durch die Befriedigung gestillt werden, sondern dem Begehren. Inszenierung ist die Möglichkeit, das Leben auch jenseits der Befriedigung elementarer Bedürfnisse noch unendlich zu steigern und dadurch dem Kapitalismus immer neue Wachstumsdimensionen zu eröffnen.

In der Phase der ästhetischen Ökonomie kann man gesamtgesellschaftlich einen besonderen Sektor ausmachen, in dem Inszenierungswerte hergestellt werden, bzw. einen wachsenden Teil der gesamtgesellschaftlichen Arbeit, der auf die Inszenierung verwandt wird. Es handelt sich hier um die Berufssparten des Design, der Kosmetik, der Werbung, auch Teile der Architektur, Stadtplanung, Landschaftsplanung sind hierher zu rechnen, ferner natürlich große Teile des Fernsehens und der anderen Massenkommunikationsmittel. Wenn man auf diesen Sektor blickt, ist man veranlaßt, den Begriff des ästhetischen Arbeiters zu bilden. Unter ästhetischer Arbeit soll die Arbeit verstanden werden, die in die *Erscheinung* von Dingen, Menschen, Ideen gesteckt wird. Der Begriff der ästhetischen Arbeit ist also weiter als der Begriff der Inszenierungsarbeit und umfaßt den ganzen Bereich künstlerischer Produktion mit. Die fortschreitende Ästhetisierung des Realen stellt eine Herausforderung an die Ästhetik dar. Die Ästhetik kann nicht länger sich auf den abgeschirmten Bereich der Kunst beziehen, sondern sie muß sich mit den Produkten ästhetischer Arbeit im allgemeinen auseinandersetzen und auch die Kunst, die Künstler und die Kunstrezeption in diesem weiteren Rahmen sehen. Die Herausforderung besteht darin, Begriffe bereitzustellen und Kompetenzen dafür zu entwickeln, mit der Ästhetisierung des Realen konkret umgehen zu können, und ein Kritikpotential zu entwickeln, um ihrer Macht und Verführung nicht zu erliegen.

4. Naturästhetik

Damit komme ich zum zweiten Bereich, aus dem heraus der Ästhetik neue Aufgaben gestellt sind, nämlich zum Bereich Natur. Nun könnte es schon Herausforderung genug sein, sich um eine Ästhetik der Natur zu bemühen, wenn man bemerkt, daß die klassische Ästhetik die Natur schließlich nur noch in ihrer künstlerischen Darstellung der Betrachtung für wert hielt. Der eigentliche Anlaß aber für eine Ästhetik der Natur ergibt sich aus dem Umweltproblem. Die bedrohliche Verschlechterung der Natur als Umwelt, die Sorge um die natürlichen Lebensgrundlagen des Menschen und das Spüren der Schäden der Natur am eigenen Leibe haben zu einer Frage nach der Natur geführt, die nicht mehr die Natur als solche zum Thema hat – so wie das in den bisherigen Naturwissenschaften der Fall ist -, sondern die Natur *für uns*. Genaugenommen ist diese Fragestellung wissenschaftlich noch nicht hinreichend realisiert. Zwar nimmt man die Ökologie in der Regel als die für Umweltfragen zuständige Wissenschaft. Aber diese ist ursprünglich, und zwar bereits im 19. Jahrhundert, aus anderen Zusammenhängen heraus entstanden und behandelt im Grunde, nicht anders als die Naturwissenschaft auch, die Natur an sich und Naturgegenstände unter sich. Auf dieses Problem will ich hier nicht weiter eingehen. Aber ich habe es genannt, weil aus einer derartigen Kritik die Forderung nach einer *ökologischen Naturästhetik* (Böhme, 1999a) entstanden ist. Diese wurde ursprünglich von mir formuliert, um die ökologische Betrachtungsweise, die rein naturwissenschaftlich bleibt und allenfalls noch physiologisch sich auf den Menschen bezieht, so zu ergänzen, daß darin die Natur auch in Hinblick auf das, was sie für den Menschen bedeutet, seine Empfindung und seine Befindlichkeit, behandelt wird. Als Grundfrage einer ökologischen Naturästhetik bezeichne ich die Frage der Beziehung von Umweltqualitäten zur menschlichen Befindlichkeit. Würde diese ästhetische Dimension der Ökologie entwickelt, so ginge es bei der Reproduktion und künftigen Gestaltung, also Renaturierung, Rekultivierung schon zerstörter Natur, nicht bloß um die Einrichtung von funktionsfähigen Ökosystemen und interessanten Biotopen, sondern im vollen Sinne um die Gestaltung einer humanen Umwelt.

Die ökologische Herausforderung der Ästhetik hat dazu geführt, wieder die ästhetischen Qualitäten der Natur als solcher, d.h. also nicht erst der Natur im Bild, Gedicht, Park zum Thema zu machen. In dem Buch von Martin Seel, *Eine Ästhetik der Natur* (1991) ist inzwischen ein systematischer Entwurf vorgelegt worden, in dem die ästhetischen Erfahrungsweisen des Menschen unter den Hauptbegriffen der Kontemplation, der Korrespondenz und der Imagination abgehandelt werden. Zu kurz kommt darin immer noch die Natur selbst, d.h. die Frage, welche Qualitäten sie für menschliche Erfahrung ästhetisch qualifizieren. Aber gerade diese Frage würde der ökologischen Herausforderung entsprechen. Denn sie hat deutlich gemacht, daß offenbar die naturwissenschaftliche Betrachtungsweise der Natur eine eingeschränkte ist, daß sie nämlich die Natur apparativ, objektiv, d.h. letzten Endes entfremdet zum Thema macht. Die Natur, die in der Naturwissenschaft Gegenstand ist, ist nicht in menschlicher, und das heißt sinnlicher Erfahrung gegeben, sondern stets vor dem Apparat, im instrumentellen und experimentellen Zusammenhang. Im Rahmen der ökologischen Fragestellung interessiert aber gerade die Natur, wie sie den Menschen unmittelbar angeht, wie sie ihn leiblich und affektiv betrifft, d.h. die Natur in ihrer sinnlichen Gegebenheit. Eine Ästhetik der Natur, die dieser Frage entsprechen will, ist damit auf den ursprünglichen Ansatz von Alexander Baumgarten zurückverwiesen, nämlich die Ästhetik als Theorie sinnlicher Erkenntnis zu entwickeln. Die entscheidende Frage, die sie zu beantworten hätte, bestünde darin herauszufinden, ob sich in leiblich-sinnlicher Zugangsweise zur Natur diese in besonderer Weise und charakteristisch anders als in naturwissenschaftlicher Forschung zeigt. Was wird an der Natur im ästhetischen Zugang erkannt?

Mit dieser Frage ist die Forderung nach einer ökologischen Naturästhetik erweitert worden zur Frage nach einer ästhetischen Theorie der Natur. Eine solche hätte an eine Tradition anzuknüpfen, die insbesondere mit dem Namen Goethe verbunden ist.

5. Die Kunst

Mit den Bereichen Design und Natur sind zwei Felder genannt, in denen sich heute drängende ästhetische Fragen stellen, Fragen, denen die klassische Ästhetik nicht gewachsen ist und dies hauptsächlich wegen ihrer Einschränkung auf die Theorie der Kunst. Es zeigt sich jedoch, daß die Ästhetik auch in bezug auf die Kunst ihren Aufgaben nicht hinreichend entspricht. Die ihr neu zugewachsene Aufgabe der Vermittlung der modernen Kunst an das Publikum ist bisher nur unzureichend erfüllt. Das könnte daran liegen, daß die Kompetenzen zur Rezeption, in die die

Ästhetik einüben kann, im Grunde an der klassischen Kunst entwickelt worden sind und der modernen Kunst nicht mehr entsprechen. Ich möchte deshalb im folgenden skizzieren, daß auch die Kunstentwicklung nach einer neuen Ästhetik verlangt. Ich tue das, indem ich auf die Bereiche bildende Kunst, Musik und Literatur getrennt eingehe. Zunächst zur bildenden Kunst.

Hier möchte ich die These aufstellen, daß die bildende Kunst in der Moderne des 20. Jahrhunderts eine Entwicklung genommen hat, die an die Grenze des Bildbegriffs geführt hat oder, schärfer ausgedrückt: Werke hervorgebracht hat, die genaugenommen mit dem Begriff des Bildes nicht mehr hinreichend erfaßt werden können. Ein Bild stellt etwas dar. Man kann angesichts eines Bildes fragen, was es darstellt, was es bedeutet (Brandt, 1999). Diese legitimen Fragen haben dazu geführt, daß die Ästhetik des Bildes in den Einzugsbereich der Semiotik geraten ist. Nicht nur einzelne Elemente eines Bildes werden als Zeichen verstanden, sondern auch das Bild selbst: Es ist ein ikonisches Zeichen, es bedeutet etwas, es verweist auf etwas. Aber gerade diese Annahme wird durch einige charakteristische Werke der Kunst der Avantgarde in Frage gestellt. Das schwarze Quadrat des Malewitsch mag man durch kunsthistorisches Wissen noch mit der Tradition der russischen Ikone verbinden und ihm so eine Bedeutung quasi ex negativo zuweisen. Das wird mit den Quadratbildern des Josef Albers *Homage to the square* nicht mehr gelingen. Für diese Bilder, die nichts mehr darstellen, ist entscheidend, daß sie *selbst* etwas sind. Worum es bei diesen Bildern geht, ist, an ihnen selbst ihr Sein zu erfahren. Auch diese Bilder gehen nicht etwa in den farbigen Quadraten auf, die auf eine Leinwand gemalt sind. Sie erzeugen vielmehr eine Farbwirklichkeit in ihrer Umgebung, die nur in unmittelbarer Präsenz an ihnen erfahren werden kann. Josef Albers (1997) unterscheidet deshalb an einem Bild *actual fact* und *factual fact* -, was ich in Hinblick auf die weitere Vorlesung terminologisch durch den Unterschied von *Realität* und *Wirklichkeit* wiedergeben möchte. *Factual fact*, d.h. die Realität des Bildes, ist dieses als Gegenstand und die objektiven Eigenschaften, die sich an ihm finden, einschließlich der Farben. *Actual fact* ist das, was das Bild ausstrahlt, die farbige und affektive Tönung des Raumes. Ich nenne es auch in Hinblick auf eine Sprechweise Ludwig Klages' (1970), die *Wirklichkeit des Bildes*.

Auf Josef Albers habe ich mich nur bezogen, weil hier eine bestimmte interessante Terminologie entwickelt wurde. Das Besondere und für die Kunstentwicklung Interessante läßt sich aber ebenso an Bildern etwa von

Marc Rothko oder Barnett Newman studieren. Wir haben es mit Bildern zu tun, die nichts aussagen, nichts darstellen, nichts bedeuten. Es sind Bilder, die deshalb von vielen Menschen überhaupt nicht mehr als Bilder anerkannt werden. Das ist noch dramatischer bei den monochromen Bildern etwa eines Yves Klein. Das Anstößige für das klassische Kunstverständnis ist hier nicht die Abstraktheit der Darstellung oder etwa das Verlassen des Schönheitskanons, sondern die Infragestellung des Bildbegriffs als solchem.

Wenden wir uns zur Musik. Seit Schönberg haben wir hier mit einer schrittweisen Auflösung des klassischen Formenkanons, nicht bloß einer Transformation des Kanons zu tun. Das hat zur Folge gehabt, daß gegenüber dem Formalen das Qualitative der Musik, d.h. der Sound, der Charakter der Töne und der Instrumente, allgemein die Stimme, die menschliche wie die der Instrumente, an Bedeutung gewonnen hat. Auf dieser Linie ist schließlich die Materie der Musik, also der Bereich der Töne, erweitert worden, und mehr und mehr haben die reinen Geräusche, Naturgeräusche, Alltagsgeräusche, Krach, Maschinenlärm, in die Musik Eingang gefunden. Wenn ich von dieser Entwicklung rede, so ist natürlich vor allem an John Cage zu denken, ebenfalls aber auch an Komponisten wie Hespos, Daniel Ott, Lachenmann, die in diesen Bereich der Geräusche durch eine Art Quernutzung der Instrumente eingeführt haben. Im Underground, insbesondere in der Rapmusik, wird das Material von Komposition aus allem, was akustisch reproduzierbar ist, gebildet. Die Unzulänglichkeit der klassischen Ästhetik gegenüber einer solchen Musikentwicklung besteht hier vor allem in deren Bindung an den Formbegriff. Die Ästhetik begriff die Musik praktisch von der Partitur her. Das ist heute als eine eingeschränkte Zugangsweise zu bezeichnen, und es gibt viele Stücke, die auf diese Weise überhaupt nicht mehr erfaßt werden können. Es sind insbesondere solche, bei denen der Unterschied zwischen Partitur und Interpretation nicht mehr gemacht werden kann, die vielmehr nur in der reinen Aktualität und ihrer Reproduktion bestehen. Ihr ästhetischer Begriff muß also auch hier von der Präsenzerfahrung des Kunstwerks ausgehen.

Damit komme ich zur Literatur. Die Verhältnisse liegen hier ein bißchen anders als in der bildenden Kunst und in der Musik. Aber auch hier kann man eine analoge These aufstellen, um die Grenzen der klassischen Ästhetik zu bezeichnen. Handelt es sich bei der bildenden Kunst um die Grenze des Bildes, bei der Musik um die Grenze der Form, so bei der Literatur um die Grenze des Begriffes *Sinn*. Die Literaturtheorie war bisher im wesentlichen Hermeneutik, d.h. eine Theorie, die die Explikation von Sinn ermöglichen sollte. Sie hat sich in unserem Jahrhundert bereits erheblich gewandelt. Wurde ein Text am Anfang des Jahrhunderts, also etwa mit Dilthey (1905/1965), verstanden als Ausdruck eines Erlebens, so später als gesellschaftliches Produkt. Heute wird ein Text als ein intertextuelles Gebilde gesehen, d.h. nicht in seiner Beziehung zum Autor oder zum gesellschaftlichen Umfeld, in dem er entstanden ist, besser gesagt nicht nur, sondern vor allem auch als ein Ereignis der Verknüpfung, d.h. in Beziehung zu anderen Texten, Sprachverwendungen, Verlautbarungen. Der Text wird dabei im engeren Sinn als Text, nämlich als Textur verstanden, als Ereignis der Verknüpfung. Dabei kann es noch um Sinn gehen; dabei wird es aber schon eher um die Vielfalt möglicher Sinne gehen, um die Vielfalt von Lesarten und Interpretationsmöglichkeiten, und es kann dabei tendentiell auch um die Auflösung von Sinn überhaupt gehen. In der Tat haben ja seit dem Dada, dann insbesondere aber im literarischen Surrealismus Künstler versucht, im Bereich der Sprache das Prinzip des Sinns zu überschreiten. Jenseits des Sinns liegt allerdings nicht die Sinnlosigkeit, sondern schon eher der Gegensinn. Erst im Spiel von Sinn und Gegensinn eines Textes wird es dann möglich, seine Ereignishaftigkeit zu würdigen.

Damit sind wir am Ende der ersten Vorlesung. Sie sollte noch nicht neue Begriffe einführen, gleichwohl ist der eine oder der andere schon berührt worden. Zunächst ging es mir darum zu zeigen, daß die ästhetischen Fragen, die wir heute haben, den Ansatz einer neuen Ästhetik rechtfertigen. Es sind Fragen, die aus der Ästhetisierung der Lebenswelt auf uns eindringen, es sind Fragen, die mit unserer Naturerfahrung und der Notwendigkeit, die Natur zu gestalten, zusammenhängen. Und schließlich hat sich gezeigt, daß auch die moderne Kunstentwicklung in bildender Kunst, Musik und Literatur an die Grenzen der bisherigen Begrifflichkeit, speziell der Begriffe Bild, Form und Sinn, geführt hat. Es lohnt sich deshalb, im Bewußtsein dieser aktuellen Fragestellung das Unternehmen der Ästhetik gewissermaßen zu wiederholen, d.h. den ursprünglichen Ansatz einer Ästhetik als Theorie der sinnlichen Erkenntnis, der so schnell verlassen wurde, auszuarbeiten.

II. Wahrnehmung

1. Probleme des Anfangs

Für jede systematische Philosophie stellt sich das Problem des Anfangs. Durch den Anfang werden eine Fülle von Voraussetzungen festgelegt, die man meist unbewußt und nur implizit macht, die sich aber im folgenden als einschränkend herausstellen können. Durch den Anfang wird auch darüber entschieden, worauf man sich bei der folgenden Untersuchung stützen wird, und mit dem Anfang muß auch die Methode der Untersuchung gewählt werden. Um das kurz zu erläutern:

Wenn in dieser Vorlesung Ästhetik als Aisthetik entwickelt werden soll, d.h. als allgemeine Wahrnehmungslehre, so stellt sich gleich am Anfang die Frage, was dabei unter Wahrnehmung zu verstehen ist – aber gerade das soll ja die folgende Untersuchung erst klären. Es hätte also wenig Sinn, mit einer Realdefinition von Wahrnehmung zu beginnen. Wenn ferner die Wahrnehmung untersucht werden soll, so stellt sich die Frage: mit welchen Mitteln? Sollen es Mittel der Sprachanalyse sein, der Phänomenologie, der Psychologie, der Neurophysiologie? Je nachdem, welche Methode man wählt, wird sich, was Wahrnehmung ist und was überhaupt thematisierbar sein wird, anders darstellen. Schließlich die Voraussetzungen: Hier handelt es sich nicht nur um die Basis der Evidenz, auf die man sich stützen will. Will man beispielsweise empirische Untersuchungen der neuzeitlichen Wissenschaft heranziehen, also etwa der Psychologie, der Neurophysiologie usw., dann ist damit natürlich schon eine Fülle von Voraussetzungen festgelegt. Beispielsweise darüber, was als Erfahrungsdatum zu gelten hat, was Objektivität ist, was Wissenschaftlichkeit, bis hin zu allgemeinen Weltbildvoraussetzungen. Es könnte aber sein, daß es bei einer Untersuchung menschlicher Wahrnehmung gerade darum geht, gewisse Grundvoraussetzungen dieses neuzeitlichen Weltbildes und der zugehörigen Wissenschaft zu problematisieren. Es geht darüber hinaus aber auch um Voraussetzungen des menschlichen Selbstverständnisses. Derartige Voraussetzungen sind beispielsweise: ob man den Leib-Seele-Dualismus akzeptiert, ob man, was Mensch sein heißt, definiert im Gegensatz zu tierischem, allgemeiner animalischem Dasein, ob man Wahrnehmung als ein Vermögen unter anderen einreiht, beispielsweise als ein Erkenntnisvermögen im Gegensatz zum Begehrungsvermögen und im Unterschied zum Verstand.

Philosophen der Vergangenheit, wie Kant und Hegel, hatten das Problem des Anfangs für die Ästhetik nicht, weil sie die Ästhetik bereits in ein größeres System einordneten. So hat etwa bei Kant die Ästhetik ihren Platz in einem System, das durch die Ordnung der menschlichen Vermögen bestimmt ist. Die Ästhetik erscheint unter dem Titel der Urteilskraft. Man kann also sagen, daß bei Kant das Fundament der Ästhetik letzten Endes ein anthropologisches sei. Bei Hegel findet die Ästhetik ihren Platz in der Ordnung des objektiven Geistes bzw. besser gesagt der Erscheinungsweisen des objektiven Geistes. Die Ästhetik hat zum Thema das Schöne, und dieses wiederum ist als das sinnliche Scheinen der Idee definiert. Man könnte deshalb sagen, daß die Voraussetzungen der Ästhetik bei Hegel geschichtsphilosophisch oder metaphysisch gesichert sind. Wir befinden uns heute weder in der Lage eines Kant, der sich auf den Konsens eines menschlichen Selbstverständnisses stützen konnte, noch eines Hegel mit der Sicherheit eines metaphysischen Fundaments. Es bleibt uns aber für den Anfang die Möglichkeit, dort anzufangen, wo wir stehen, d.h. indem wir uns unserer historischen Situation versichern. Die dabei entstehende Ästhetik wird damit keine überhistorische Geltung beanspruchen können und trotz ihrer systematischen Anlage sich nur als historisch bedingten, fortsetzbaren und revidierbaren Versuch präsentieren können.

Die historische Situation der Ästhetik haben wir in der Einleitung versucht durch die Kritik der bisherigen Ästhetik und die Benennung einiger drängender Aufgaben einer gegenwärtigen zu bestimmen. Diese Bestimmungen der *ästhetischen Situation* werden die Rahmenbedingungen dafür abgeben, als was und in welcher Weise im folgenden Wahrnehmung zu untersuchen ist. Sie seien deshalb hier noch einmal stichwortartig wiederholt. Da diese Bestimmungen jetzt nur in ihrer positiven Funktion als Anforderung an eine neue Ästhetik verwendet werden, ist es in Kauf zu nehmen, daß sie in der Kritik des Bisherigen gegenüber manchem Ansatz ungerecht sein mögen.

Also: Aufs Ganze gesehen ist die bisherige Ästhetik nicht Aisthetik, d.h. gerade die Sinnlichkeit kommt in ihr zu kurz. Sie ist nicht eine Theorie sinnlicher Erfahrung, sondern der intellektuellen Beurteilung. Das bedeutet insbesondere, daß die menschliche Leiblichkeit in ihr keinen Platz hat. Obgleich Epiphanie, Erscheinung, das Scheinen eine zentrale Rolle in der Ästhetik spielen, wird der, dem etwas erscheint, quasi wie ein außerirdisches Subjekt behandelt und nicht in seiner leiblichen Anwesenheit. Das trifft auch zu für die Gegenstände der Ästhetik, in der Regel die Kunstwerke. Die Dominanz der Form hat hier in der Theorie schon dem vorgearbeitet, was durch die technische Reproduktion dann möglich wird: nämlich die Ablösung des Kunstwerks von seiner materialen Realisierung, und das heißt von seinem konkreten Hier und Jetzt. – Ferner hat die traditionelle Ästhetik, sei es wegen ihres Charakters als Beurteilungsästhetik, sei es wegen ihrer Orientierung am ästhetischen Objekt, nämlich dem Kunstwerk, oder sei es auch nur wegen ihres ideologischen Wertes im Selbstverständnis einer disziplinierten Bildungselite, der *emotionalen* Beteiligung am ästhetischen Gegenstand nicht hinreichend Rechnung getragen. Diese kam nur in der verdünnten Form von Lust und Unlust, von Zustimmung oder Ablehnung, oder gar des „interesselosen Wohlgefallens" (Kant, 1790/1959, § 2) vor. Positiv gewendet hätte eine neue Ästhetik dagegen Wahrnehmung als Weise leiblicher Anwesenheit zu entwickeln und die affektive Betroffenheit durch den Gegenstand der Wahrnehmung zu berücksichtigen.

Wenden wir uns den Bedingungen zu, die der Ästhetik als Wahrnehmungslehre von ihren Aufgaben her gestellt sind. Als ökologische Naturästhetik soll sie die Beziehung von Umgebungsqualitäten zur menschlichen Befindlichkeit bestimmen. Es geht also um die Frage, wie wir die Qualität von Umgebungen am eigenen Leibe spüren. Wahrnehmen ist also als Befindlichkeit zu konzipieren im Sinne von Spüren, in welcher Umgebung man sich befindet. Die Ästhetik soll ferner als sinnliche Theorie der Natur entwickelt werden. Wahrnehmung ist also auch im wörtlichen Sinne als Wahrnehmung auszuarbeiten und als besonderer Erkenntnistyp zu bestimmen.

Wenden wir uns den Aufgaben zu, die aus dem allgemein als Design bezeichneten Bereich der Ästhetik zuwachsen. Wenn man ihnen mit einer Theorie der Wahrnehmung begegnen will, so muß Wahrnehmung als ästhetisches Bedürfnis deutbar sein wie umgekehrt auch Wahrgenommenwerden-wollen. Die Ästhetisierung des Realen, d.h. ihre Inszenierung macht nur Sinn, wenn sie mit einem Begehren rechnen kann, das sich an der Wirklichkeit des Erscheinens befriedigt.

Schließlich die Kunst. Gegenüber Form, Symbol und Zeichen hat die moderne Kunst die Materialität, die Leiblichkeit, das Atmosphärische und das Ereignis zur Geltung gebracht. Das zeigte sich besonders bei Bildern, deren Kunstwerkcharakter sich erst in der Wahrnehmung realisiert, und bei Musik, die in der atmosphärischen Tönung von Räumen besteht. Diesen Seiten von Kunst muß Ästhetik qua Wahrnehmungslehre entsprechen. Es gibt aber auch andere, für die die traditionellen Ästhetiken zuständig sind. Das ist immer dort der Fall, wo es für die Erfahrung des Kunstwerks primär auf Symbolverständnis, überhaupt Verstehen, im weitesten Sinne auf *lesen* ankommt.

Im Negativen wie im Positiven weisen diese Bestimmungen der ästhetischen Situation der Gegenwart auf Wahrnehmungserfahrungen, die sich im folgenden Schritt für Schritt zu einer Ästhetik als allgemeiner Wahrnehmungslehre explizieren ließen. Dabei würde aber unterstellt, daß man als Autor einer solchen Ästhetik mit dem Leser oder Hörer solche Wahrnehmungserfahrungen quasi als etwas allgemein Menschliches teilte. Das ist aber keineswegs vorauszusetzen. Vielmehr ist Wahrnehmung nicht einfach als gegebenes Grundvermögen zu verstehen, sondern als etwas, das kulturgeschichtlich und lebensgeschichtlich, d.h. in jeweiliger soziokultureller Entwicklung ausgebildet wird. Damit haben wir uns mit einer weiteren Schwierigkeit des Anfangs auseinanderzusetzen.

2. Wahrnehmungsschlüssel

Dieter Hoffmann-Axthelm hat in seinem Buch *Sinnesarbeit. Nachdenken über Wahrnehmung* (Hoffmann-Axthelm 1984) den Begriff des Wahrnehmungsschlüssels entwickelt. Hiermit ist nicht gemeint, was die Gestaltpsychologie herausgearbeitet hat, nämlich daß unsere Wahrnehmung durch bestimmte Schemata, d.h. also etwa Grundmuster der Bildlichkeit geprägt ist und daß diese Grundmuster teils ihren biologischen, teils ihren kulturgeschichtlichen Hintergrund haben. Auch diese Grundmuster könnte man Wahrnehmungsschlüssel nennen, und man muß hier mit individuellen sowohl als auch kulturellen Unterschieden rechnen, wenn man sich über Wahrnehmung verständigen will. Hoffmann-Axthelm setzt aber noch eine Ebene tiefer an. Er macht deutlich, daß einerseits durch die kulturelle Evolution, also sagen wir, vom Jäger-Sammler-Dasein zur technischen Zivilisation, andererseits durch die spezielle Gesellschaftsformation und den Stand der Produktivkräfte, also sagen wir etwa durch die bürgerliche Gesellschaft und die kapitalistische Arbeitsteilung, und daß schließlich durch die frühkindliche Sozialisation, insbesondere die Geschlechtsrollenidentifikation, Bedingungen geschaffen werden, die festlegen, was überhaupt als Wahrnehmung möglich ist. Beginnen wir mit dem letzteren, der geschlechtsspezifischen Wahrnehmungssozialisation. Hier wird nämlich etwas deutlich, das im Grunde für jede Ausbildung von Wahrnehmungsfähigkeit gilt, nämlich daß Wahrnehmen immer auch zugleich Nichtwahrnehmen bedeutet. Hoffmann-Axthelm zeigt, daß der männliche Blick auf den weiblichen Körper gleichzeitig von Neugier und Begierde wie von Furcht und Verbot geprägt ist. Das bedeutet, daß sich ein Blickschema herausbildet, das den erblickten weiblichen Körper für den männlichen Blick zugleich gewissermaßen unsichtbar macht. Hoffmann-Axthelms Beispiel hier ist insbesondere die männliche Vulvawahrnehmung als schwarzes Dreieck, gegen die ja auf der Documenta 8 durch die Fotografin Zoe Leonhard in besonderer Weise protestiert wurde. „Jedes in sich stimmige Objekt deckt etwas zu", sagt Hoffmann-Axthelm (1984, 278). Und umgekehrt: „Diese ursprünglich real erzwungenen Verdeckungen ... wurden unter dem Druck des rituellen Sehverbots umgesetzt in eine Struktur des Sehens" (1984, 279). Hoffmann-Axthelm kann natürlich solche Tatsachen der Wahrnehmungsformation nur thematisieren, weil ihm oder uns heute auch andere Wahrnehmungsweisen möglich sind. Er rechnet also mit einer Lockerung der Wahrnehmungsverbote bzw. einer Pluralisierung bis Individualisierung der Wahrnehmungsweisen, mit einem „privaten Bild, das sich jedes Individuum von den sichtbaren sexuellen Tatsachen heute machen kann und darf"(1984, 279). Aber diese Pluralisierung der Sichtweisen läßt eben gerade nur erkennen, daß Wahrnehmen immer auch Nichtwahrnehmen ist, und stellt so noch weniger als die vorherrschende Wahrnehmungsformation ein Fundament bereit, von dem man ausgehen könnte, um sich über Wahrnehmung und Wahrgenommenes zu verständigen.

Die Form der Gesellschaft, in der wir leben, und der Stand der Produktivkräfte, d.h. also Technik- und Arbeitsformen, sind ebenfalls Bedingungen, die festlegen, was sich als Wahrnehmung herausbilden kann. Hier denkt Hoffmann-Axthelm vor allem an die Trennung von Leistungsverhalten, Genuß und Ich-Instanz und ferner an die Trennung von Handarbeit und Kopfarbeit. Diese Rahmenbedingungen schaffen eine Wahrnehmungsweise, die die Dinge als Objekte und die Welt als Tatsachenzusammenhang präsentiert, auf der anderen Seite aber ein Ich, das sich in seinen Wahrnehmungsakten selbst nicht mehr wiederfindet. In der Gegenüberstellung von Wahrnehmungsobjekt und Ich-Instanz ist das Ich sich in seiner eigenen Wahrnehmung nicht präsent, d.h. es spürt sich nicht leiblich. Das Objekt als Korrelat des Leistungs-Ich auf der anderen Seite ist neutraler Arbeitsgegenstand, nicht Objekt der Lust. Als Gegenstand der Lust und des Begehrens werden die Dinge erst wahrgenommen unter dem Aspekt der Nicht-Arbeit. Die Dichotomie von Arbeit und Nicht-Arbeit erweist sich somit auch als Wahrnehmungsschlüssel. Von der einen Wahrnehmungsweise zur anderen überzugehen ist nicht leicht, diese Möglichkeit, ja Notwendigkeit charakterisiert aber mehr und mehr die moderne Lebensform. Hoffmann-Axthelm selbst setzt in das Umschalten zwischen Sichtweisen sogar eine gewisse Hoffnung: Freiheit durch Switching. Aber leicht ist dieser Übergang von einer Wahrnehmungsweise zu anderen keineswegs und nicht selbstverständlich. „Der erste Schritt aufs Land, in den Wald, ist blind, erst nach allmählicher Lockerung beginnt man zu sehen, zu hören, zu riechen, zu spüren" (1984, 288).

Als weiteren gesellschafts- bzw. produktivkraft-bedingten Wahrnehmungsschlüssel habe ich die Trennung von Kopf- und Handarbeit genannt. Auch dies ist ein Schlüssel, der Wahrnehmung zu einem unleiblichen Vorgang macht. Die Einheit von Wahrnehmung und leiblicher Bewegung, auch von Arbeit und Wahrnehmung, also das Sehen mit der Hand löst sich tendentiell auf. Wahrnehmung wird durch Arbeitsteilung zu einer spezifizierten Funktion, zur Kontrollfunktion, demgegenüber dann die körperliche Arbeit zur bloßen Verrichtung herabsinkt.

Schließlich, um auf den Anfang zurückzukommen, stellt Hoffmann-Axthelm die Formation der Wahrnehmung im Rahmen des kulturgeschichtlichen Prozesses bis in die technische Zivilisation hinein dar. Dabei ist für uns vor allem wichtig, daß er behauptet, daß sich in der Gegenwart Wahrnehmung primär als Signalwahrnehmung entwickelt und daß Dinge bzw. die Dingwahrnehmung dabei verschwinden. Das ist sicherlich eine Frage der Dominanz technischer Medien. Aber auch die Warenwelt und das Design entwickelt sich, wie Hoffmann-Axthelm feststellt, in eine Richtung, daß die Inszenierung und die Gestaltung von Dingen sie mehr und mehr zu Signalen für ein verlangtes Verhalten oder zu Symptomen eines Lebensstils machen. Eines seiner schönsten Beispiele ist die Türklinke, die eigentlich nichts mehr mit der Hand oder dem Klinken zu tun hat, sondern nur signalisiert: hier geht es lang, hier ist die Tür. Die Auflösung der Dinge in den Medien und durch den Medien-trainierten Blick beschreibt er so:

> „Die Gegenstände, um die es in den Medien geht und die sich am reinsten im Warendesign, in Werbung und Verpackung aussprechen, sind längst

> nicht mehr wirkliche Dinge, sie sind gleichsam Projektionen, regulative Vorstellungen, denen jede Körperlichkeit, Dinglichkeit abhanden kam. Das im Medium Gemeinte gibt es nicht als käufliches, benutzbares Ding, es ist genau das, was es ist, das gedruckte Bild in der Zeitschrift oder auf der Warenpackung. Die Verpackung bildet etwas ab, was im Original nicht in der Packung, sondern im Kopf ist. Die Verpackung, die lockende Werbeanzeige liefern bloß die Wahrnehmungsanleitung“ (1984, 306).[1]

Dieses Referat der Untersuchungen Hoffmann-Axthelms sollte uns eine Warnung sein. Wenn wir die Ästhetik als Wahrnehmungslehre aufbauen wollen, so ist überhaupt nicht sicher, daß das, was wir durchschnittlich als Wahrnehmung ausüben, bzw. sich uns zunächst an Beispielen für Wahrnehmung aufdrängt, geeignet ist, ein Fundament für eine solche Ästhetik zu bilden. Es könnte durchaus sein, daß die Wahrnehmungsweisen, auf die man sich in bezug auf die gestellten Aufgaben berufen müßte, keineswegs jedermann zur Verfügung stehen bzw. überhaupt erst eingeübt werden müssen. Andererseits machen die Untersuchungen von Hoffmann-Axthelm Hoffnung, daß man sich über ein solches Fundament von Wahrnehmungsweisen für die Grundlegung der Ästhetik einigen könnte. Denn Hoffmann-Axthelms Untersuchungen machen ja gerade deutlich, daß man nicht auf bestimmte Wahrnehmungsweisen festgelegt ist, wenngleich sich dominante und durchschnittliche Wahrnehmungsweisen durch die kulturgeschichtliche und die persönliche Entwicklung eingeschliffen haben. Gerade wenn Wahrnehmung ein festes mit der Naturausstattung des Menschen gegebenes Vermögen wäre, hätte man viel weniger Aussicht, sich darüber zu verständigen. Denn dann könnte es ja sein, daß diese Ausstattung geschlechtsspezifisch, ethnisch bedingt oder gar individuell verschieden wäre. So aber haben wir Aussicht, uns über Wahrnehmungsweisen zu verständigen, die für die Ästhetik grundlegend sind, selbst wenn sie der einzelne überhaupt erst entdecken oder entwickeln müßte.

3. Beispiele für Wahrnehmung

Im folgenden wollen wir, ausgerüstet mit den Bestimmungen der gegenwärtigen ästhetischen Situation als Selektionskriterien, Beispiele von Wahrnehmung daraufhin untersuchen, ob sie geeignet sind, als Basis für die

---

1 Siehe dazu meine Untersuchung des Bildes *Ceci n'est pas une pipe* von R. Magritte in G. Böhme 1999e, 47-75.

Ästhetik zu gelten. Allgemein kann man sagen, daß es solche sein müßten, die möglichst umfassend sind, nämlich in dem Sinne, daß sie, wenn sie viele Elemente enthalten, durch deren Isolierung vielleicht andere Wahrnehmungsweisen zu spezifizieren erlauben. Ferner sollen sie grundlegend sein, d.h. andere spezifische Wahrnehmungsweisen möglich machen. Ob es in diesem Sinne umfassende und grundlegende Wahrnehmungsweisen gibt, muß sich erst herausstellen.

Wenn man jemanden auffordern würde, ein Beispiel von Wahrnehmung zu geben, so dürfte eine durchaus übliche Antwort sein: Ich sehe einen Baum. Wir wollen mit einem solchen trivialen Beispiel die Analyse beginnen.

Hier ist nun zumindest eine Zwischenbemerkung nötig. Wenn wir die Analyse anknüpfen an die zitierte Beispielsaussage *Ich sehe einen Baum*, so analysieren wir ja nicht unmittelbar die Wahrnehmung, sondern gehen von einer Äußerung über die Wahrnehmung aus. Das bringt uns in die Gefahr, anstelle von Wahrnehmungsanalyse Sprachanalyse zu treiben. Diese Gefahr läßt sich nicht schlechthin vermeiden, denn wir befinden uns in einer Vorlesung oder beim Schreiben oder Lesen eines Buches in einem diskursiven Zusammenhang und nicht im Wahrnehmungszusammenhang. Die Beispiele, auf die man sich bezieht, können also nur in die Analyse eingehen, insofern sie bereits sprachlich artikuliert sind. Anders wäre es, wenn man gemeinsam in Übungen eintreten würde und etwa durch Anleitung und Hinweise – die dann als solche allerdings wieder verbal wären – die Partner zu Wahrnehmungsweisen hinführen würde. Da es uns aber auch im Diskurs über die Wahrnehmung letzten Endes nicht um die Sprache der Wahrnehmung, sondern um diese selbst geht, müssen wir immer versuchen, die sprachliche Artikulation auf das hin zu überschreiten, was in ihr artikuliert wird. Also zurück zum Beispiel: Ich sehe einen Baum.

Dieser Satz spricht offenbar davon, daß in der Wahrnehmung ein Baum gegeben ist. Merkwürdig ist an dem Satz, daß er gleichzeitig die Wahrnehmungsweise spezifiziert, nämlich die Wahrnehmung des Baumes als *Sehen* bezeichnet. Insofern enthält die Aussage, wie man sagen könnte, zwei Informationen, nämlich daß das, was ich wahrnehme, ein Baum ist und daß die Art der Wahrnehmung Sehen ist. Man könnte sich fragen, ob letzteres eigentlich Inhalt der Wahrnehmung selbst ist, oder ob es beispielsweise nur durch die Sprachform so mitgeschleppt wird. Wohl letzteres. Natürlich könnte man sich auch ein Sehen vorstellen, indem dieses Sehen selbst wahrgenommen wird, indem ich mich selbst als Sehender gewahre. So etwa wie in Goethes Türmer-Lied: „Zum Sehen geboren, zum Schauen bestellt, dem Turme verschworen, gefällt mir die Welt." (Faust, 11288ff.) Hier ist nur von dem Sehen als solchem die Rede und von der Lust im Sehen -, daß etwas gesehen wird, spielt dabei gar keine Rolle. Anders im Wahrnehmungsbeispiel *Ich sehe den Baum*. Hier spielt der Baum eine Rolle, nicht aber das Sehen. Andererseits ist die Art und Weise, in der der Baum gewahrt wird, sicherlich spezifisch: Es ist ein gesehener Baum, den ich wahrnehme. Wenn wir uns auffordern, diesen Baum, wie man so sagt, uns vor Augen zu führen, so erscheint ein kleines schematisches Baumbildchen. Dabei wird deutlich, daß man das Wahrnehmungsbeispiel so versteht, daß der Baum als ganzer und auf Distanz wahrgenommen wird. Man könnte sich ja auch unter den Baum stellen – so, wie wenn man gegen Regen unter seiner Krone Schutz sucht. Auch dann würde man den Baum wahrnehmen. Aber dieses Wahrnehmen wäre charakteristisch anders gegenüber dem *Sehen*. Zwar wird auch hier der Baum faktisch gesehen, aber genaugenommen ist seine Wahrnehmung keinem besonderen Wahrnehmungsorgan zuzuordnen: Man *spürt* seine Mächtigkeit, seine Höhe. Wir würden dies immer noch so ausdrücken, daß der Baum der Gegenstand der Wahrnehmung ist: Ich spüre seine Mächtigkeit und seine Höhe, aber tendenziell verschwindet der Baum als Gegenstand, wie er meinen Blicken entschwindet.

Durch diese Konfrontation der beiden Beispiele zeigt sich, daß das Allerweltsbeispiel, mit dem wir angefangen haben, im Grunde eine sehr spezifische und eingeschränkte Wahrnehmungsweise darstellt. Sie ist spezifisch, insofern sie auf eine einzelne Sinnesart beschränkt ist, vor allem aber, weil sie nur ganz einseitig die Gegenstandswahrnehmung hervorhebt. Im Spüren des Baumes dagegen bin ich mir mit dem Baum zugleich meiner eigenen Anwesenheit in seiner Nähe, in seinem Schutz bewußt. Das bloße Ich, das in dem Beispiel *Ich sehe den Baum* vorkommt, ist dagegen im Wahrnehmungsvorgang gewissermaßen selbst der blinde Fleck. Zwar ist es faktisch nötig, in der Welt zu sein, um den Baum zu sehen. Aber daß dieses Ich ein konkreter Mensch ist, der in der Welt ist, und dort mit einem Baum zusammen, das kommt in unserem ersten Wahrnehmungsbeispiel nicht vor.

Aufmerksam geworden auf diese Tatsache, daß zwar faktisch Wahrnehmen bedeutet, in der Welt sein und zusammen sein mit dem Wahrgenommenen, daß aber in spezifische Wahrnehmungsweisen das eigene Dasein gar nicht mit eingeht, kann man sich auf die Suche machen, nach solchen Wahrnehmungsweisen, bei denen das gerade thematisch ist. Dann bieten sich Beispiele an wie *mir ist kalt*. Die Formulierung eines solchen Wahrnehmungsereignisses ist als solches schon auffällig, denn hier kommt ein Ich als Wahrnehmungssubjekt nicht vor. Dagegen artikuliert die Formulierung gerade die *Betroffenheit* des Wahrnehmenden durch die Wahrnehmung. Man könnte versucht sein zu sagen: was hier wahrgenommen wird, der Wahrnehmungsgegenstand, sei die eigene Befindlichkeit. Andererseits ist die Befindlichkeit nichts anderes als die Weise der Wahrnehmung selbst. Diese implizite Rückbezüglichkeit der Wahrnehmung ist auch in dem *Mir* enthalten. Dieses *Mir* ist in nuce das Ich. Aber es ist gerade eben noch nicht ein Ich, das sich zur selbständigen, dem Wahrnehmungsgegenstand gegenüberstehenden Instanz ausdifferenziert hat.

Es ist ganz wichtig, diesen Punkt festzuhalten: Es ist üblich, so zu reden, als sei das Ich quasi ein selbständiges Ding, das immer vorhanden ist. Die Analyse solcher Erfahrungen wie *Mir ist kalt* zeigt aber, daß es vielmehr quasi als Spaltprodukt aus implizit reflexiven Erfahrungen auftaucht. Die Erfahrung *Mir ist kalt* kann nämlich dadurch, daß ich mich selbst von dieser Befindlichkeit absetzte – etwa indem ich nach Abhilfe suche -, einen Ichpol und korrelativ dazu einen Gegenstandspol entfalten. Dann wird diese Erfahrung artikuliert als: „Ich spüre die Kälte". In dieser Formulierung ist die Kälte etwas deutlich von mir Unterschiedenes, durchaus ein Zustand der Außenwelt, den ich allerdings qua Spüren am eigenen Leibe erfahre. Das Ich geht dabei aber keineswegs in dem Spüren auf. Vielmehr ist die Formulierung so, daß das Spüren als ein Widerfahrnis des Ich, wenn nicht sogar als eine Tätigkeit formuliert wird, jedenfalls so, daß es nur eine Möglichkeit des Ich unter anderen darstellt. Der Gegenstandspol der Wahrnehmung, nämlich die Kälte, ist in der Formulierung allerdings noch nicht ganz gegenüber dem Spüren ausdifferenziert. Das geschieht erst, wenn sich die Wahrnehmung als Feststellung: *Hier ist es kalt* weiterentwickelt.

Wir haben an dem Beispiel *Mir ist kalt* eine Wahrnehmungserfahrung vor Augen, an der sich gut demonstrieren läßt, in welchem Sinne bestimmte Wahrnehmungserfahrungen für andere als grundlegend angesehen werden können. Wir haben gesehen, wie das *Mir ist kalt* sich durch Ausdifferenzierungsprozesse, die zugleich Distanzierungen sind, entfaltet: ich gehe gegenüber meinem eigenen Zustand auf Distanz und unterscheide einen Zustand der Außenwelt von mir.[2] Die Wahrnehmungsweise wird

2 Zur Beziehung vom *ich* und *mir* siehe meinen Aufsatz *Über eine notwendige Veränderung im europäischen Denken*, in: Böhme 1986, 229-239

dabei durchaus eine andere, aber sie bleibt von der unentfalteten Wahrnehmung als grundlegender getragen. Wenn ich etwa vor die Tür trete und feststelle *Es ist kalt draußen*, so ist die Wahrnehmung, die ich dabei habe, durchaus nicht die Wahrnehmung *Mir ist kalt*. Gleichwohl wird sie von letzterer getragen. Ich benutze mich nämlich bei diesem Wahrnehmungsakt gewissermaßen als Indikator für den äußeren Zustand und bemerke die Kälte draußen zwar nicht dadurch, daß mir kalt ist, wohl aber doch durch einen Anflug dieser Erfahrung, der aber gleich wieder auf das Objekt, den Zustand draußen, übersprungen wird.

Wir haben das zweite Beispiel für Wahrnehmung *Mir ist kalt* gewählt, weil in dem Beispiel *Ich sehe den Baum* die Erfahrung der leiblichen Präsenz, die wir nach unseren Kriterien für Wahrnehmung verlangen müssen, nicht enthalten war. Andererseits ist in dem zweiten Beispiel der Gegenstandspol offenbar unzureichend enthalten. Wir haben zwar gesagt, daß er sich zur Tatsache *Es ist kalt* entfalten kann, niemals aber zu einem Gegenstand im engeren Sinne, einem Ding. Aber immerhin ist dieses auch schon lehrreich, nämlich daß der Gegenstand der Wahrnehmung nicht ein Ding zu sein braucht und nicht einmal eine Eigenschaft oder ein Zustand eines Dinges. Wenn ich sage *Ich spüre die Kälte,* dann meine ich mit *Kälte* ja nicht die Eigenschaft von etwas, beispielsweise der Luft. Die Luft ist ja in der Erfahrung überhaupt nicht gegeben. Kälte ist in der Erfahrung eine Art freischwebender Qualität, „unbestimmt in die Weite ergossen“.[3] Wir werden diesen Typ von Gegenständen *das Atmosphärische* nennen. Der Gegenstand der Wahrnehmung *Mir ist kalt* ist also etwas Atmosphärisches, er läßt sich aber nicht bis zu einem Ding hin ausdifferenzieren oder besser gesagt verdichten. Insofern kann die Erfahrung *Mir ist kalt* noch nicht als hinreichend umfassend dafür angesehen werden, als Paradigma für den Aufbau der Ästhetik zu dienen.

Damit stellt sich aber die Frage, ob überhaupt *eine* bestimmte Wahrnehmungserfahrung ein solches Paradigma abgeben kann. Traditionell unterscheidet man ja fünf Sinne: Sehen, Hören, Riechen, Schmecken und Fühlen, wobei das Fühlen in neuerer Zeit häufig noch in weitere Sinne: den Tastsinn, den Temperatursinn, den Schmerzsinn, den Gleichgewichtssinn, aufgespalten wird.[4] Die Konfrontation unserer bisherigen Analyse mit der

3 Zu dieser Charakterisierung s. Schmitz 1969 unter *Atmosphäre*

4 Versteht man Sinn jeweils als Sinn für *etwas*, so kommt man leicht zur Konstatierung weiterer Sinne (Scheuerle, 1984)

traditionellen Lehre von den fünf Sinnen wirft die Frage auf, ob es Wahrnehmungsweisen gibt, die in dem Sinne grundlegend und umfassend sind, daß sie nach spezifischen Sinnen noch nicht ausdifferenziert sind. Sollte das nicht der Fall sein, dann könnten die Unterschiede, die wir zwischen den Beispielen *Ich sehe einen Baum* und *Mir ist kalt* festgestellt haben, auch solche der jeweiligen Sinnesart sein. So sagt man ja auch, daß das Sehen ein Distanzsinn sei, das Fühlen dagegen ein Nahesinn, und daß das Sehen auch deshalb für objektive Erkenntnis besonders dienlich sei, weil das Subjekt dabei unbetroffen bleibe. Sinne wie Schmecken, Riechen und Fühlen kämen dafür entsprechend nicht in Frage. – Für die Frage, ob es grundlegende Wahrnehmungen gebe, die gegenüber der Mehrheit der Sinne noch nicht ausdifferenziert sind, macht nun der Gefühlssinn zumindest Hoffnung. Denn die Mehrheit der Sinne, die man hier unterscheidet, nämlich Schmerzsinn, Tast- oder Drucksinn, Kältesinn und Gleichgewichtssinn, werden ja offenbar von ihrer Leistung bzw. ihren jeweils ausdifferenzierten Wahrnehmungsgegenständen her unterschieden, während die Erfahrung, um die es hier geht, allgemein ein leibliches Spüren ist, oder eben das, was man traditionell Gefühl nannte. Nun kann man allerdings die Sinne durchaus auch von den Sinnesorganen her unterscheiden, und die Unterscheidung der fünf Sinne ist auch traditionell häufig dadurch motiviert worden, daß man dem Sehen die Augen, dem Hören die Ohren, dem Riechen die Nase, dem Schmecken die Zunge und dem Gefühl den Leib oder das Fleisch zuordnete. Aber man sieht schon bei Schmecken und Riechen, daß hier das Prinzip sich bereits gegenüber der Wirklichkeit durchsetzt, denn von der Erfahrung her lassen sich die entsprechenden Wahrnehmungen nicht streng auf diese Organe oder Körperorte lokalisieren. Ferner ist natürlich die Angabe *Fleisch* als Organ für das Gefühl eine höchst unbestimmte. Man könnte das Prinzip einer Rückführung von Sinnen auf Sinnesorgane heute sicherlich neurophysiologisch verschärfen. Aber wir wollen diese ganze Art der physiologischen Wahrnehmungslehre aus den angegebenen Gründen nicht weiter verfolgen, sondern uns streng an das halten, was in der Wahrnehmung selbst gegeben und durch Ausdifferenzierung unterscheidbar ist, d.h. phänomenologisch verfahren.

Zurück zu der Frage, ob es Wahrnehmungen gibt, die sinnenspezifisch nicht ausdifferenziert sind. Nun, eine solche Erfahrung haben wir bereits genannt, nämlich die Wahrnehmung, die man von einem Baum hat, wenn man *in seinen Schatten tritt*. Zu dieser Erfahrung gehört sicherlich das Sehen. Aber es ist ein anderes Sehen, sicherlich nicht das übliche, distanzierte Sehen. Das, wo hinein es integriert ist, nämlich das Spüren der leiblichen Anwesenheit des Baumes, ist aber nicht von der Art, daß es eine Ausdifferenzierung in Richtung anderer Sinneswahrnehmungen zuließe. Vielleicht könnte sich am Einzelfall zeigen, daß zu diesem Spüren der leiblichen Anwesenheit des Baumes auch ein Rauschen gehört, d.h. daß das Gefühl der mächtigen Anwesenheit, des räumlichen Umfaßtseins durch Distanzierung und Objektivierung, auch einen akustischen Anteil aus sich entläßt. Aber das muß nicht der Fall sein. Immerhin sind wir mit diesen Überlegungen auf die Möglichkeit gestoßen, daß das Spüren der Anwesenheit von etwas bezüglich der Unterscheidung von Sinnen indifferent sein könnte, selbst dann, wenn man die entsprechende Erfahrung über einen spezifischen Sinn artikuliert.

Ich nehme dafür als weiteres Beispiel: *Ich höre jemanden kommen*. Die Artikulation dieser Erfahrung gibt sich so, als ob Geräusche gehört worden wären, aus denen man auf das Kommen von jemandem schließt. Derartige Erfahrungen sind natürlich durchaus möglich. Aber man denke nur an eine Situation, in der man abends, allein sitzend in ein Buch vertieft, plötzlich das Gefühl hat *Es kommt jemand* und sich erst nachträglich darauf besinnt, aus welchen Indizien man das geschlossen haben könnte. War da ein Geräusch? Ein Windstoß? Ein Lichtschein am Fenster? Wenn wir die Wahrnehmung *Ich habe das Gefühl, daß jemand kommt* nicht gewissermaßen von der physikalischen Seite, d.h. von außen betrachten, sondern phänomenologisch, d.h. so wie man sie erfährt, dann ist sie zunächst und zumeist nicht nach Sinnen ausdifferenziert. *Jemanden kommen hören*, ist vielmehr die unbestimmte Erfahrung einer Erregung, einer Beunruhigung, vielleicht direkt einer Bedrängnis, die leiblich erfahren wird, besser gesagt, in der Weise meiner eigenen leiblichen Anwesenheit. Während ich vielleicht zunächst in meinem Gefühl *entspannt war*, d.h. unbestimmt und ohne Grenzen in die Weite ergossen, ziehe ich mich durch das Spüren, daß da jemand kommt, quasi auf mich zusammen bzw. zerlege den Raum dadurch, daß jetzt meine Aufmerksamkeit geweckt wird, in Richtungen und Sinnesdimensionen. War da ein Geräusch? Wo kommt es her? War da ein Lichtschein am Fenster?

Wir können damit wohl das Spüren von Anwesenheit als Kandidaten für eine grundlegende und umfassende Wahrnehmungsweise benennen. Ich möchte nun aber für die weitere Analyse ein anderes Beispiel wählen, das weniger unbestimmt und vielleicht nicht so *mystisch* ist, wie manchem die Beispiele *Ich spüre den Baum* oder *Ich habe das Gefühl, jemand kommt* erscheinen mögen. Ich nehme das Beispiel *In der Bedrohlichkeit des Sirrens spüre ich die Anwesenheit einer Mücke*. Die Erfahrung, von der die Rede sein soll, habe ich in dieser Formulierung schon relativ artikuliert wiedergegeben. Also man denke sich, daß man im dunklen Hotelzimmer liegt, nachts aufwacht und – wie gesagt – dieses bedrohliche Sirren hört. Das ist allerdings eine Hörerfahrung. Aber das Entscheidende, worauf es mir jetzt ankommt, ist, daß sie auf der einen Seite quasi am ganzen Leibe gespürt wird, also als Beunruhigung und Anspannung bzw. Abwehrbereitschaft, und daß, was gespürt wird, nicht primär eine Mücke ist, sondern etwas Bedrohliches im Raume mit unbestimmter Lokalisierung. Indem ich dieses Bedrohliche zunächst als Sirren identifiziere und dann als Sirren einer Mücke erkenne, nehme ich in gewisser Weise schon davon Abstand, schränke den Grad der Bedrohlichkeit ein und fange an, den Bedrohungsherd zu lokalisieren. Durch das Umherschwirren der Mücke hat sie sicherlich selbst auch einen unbestimmten Ort. Aber in dem Moment, wo ich das Sirren als Sirren einer Mücke identifiziere, muß es jedenfalls irgendwoher kommen. Ich würde dann wahrscheinlich Licht machen und die Mücke an einem bestimmten Ort erblicken, wodurch dann *die Luft wieder rein ist*, das Atmosphärische, was man zunächst gespürt hat, zusammenbricht und sich der Gegenstand der Wahrnehmung auf das Mückending zusammenzieht.

Dieses Beispiel macht noch besser als die vorhergehenden deutlich, daß das atmosphärische Spüren von Anwesenheit das grundlegende Phänomen von Wahrnehmung ist. Wahrnehmung ist qua Spüren eine Erfahrung davon, daß ich selbst da bin und wie ich mich, wo ich bin, befinde. Aus diesem Spüren können sich schrittweise spezifische Sinneswahrnehmungen ausdifferenzieren und schließlich ein Ichpol und ein Wahrnehmungsobjekt. Was gespürt wird, ist primär etwas Atmosphärisches. Es ist als solches nach Sinnesqualitäten nicht ausdifferenziert, kann sich aber den Sinnen entsprechend spezifizieren. Dagegen hat es immer, wie wir sagen können, eine affektive Tönung, d.h. ist bedrohlich, erheiternd, bedrückend, verlockend usw. Das Atmosphäre als primärer Wahrnehmungsgegenstand kann sich ausdifferenzieren als Anwesenheit von etwas. Je mehr die Wahrnehmung diesem Etwas nachgeht, desto mehr distanziert sie sich von dem Atmosphärischen bzw. dieses zieht sich zusammen auf einen Wahrnehmungsgegenstand qua Ding. Diesem Ding können dann Eigenschaften zugesprochen werden, die dafür verantwortlich sind, daß es eine gewisse Ausstrahlung hat, also in dieser oder jener Weise atmosphärisch erfahren werden kann.

Damit glaube ich, daß wir gefunden haben, was wir suchten: ein grundlegendes und umfassendes Paradigma von Wahrnehmung. Noch nicht sehr gut kam bei unserem Paradigma heraus die ursprüngliche Einheit der Sinneserfahrung, die nach spezifischen Sinnen ausdifferenziert werden kann. Wir werden diese Einheit im Laufe der Vorlesung als Synästhesie behandeln. Wenn wir diesen Punkt hinzunehmen, dann ist im großen das Programm der Vorlesung vorgezeichnet. Es geht zunächst darum, den Begriff der Atmosphäre und das Phänomen des Atmosphärischen zu entfalten. Der nächste Punkt wäre das leibliche Spüren und die Befindlichkeit. Indem wir uns dann der Gegenstandsseite nähern, geht es zunächst um die Synästhesien und dann um die Bestimmungen von Gegenständen bzw. Umgebungen, insofern sie sich durch Analyse atmosphärischer Erfahrungen und als Korrelate von Wahrnehmung finden lassen. Damit ergibt sich das Thema der Szenen, der Physiognomie und der Eigenschaften von Dingen als Ekstasen. Erst zuallerletzt werden wir uns fragen müssen, was Dinge als Gegenstände der Wahrnehmung überhaupt sind.

III. Atmosphären

1. Einleitung

Das Paradigma von Wahrnehmung, von dem wir ausgehen, ist nicht von der Art, daß sich darin ein Subjekt auf ein Objekt bezieht. Das für diese Untersuchung grundlegende Wahrnehmungsereignis liegt vor jeder Subjekt-Objekt-Spaltung. Ein Wahrnehmungssubjekt und ein Wahrnehmungsobjekt werden erst auf dem Wege der Ausdifferenzierung und Distanzierung gewonnen.

Das grundlegende Wahrnehmungsereignis ist das *Spüren von Anwesenheit*. Dieses Spüren von Anwesenheit ist zugleich und ungeschieden das Spüren von mir als Wahrnehmungssubjekt wie auch das Spüren der Anwesenheit von etwas. Daß das Spüren von Anwesenheit das Spüren *meiner* Anwesenheit ist, wird erst im nächsten Schritt der Ausdifferenzierung deutlich, das Spüren wird dann als Sich-befinden erfahren. Diesem Thema, dem Thema *Befindlichkeit*, werden wir uns in einer späteren Vorlesung zuwenden. Bei der Ausdifferenzierung in Richtung eines Objektpols sind wir nicht gleich bzw. noch lange nicht bei einem Objekt qua Ding. Der erste Gegenstand der Wahrnehmung ist Atmosphäre oder das Atmosphärische. Bei den Beispielen *Im Sirren spüre ich die bedrohliche Anwesenheit einer Mücke* ist das erste, *was* man spürt, noch vor jeder Identifizierung eines Geräusches als Sirren und lange vor jeder Identifizierung einer Mücke als einer Ursache des Sirrens die Bedrohlichkeit der Atmosphäre. Dieses Bedrohliche drängt sich mir auf, und solange ich mich davon noch nicht abgesetzt habe, sondern es nur spüre, gehe ich in meinem Befinden in diesem Bedrohlichen auf. Das wurde besonders deutlich in dem Beispiel *Mir ist kalt*. In diesem ist mein Befinden, d.h. *mich kalt fühlen*, noch nicht von dem geschieden, was ich atmosphärisch erfahre, nämlich der Kälte.

Ich habe gesagt: Der erste Gegenstand in der Wahrnehmung ist Atmosphäre oder das Atmosphärische. Durch diese Terminologie will ich, soweit es geht, noch zwei Wahrnehmungsphänomene unterscheiden[1]. Dabei sei *das Atmosphärische* etwas, das schon deutlicher vom Ich abgesetzt ist, also mehr auf die Seite der Dinge gehört, oder wie wir später mit Hermann Schmitz (1978) sagen wollen, zur Klasse der Halbdinge. Von dieser Art sind etwa *die Nacht*, *der Herbst*, *die Beleuchtung*. Eine Atmosphäre ist dagegen etwas, demgegenüber eine vollständige Distanzierung nicht möglich ist, ohne daß es, wie wir schon sagten, *zusammenbricht* oder sich auf ein Ding *zusammenzieht*. Atmosphären haben immer auch einen subjektiven Anteil, d.h. sie sind in dem, was sie sind, immer auch durch den Ich-Pol mitbestimmt. Um Atmosphären soll es in dieser Vorlesung gehen, während das Atmosphärische in der nächsten Vorlesung ausführlicher behandelt werden soll.

Atmosphären werden gespürt, indem man affektiv von ihnen betroffen ist. Die trübe Atmosphäre eines Novemberabends mag einen bedrücken, die gespannte Atmosphäre in einer Sitzung irritieren, die heitere Atmosphäre eines Frühlingstages mit Vogelgesang *zur Fröhlichkeit stimmen*, wie Kant sich einmal ausdrückt (KdU § 42)[2]. Die eigene Stimmung kann, wie wir schon sagten, lediglich als der subjektive Pol der Atmosphäre erfahren werden. Die Atmosphäre dagegen als ein Etwas, das auch von mir zu unterscheiden ist, wird erst in anderen Erfahrungen entdeckt. Ich möchte sie nach zwei Klassen unterscheiden als Ingressions- bzw. Diskrepanzerfahrung. Beide Erfahrungen implizieren eine Differenz zwischen mir und der Atmosphäre, wodurch die Atmosphäre dann wirklich als Gegenstand der Wahrnehmung angesprochen werden kann.

2. Ingression

Als Ingressionserfahrungen will ich solche Wahrnehmungen bezeichnen, bei denen man ein Etwas wahrnimmt, indem man in es hineingerät. Typisch dafür ist das Betreten eines Raumes, in dem eine gewisse Atmosphäre herrscht. Also beispielsweise *Ich betrete einen Saal, in dem eine fest-*

1 Mein Buch *Anmutungen. Über das Atmosphärische*, Böhme 1998b, enthält Fallstudien zu beiden und möge als Ergänzung zu dieser und der folgenden Vorlesung dienen.

2 Zur Auslegung dieser Stelle siehe meinen Aufsatz *... wodurch die Natur in ihren schönen Formen figürlich zu uns spricht.* (Böhme, 1999b, 44-63)

liche Atmosphäre herrscht oder *Ich gehe auf eine Gesprächsgruppe zu, aus der mir eine betretene Atmosphäre entgegenschlägt*. Hier ist die Atmosphäre etwas, das zunächst deutlich von mir unterschieden ist. Es hat zwar emotionalen Charakter, es ist eine Stimmung, die aber noch nicht meine ist, sondern mich vielmehr in einer bestimmten Weise anmutet.

Elisabeth Ströker (1965) hat hier schon früh und unabhängig von der Entwicklung des Begriffs der Atmosphäre von *gestimmten Räumen* gesprochen. Das Raumartige ist in der Tat für die Atmosphärenwahrnehmung charakteristisch und für die Entdeckung von Atmosphären durch Ingression im besonderen. Denn man entdeckt die Atmosphären als einen Raum, in den man hineingerät. Dieser Raum ist natürlich kein metrischer Raum und hätte mit Raum im Sinne von Geometrie auf nur höchst abstrakte Weise, etwa im Sinne von Topologie zu tun. Aber er ist doch ein Raum, insofern man in ihn hineingehen kann, in ihm sein, von ihm umfaßt sein, und insbesondere ist seine Erfahrung qua Befindlichkeit ja selbst eine Ortserfahrung: Ich bin *hier* und fühle mich so und so gestimmt. – Die Atmosphäre ist ferner *gestimmter* Raum, d.h. was einen da anmutet, ist eine Stimmung. Und zwar gerade zunächst nicht als meine Stimmung, sondern als *Anflug* von Stimmung, etwas, das ich wahrnehme gerade dadurch, daß ich beginne, in eine Stimmung zu *geraten*. Damit haben wir bezüglich der Atmosphäre ein weiteres wichtiges Charakteristikum gefunden, nämlich daß sie unbestimmt räumlich ausgebreitete Stimmungen sind, quasi objektiv.

3. Diskrepanz

Wir haben das Entdecken von Atmosphären und damit die gegenständliche Erfahrung von Atmosphären zunächst als Ingression, d.h. auf der Basis eines räumlichen Zugangs beschrieben. Es gibt aber auch eine andere, nämlich die auf der Basis von Diskrepanz. Damit ist gemeint, daß ich von einer Atmosphäre her eine Anmutung erfahre in Richtung einer Stimmung, die von meiner – mitgebrachten – Stimmung abweicht. So kann ich etwa, wegen eines Trauerfalles bedrückt, einen heiteren Frühlingstag in deutlicher Diskrepanz zu meinem eigenen Befinden erfahren. Diese Erfahrung der Diskrepanz hat etwas Paradoxes, ist man doch geneigt, die Wahrnehmung von Atmosphären als eine Art Resonanzphänomen zu verstehen. Auch wir sind bisher so verfahren: Der heitere Morgen stimmt mich heiter, die Kälte macht, daß mir kalt ist, die fröhliche Stimmung eines Festes reißt mich mit.

Wie soll ich aber die Heiterkeit eines Frühlingsmorgens als heitere Atmosphäre erfahren, wenn ich selbst traurig bin und gar noch im Kontrast zu meiner eigenen Traurigkeit? Es gibt deshalb Autoren (wie Michael Hauskeller, 1995), die die Diskrepanzerfahrung schlichtweg leugnen. Es werde in dem genannten Beispiel gar nicht Heiterkeit atmosphärisch erfahren, vielmehr ließen nur gewisse äußere Merkmale die *Erinnerung* wach werden, daß ich unter anderen Bedingungen von einem entsprechenden Frühlingsmorgen heiter gestimmt wurde. Diese Beschreibung entspricht nun aber keineswegs dem Phänomen der Diskrepanzerfahrung. Vielmehr ist es ja so, daß durch die Erfahrung der Diskrepanz oder des Kontrastes die eigene Traurigkeit in eine Spannung gerät, gewissermaßen sich verschärft oder versteift. Trotz meiner eigenen mitgebrachten Stimmung der Traurigkeit werde ich nämlich von der mich umgebenden heiteren Atmosphäre angemutet, d.h. von einer Tendenz getroffen, mich umzustimmen. Diese Tendenz bleibt zwar irgendwie stecken, wird vielleicht auch abgewehrt, jedenfalls wird die Traurigkeit dadurch modifiziert, zieht sich mehr auf mich zusammen und kann gerade, weil ich *doch* von der heiteren Atmosphäre draußen angemutet werde, mir selbst in gewisser Weise fremd werden.

Die Diskrepanzerfahrungen sind es, die in besonderem Maße dazu Anlaß geben, Atmosphären als quasi objektive Gefühle zu bestimmen. In diesen Erfahrungen wird deutlich, daß ich Gefühle erfahren kann, die nicht meine sind und auch niemandes sonst. Sie schweben gewissermaßen im Raum *unbestimmt in die Weite ergossen*, wie der Philosoph Hermann Schmitz sagt. Hermann Schmitz (1969) macht geradezu eine Pointe daraus, daß Gefühle draußen sind „nicht anders als Straßen". Er spricht von einer „Introjektion der Gefühle", also einer Hereinverlagerung in eine menschliche Innenwelt, die sich als ein Ereignis in der Entwicklung der europäischen Menschheit in einer bestimmten Epoche, nämlich im Übergang vom 6. zum 5. Jahrhundert in Griechenland vollzogen habe. Gefühle seien danach im Sinne der Konzeption eines inneren Menschen und als Attribute oder Zustände einer Seele verstanden worden. Diese kulturhistorische Linie braucht uns hier nicht zu interessieren. Wichtig ist nur, daß man mit ihr die Behauptung abwehren kann, es sei eine uneigentliche, eine bloß metaphorische Redeweise, einen Abend als melancholisch oder einen Tag als heiter zu bezeichnen. Denn diese Behauptung macht ja nur Sinn auf der Basis einer bestimmten Metaphysik oder zumindest Anthropologie, nach der solche Ausdrücke *primär* Gemütszustände bezeichneten und von da aus nur auf äußere Gegenstände oder Situationen, die der Anlaß zu den entsprechenden Gemütsverfassungen gewesen seien, übertragen würden. Einer solchen Theorie ist natürlich immer die moderne Auffassung entgegenzuhalten, nach der die Bedeutung von Worten aus ihrem Gebrauch zu entnehmen ist. Und Ausdrücke wie *heiter* oder *melancholisch* werden nun einmal sowohl für Gemütszustände als auch für Atmosphären verwendet und auch für die Dinge und Konstellationen, von denen sie ausgehen. Damit kommen wir zurück zu unserem Ausgang: Wir hatten gesagt, daß Atmosphären als Gegenstände der Wahrnehmung entdeckt würden gerade aufgrund von Diskrepanzerfahrungen. Die Heiterkeit eines Frühlingsmorgens kann keine Projektion sein, wenn sie entdeckt wird auf der Basis und in der Diskrepanz zur eigenen traurigen Gemütsstimmung.

Atmosphären haben also als gestimmte Räume etwas quasi Objektives. Ob es sehr geschickt ist, dieses *Gefühle* zu nennen, sei dahingestellt. Wenn man aber von quasi objektiven Gefühlen spricht, so ist deutlich, daß sie von dem unterschieden sind, was man empfindet. Die Melancholie mag atmosphärisch in der Luft liegen, aber wenn ich melancholisch bin, dann im Sinne meiner affektiven Betroffenheit durch Melancholie. Nenne ich letzteres *meine Melancholie*, dann ist sie eine subjektive Tatsache im Sinne von Hermann Schmitz[3], während die quasi objektive Melancholie, die atmosphärisch in der Luft liegt, etwas ist, das viele Menschen spüren können, und zwar sogar so, daß sie trotz der Subjektivität des Spürens sich über den Charakter dessen, was sie spüren, verständigen können.

Wir haben damit zwei Weisen betrachtet, in denen Atmosphären wirklich als Gegenstand der Wahrnehmung begegnen, nicht einfach als Stimmung, in der ich in meiner Befindlichkeit unbestimmt aufgehe. Beide Weisen, Ingression und Diskrepanz, sind allerdings so, daß man dabei von einem Ich, das schon so und so gestimmt ist, ausgeht, das heißt von einer Differenz von Atmosphäre und subjektiver Stimmung. Natürlich müßte es auch Wahrnehmungsweisen bzw. Wahrnehmungsprozesse geben, bei denen sich der Ich-Pol gegenüber der erfahrenen Atmosphäre erst ausdifferenziert. Solche Wahrnehmungserfahrungen sind besonders die negativen Wahrnehmungserfahrungen. In der Erfahrung des Unheimlichen, des

3 »Eine Tatsache ist ein Sachverhalt, der in einem Satzausspruch angemessen beschrieben werden kann. Eine Tatsache ist subjektiv, wenn zu ihrer angemessenen Beschreibung strikt ichbezogene Ausdrücke ... erforderlich sind.« (Schmitz 1977, 372) Schmitz Standardbeispiel für letzteres ist der Satz *Ich bin traurig.*

Bedrohlichen, des Schrecklichen ist die affektive Betroffenheit der Art, daß sie eine Tendenz enthält, sich gegenüber dem Unheimlichen, dem Schrecklichen, dem Bedrohlichen zu distanzieren, sich ihm zu entziehen. Wir haben diesen Fall schon studiert am Beispiel des Sirrens einer Mücke. Die Erfahrung der bedrohlichen Atmosphäre als *Gegenstand* ist hier bereits ein Resultat einer Abwehr, die schließlich dazu führt, den Bedrohungsherd zu lokalisieren und die Bedrohung ursächlich auf ein Ding zurückzuführen.

4. Der Begriff der Atmosphäre

Wir sind bisher in der Behandlung des Themas Atmosphäre stets von der Erfahrung von Atmosphären ausgegangen, nicht von ihrem Begriff. Atmosphäre ist ein Wahrnehmungsgegenstand und ist nicht anders als in aktueller Wahrnehmung zu haben. Es könnte sein, daß diese Tatsache das Verhältnis zwischen Atmosphäre und dem Begriff der Atmosphäre besonders prekär gestaltet, problematischer als es sonst bei vielen anderen Gegenständen und ihrem Begriff ist. Ich möchte das kurz an einem Beispiel darstellen, nämlich dem Begriff von einem Hunde nach der berühmten Erläuterung, die Kant den Verhältnissen hier gegeben hat. Kant sagt, daß der Begriff von einem Hunde eine Regel sei, „nach welcher meine Einbildungskraft die Gestalt eines vierfüßigen Tieres allgemein verzeichnen kann“[4]. Danach ist der Begriff vom Hunde eine Art Konstruktionsregel, die auch *in der Wahrnehmung* eines Hundes wirksam ist. Ein Hund wird als Hund wahrgenommen, indem die Wahrnehmung nach dieser Regel organisiert wird. Nach dieser Analyse liegt also implizit der Begriff des Hundes auch in der Wahrnehmung des Hundes. Beim Begriff der Atmosphäre verhält es sich deutlich anders. Wenn ich Atmosphäre *denke* bzw. über Atmosphären rede, beziehe ich relativ zur Atmosphäre einen anderen Ich-Standpunkt, als ich in der Wahrnehmung von Atmosphären habe. Denn in der Wahrnehmung von Atmosphären bin ich entweder selbst in die Atmosphäre stimmungsmäßig aufgelöst oder aber ich bin selbst noch in der Distanzierung von ihr affektiv betroffen. Im *Denken* von Atmosphäre erhebe ich mich über diese Verhältnisse gewissermaßen in eine

4 Der entsprechende Satz steht im Schematismuskapitel der *Kritik der reinen Vernunft* und soll die vermittelnde Leistung der Einbildungskraft zwischen Begriff und Anschauung erläutern (KdrV B 181, Kant 1781/1956)

andere Dimension, in eine Dimension der Unbetroffenheit. Das sieht man schon daran, daß man in der Erfahrung von Atmosphären diese immer zu sich selbst in Beziehung setzt oder sich selbst in Beziehung zu ihnen, also etwa in der Weise *ich bin traurig* oder *mir ist kalt*. Redet man dagegen *über* Atmosphären, verwendet also einen Begriff von Atmosphären, so kommt das Ich in der Form *ein Ich* vor, d.h. genaugenommen in der dritten Person. Man sieht also, daß man von einer subjektiven Tatsache zu einer objektiven übergeht, wenn man *über* Atmosphären redet. In diesem Reden hat das sprechende Ich die Atmosphäre zu seinem Gegenstand gemacht. Das wird sich sogleich noch deutlicher zeigen.

Der Begriff der Atmosphäre ist als philosophischer und speziell ästhetischer Begriff relativ jung und entsprechend ungewohnt. Dagegen ist die alltagssprachliche Redeweise von Atmosphären im nichtmeteorologischen Sinne, d.h. im Sinne von gestimmten Räumen, dem Nimbus oder der Aura, die eine Person ausstrahlt, ihrem Dunstkreis und dem Charakter einer kommunikativen Situation, einer *Gesprächsatmosphäre*,[5] mindestens seit dem 18. Jahrhundert nachweisbar. Das Phänomen ist in der Alltagserfahrung durchaus vertraut und die Charakterisierung von Atmosphären sehr differenziert. Man redet eben nicht nur von einer guten oder schlechten Atmosphäre, in der beispielsweise ein politisches Gespräch verlaufen ist, sondern auch von einer mächtigen Atmosphäre oder auch einer dünnen Atmosphäre, man redet ferner spezifischer von einer heiteren, einer melancholischen, einer gedrückten, einer gehobenen, einer sommerlichen, einer abendlichen, einer herbstlichen Atmosphäre und vieles mehr. Diese Vertrautheit mit Atmosphären im Alltag stellt ein vielfältiges Vokabular zur Verfügung, mit dem man die Erfahrung von Atmosphären sprachlich artikulieren kann. *Was* dabei zur Sprache gebracht wird, kann man den *Charakter der Atmosphäre* nennen. Der Ausdruck *Charakter* bezeichnet dabei zunächst das, was eine Atmosphäre von einer anderen unterscheidet, das Charakteristische. Andererseits spielt der Terminus aber auch auf eine Verwendungsweise des Ausdrucks *Charakter* an, die auch zu unserem Thema einer allgemeinen Aisthetik gehört, nämlich auf die Verwendung in der Physiognomik, die uns später noch (VII) beschäftigen wird. Wir reden vom Charakter, den ein Schauspieler auf die Bühne bringt, von einer Charaktermaske oder auch von dem Charakter, der uns aus den Gesichtszügen einer Person anspricht. Charakter in diesem Sinne ist die besondere Weise,

5 Zu diesem Phänomen siehe meine Arbeit Böhme 1999c.

wie uns etwas affektiv betrifft, und genau das ist mit dem Charakter von Atmosphären gemeint: *Die besondere Weise, in der sie uns anmutet.* Die vielen Ausdrücke für Atmosphäre, die wir umgangssprachlich haben, wie heiter, melancholisch, gedrückt usw. bestimmen Atmosphären in Hinblick auf ihren Charakter. Der Charakter der Atmosphäre ist gewissermaßen ihr Was-Sein.

Wichtig ist nun, daß man den Charakter einer Atmosphäre nur bestimmen kann, indem man sich ihr aussetzt. Er ist nicht von einem neutralen Beobachterstandpunkt aus festzustellen, sondern nur in affektiver Betroffenheit. Natürlich könnte man versuchen, auch aus objektiven Konstituentien von Atmosphären – daß es solche überhaupt gibt, darauf werden wir noch zu sprechen kommen – auf das *Wehen einer Atmosphäre* zu schließen, auch dann, wenn man nicht von ihr betroffen ist. Diese Möglichkeit ist sicherlich von großer Bedeutung und für den Status von Atmosphären als *quasi objektiv* ausschlaggebend. Andererseits sind aber Atmosphären eben nur quasi objektiv, und das heißt, sie sind in ihrem Was-Sein gar nicht vollständig bestimmt ohne denjenigen, der von ihr betroffen ist. In dem, was Atmosphären sind, ist immer ein subjektiver Anteil und sie *sind* überhaupt nur in aktueller Erfahrung. Zwar kann man in Atmosphären hineingeraten und sie auch in Diskrepanz zur eigenen Stimmung erfahren, gleichwohl muß man sagen, daß auch hier die Atmosphäre erst in der Konfrontation mit einem erfahrenden Ich zu dem wird, was sie ist.

Die alltägliche Vertrautheit mit Atmosphären und die Alltagssprache, in der man sich über Atmosphären verständigt, bildet den einen Hintergrund dafür, den Begriff Atmosphäre als einen expliziten Begriff der Philosophie und der Ästhetik auszubilden. Ein weiterer Hintergrund besteht in den breitausgebildeten Kompetenzen im Umgang mit Atmosphären, genauer gesagt der Praxis der Erzeugung von Atmosphären. Diese Kompetenzen bestehen darin, durch dingliche, sprachliche oder musikalische Arrangements Atmosphären erzeugen zu können. Über diese Kompetenzen können wir hier nur vorgreifend sprechen, insofern wir in unserer Analyse noch nicht so weit gekommen sind, zeigen zu können, daß die Atmosphären von ihrem dinglichen Pol her Konstituentien haben, die sich objektiv identifizieren lassen. Wir müssen uns in der Vorbereitung zur Bildung des Begriffs der Atmosphäre auf die Möglichkeit solcher Kompetenzen berufen, indem wir auf die soziale Tatsache der ästhetischen Berufe verweisen. In ästhetischen Berufen wird die ästhetische Arbeit (Böhme 2000a, 35) professionalisiert und als erlernbare Kompetenz weitergegeben.

Als Beispiele solcher Berufe führe ich an: die Bühnenbildnerei, die Kosmetik, die Innenarchitektur, das Design und viele Hilfsberufe im Bereich der Medien, Film, Fernsehen, Hörfunk. Auch die Werbung ist zum großen Teil als ästhetische Arbeit anzusehen. Als ästhetische Arbeit soll diejenige Tätigkeit bezeichnet werden, die Dinge, Räume, Arrangements gestaltet in Hinblick auf die affektive Betroffenheit, die ein Betrachter, Empfänger, Konsument usw. dadurch erfahren soll. Man könnte ästhetische Arbeit in einem weiten Sinne auch als Rhetorik bezeichnen. Insofern es die Aufgabe der Rhetorik seit der Antike ist, Worte eines Textes oder einer Rede so zu setzen, daß dadurch der Leser oder Hörer von der Sache, um die es geht, gefangen wird bzw. für sie eingenommen wird. Die Intention der Rhetorik in diesem klassischen Sinne bzw. der ästhetischen Arbeit, so wie ich sie definierte, richtet sich also auf die affektiven Erfahrungen, die ein Betrachter im Anblick des zu gestaltenden Arrangements erfahren soll. Diese Intention wird häufig bei der Charakterisierung der entsprechenden Arbeit überspielt. Da, was faktisch geschieht, die *Gestaltung* des Gegenstandes, des Raumes oder allgemeiner des Arrangements ist, wird die Intention der Tätigkeit häufig überspielt oder unterschlagen. Man redet so, als ginge es eigentlich darum, bestimmten Gegenständen bestimmte Eigenschaften zu verleihen. Also etwa einen Platz zu verschönern, einer Vase eine bestimmte Form zu verleihen, einer Zimmereinrichtung einen bestimmten Stil. Nur in solchen Bereichen, wo das, was geschieht, selbst Scheincharakter hat und sich gegenständlich nicht gut fassen läßt, spricht man ausdrücklich von der Erzeugung von Atmosphären. So etwa im Bühnenbild, wo gelegentlich von Atmosphäre, in der Regel aber von *Klima* die Rede ist. Ähnlich redet man, wenn etwa durch Muzak, d.h. durch akustische Möblierung, in einem Kaufhaus eine heitere oder in einer Tiefgarage eine friedfertige Atmosphäre erzeugt werden soll. Bei der Produktion von Hörspielen und features im Rundfunk ist ausdrücklich davon die Rede, daß man dem gesprochenen Text eine gewisse *Atmo* unterlegen will. Auf diesen ganzen Bereich einer ästhetischen Praxis müssen wir uns zunächst als ein Faktum berufen. Diese Berufung ist aber zugleich auch ein Hinweis darauf, von welcher außerordentlichen Bedeutung der Begriff der Atmosphäre für eine Ästhetik im allgemeineren Sinne, die diesen ganzen Praxisbereich umfaßt, sein wird. Das implizite Wissen von Atmosphären, das in der Praxis der ästhetischen Arbeit enthalten ist, wird umgekehrt für die weitere Entwicklung der Theorie selbst von großer Bedeutung sein.

Wir haben damit gesehen, daß es zu den Atmosphären auch einen ganz anderen Zugang gibt als den zunächst von uns gewählten. Schien es zunächst so, daß Atmosphären nur von der Wahrnehmung her und sogar nur in aktueller Wahrnehmung zugänglich sind, so sehen wir jetzt, daß sie ebenfalls vom Gegenstandspol her über die Praxis ihrer Erzeugung, von ihren *dinglichen Konstituentien* her zugänglich sein werden. Nachdem wir jetzt vom Standpunkt des Wahrnehmenden in den Standpunkt des Produzierenden hinübergewechselt sind, sind wir in der Lage, uns gleichsam von beiden Standpunkten zu lösen, bzw. beides zusammennehmend, zu sagen, was Atmosphären sind. Atmosphären sind ja offenbar weder Zustände des Subjektes noch Eigenschaften des Objektes. Gleichwohl werden sie nur in aktueller Wahrnehmung eines Subjektes erfahren und sind durch die Subjektivität des Wahrnehmenden in ihrem Was-Sein, ihrem Charakter, mitkonstituiert. Und obgleich sie nicht Eigenschaften der Objekte sind, so werden sie doch offenbar durch die Eigenschaften der Objekte in deren Zusammenspiel erzeugt. Das heißt also, Atmosphären sind etwas *zwischen* Subjekt und Objekt. Sie sind nicht etwas Relationales, sondern die Relation selbst.

Für den in besonderem Maße philosophisch interessierten Leser muß hier eine Zwischenbemerkung gemacht werden, und zwar bezüglich der Schwierigkeit, eine Relation als solche zu denken.[6] Die seit Aristoteles im europäischen Kulturzusammenhang herrschende Ontologie ist eine Dingontologie oder, besser gesagt, eine Substanzontologie. Das eigentlich Seiende ist ein Dies-da, ein Ding, eine Substanz, und was ein Etwas zwischen den Substanzen ist, *ist* nur, insofern die Substanzen sind. Diese ontologisch bedingte Denknotwendigkeit wurde traditionell formuliert in dem Satz, daß eine Relation immer ein *fundamentum in re*, ein Fundament in der Sache haben müsse. Bei Aristoteles selbst drückt sich die Schwierigkeit, die Relation als solche zu denken, darin aus, daß er Relationen immer nur als relative Bestimmungen der Relate, als πρός τι, formulieren kann. Also wenn er beispielsweise sagt, daß zwei Dinge im Verhältnis 2 zu 1 stehen, so drückt er das so aus, daß das eine das Doppelte des anderen, das andere die Hälfte des einen sei[7]. Ein anderes, vielleicht weniger abstraktes Beispiel, ist das Beispiel des Unterrichts. Unterricht ist eine Lehrer-Schüler-Relation,

6 Siehe dazu meine Arbeiten Böhme 1980, 1998a und Böhme 1999d. In letzteren beiden wird *Atmosphäre* ausdrücklich als Beispiel diskutiert.

7 Aristoteles, Kategorien 7.

in unserem Sinne sogar eine Atmosphäre. Aristoteles kann diese Relation aber nur so ausdrücken, daß der eine Partner Lehrer ist relativ zum Schüler und der andere Schüler relativ zum Lehrer, der Unterricht selbst die Wirklichkeit des Lernens für den einen und des Lehrens für den anderen. Das metaphysische Dogma, daß alles Seiende entweder Substanz ist oder einer Substanz adhäriert, machte es also in der klassischen Metaphysik, die noch bis heute unsere Denkgewohnheiten beherrscht, unmöglich, so etwas wie *Unterricht* als ein selbständig Seiendes zu begreifen. Immerhin konnte Aristoteles soweit gehen, *Unterricht* als gemeinsame Wirklichkeit (ἐνέργεια) von Lehrer und Schüler zu verstehen, die nur je nach beteiligter Sustanz anders, nämlich als Lehren und Lernen bezeichnet werde[8]. Wenn wir beachten, daß so etwas wie *Unterricht* zumindest eine gewisse Unabhängigkeit gegenüber den Relaten hat, insofern diese austauschbar sind, während der Unterricht weiterbesteht, – man kann als Individuum in eine Unterichtssituation eintreten und sie verlassen -, wenn wir also diese Verhältnisse beachten, dann können wir die Möglichkeit ins Auge fassen, derartigen *Zwischenphänomenen* eine selbständige Seinsweise zuzuschreiben. Aristoteles selbst benennt für solche Fälle wiederum einen materiellen Träger, ein Medium für die gemeinsame Wirklichkeit, die Subjekt und Objekt, Wahrnehmenden und Wahrgenommenes verbindet. Für das Hören ist das beispielsweise die Luft, für das Sehen Luft oder Wasser, aber nur insofern in ihnen eine besondere Natur ist, nämlich das *Durchscheinende*. Die gemeinsame Wirklichkeit von Subjekt und Objekt ist, sofern sie dann gegenüber Subjekt und Objekt als unabhängig angesehen wird, ein Anregungszustand des Mediums, dessen ἐνέργεια. Für den Fall des Sehens ist es die Helle: In der Helle sehen wir die Dinge.[9]

Dieser Exkurs in die Geschichte der Metaphysik ist lehrreich, aber für uns nicht bindend. Lehrreich ist er, insofern er ein neues Licht auf die Rolle, die der Begriff der Atmosphäre in der Wahrnehmungslehre spielen muß, wirft. Sie ist offenbar ein Analogon zu dem, was bei Aristoteles das Medium bzw. dessen Anregungszustand ist. Nach unserem bisherigen Ansatz wäre das Medium der Raum selbst und der Anregungszustand die emotionale Tönung des Raums, die Stimmung. Ferner weist die Analogie noch einmal auf die Tatsache, daß die Gegenstände der Wahrnehmung in dieser selbst nicht aufzutreten brauchen, sondern gegebenenfalls primär als

8 Aristoteles, Physik Γ 3.
9 Aristoteles, De Anima B 7.

Modifikation des Mediums erscheinen: Im Sirren spüre ich die bedrohliche Anwesenheit einer Mücke. Unser phänomenologischer Zugang über die Wahrnehmungserfahrungen entbindet uns aber von dem Dogma, alles Seiende, also auch Seiendes von relationalem oder medialem Charakter in Substanzen fundieren zu müssen. Für uns ist die Atmosphäre die erste Wahrnehmungswirklichkeit, aus der erst Subjekt und Objekt ausdifferenziert werden. Wir können jetzt allgemeiner sagen, was Wahrnehmung und spezieller, was Atmosphäre ist. Wir sagen das wohlgemerkt nicht mehr aus der Teilnehmerperspektive, weder als Wahrnehmende noch als Atmosphären-produzierende, sondern gewissermaßen auf das Ganze mit geistigem Auge blickend: Wahrnehmung ist eine Einheit von Subjekt und Objekt, ein Kopplungszustand. Subjekt und Objekt verschmelzen in der Wahrnehmung. Sie werden zu einem System, nicht aber in der Art, daß sie sich dadurch verändern, sondern in der Art, daß sie neue gemeinsame Zustände haben. Die Atmosphäre ist die Anregung eines *gemeinsamen* Zustandes von Subjekt und Objekt. Für die Wahrnehmungswirklichkeit sind diese Anregungszustände immer das erste Seiende. So etwas wie Subjekt und Objekt, und ferner Dinge und Substanzen ergeben sich erst aufgrund einer partiellen Entkopplung. Sie sind in letzter Analyse auch gar nicht *wirklich* im Sinne der Wahrnehmungswirklichkeit, sondern nur denkbar. Das Ich ist in diesem Sinne zwar noch wirklich als leibliches Mich-spüren, aber nicht mehr als abstrakter Ich-Pol. Der Gegenstand ist in diesem Sinne noch wirklich im Sinne seiner spürbaren Sinnesqualitäten, das, was wir später (IX) die Ekstasen nennen werden, nicht aber als Träger oder Ursache dieser Qualitäten.

Fassen wir noch einmal zusammen, was sich durch diese etwas abstrakten Überlegungen ergeben hat. Sie waren nötig, weil die Herrschaft der traditionellen Metaphysik, und das heißt in diesem Zusammenhang der Substanzontologie, bisher verhinderten, das zur Geltung zu bringen, worum es in der Ästhetik eigentlich geht. Zwar hat man auch traditionell gesagt, daß das Thema der Ästhetik das Scheinen sei, aber Schein wurde immer aufgefaßt als Erscheinung von Etwas und im Gegensatz zum eigentlichen Seienden gesehen. Um die phänomenale Wirklichkeit, mit der wir es in der Ästhetik zu tun haben, als solche zu würdigen, war es nötig, gewissermaßen die traditionellen Verhältnisse auf den Kopf zu stellen. Das Wirkliche ist für die Ästhetik primär das Gegenwärtige, die spürbare Anwesenheit. Es empfiehlt sich deshalb, *Wirklichkeit* und *Realität* als zwei verschiedene Seinsweisen zu unterscheiden (Böhme, 1999e, 9 et passim). Wirklich ist in diesem Sinne nur das in aktueller Wahrnehmung Gegebene, real, was dinglich dahinterstehen mag. Die Atmosphären sind deshalb für die Ästhetik die erste und die entscheidende Wirklichkeit. Sie sind die spürbare Ko-Präsenz von Subjekt und Objekt, ihre aktuelle Einheit, aus der sich ihr unterschiedenes Sein erst durch Analyse gewinnen läßt.

Zum Schluß möchte ich, um auf Konkreteres wieder zurückzukommen, das Gesagte noch an einem kunstgeschichtlichen Beispiel illustrieren. Der Maler Josef Albers, der dem Bauhaus entstammt, später aber emigrierte und in den USA arbeitete, hat mit reinen Farbbildern experimentiert. Bekannt ist eine Reihe, die den gemeinsamen Titel *Huldigung an das Quadrat* trägt. Sie sind natürlich in Fortsetzung des *schwarzen Quadrats* von Malewitsch zu sehen, nur daß Albers nun wirklich mit seinen Bildern nichts mehr darstellen wollte, sondern ein Farbereignis inszenieren. Um das verständlich zu machen, führte er den Unterschied zwischen *factual fact* und *actual fact* der Farbe ein (Albers, 1997). Diese Ausdrücke entsprechen ungefähr unserer Unterscheidung zwischen Realität und Wirklichkeit. Factual fact, die faktische Tatsache, ist die dinglich auf der Leinwand vorfindbare Farbe. Actual fact, die aktuelle Tatsache, ist die Farbe in der Wahrnehmung. Sie ist nicht auf der Leinwand und nicht auf einzelnen Stellen zu lokalisieren, sondern gewissermaßen eine Anregung des Wahrnehmungsraumes, in den der Betrachter eintritt, wenn er sich auf das Bild einläßt. Daß zwischen diesen beiden Seinsweisen der Farbe ein fundamentaler Unterschied besteht, ist in gewissem Sinne alte Malerweisheit. Ein Maler hat immer schon gewußt, daß die wahrgenommene Farbe sich von der Lokalfarbe auf dem Bild unterscheidet. Diese strahlt gewissermaßen auf das ganze Bild aus und modifiziert die Farbigkeit des Bildes im ganzen. Goethe (1810/1966) hat in seiner Farbenlehre diese Verhältnisse insofern auf den Punkt gebracht, als er gezeigt hat, daß unter Umständen Farben wahrgenommen werden können, wo eine dingliche Realität der Farbe gar nicht mehr feststellbar ist. Das schlagende Beispiel dafür sind die farbigen Schatten. Wenn man im orangenen Licht den Schatten eines Bleistiftes blau sieht, so ist mit physikalischen Mitteln im Bereich des Schattens kein Licht festzustellen, daß spektral Blauwerten entspräche. Auf andere Weise hat der Künstler James Turrell die Differenz von *actual fact* und *factual fact* auf die Spitze getrieben, indem er *Bilder* produzierte, die keinen Bildgegenstand mehr haben. Es handelt sich um im Raum schwebende Lichtgebilde bzw. eine farbige Tönung eines ganzen Raumes, in den man wie durch ein Fenster hineinblickt.[10] Die Räume von James Turrell schaffen experimentelle Wahrnehmungssituationen, die uns allerdings nur Wahrnehmungsweisen entdecken bzw. wiederentdecken lassen, die im Grunde in jeder Alltagswahrnehmung enthalten sind und die sie tragen. Die Wahrnehmung von Atmosphären, die Wahrnehmung gestimmter Räume, ist auch sonst immer die erste Wahrnehmung, nur überspringen wir sie gemeinhin, um uns im Gegenstandsgedränge unserer Zeit bzw. im Verweisungszusammenhang unserer Verkehrssignale zu orientieren.

10 Zum Werk von James Turrell s. Schürmann, 2000.

IV. Atmosphärisches

Wenn wir in dieser Vorlesung versuchen, Atmosphärisches als Gegenstand der Wahrnehmung gegenüber Atmosphären zu unterscheiden, so ist von vornherein damit zu rechnen, daß diese Unterscheidung nur immer mehr oder weniger gut gelingen wird. Denn die Unterscheidung auf der begrifflichen Ebene trifft nur dort, wo auch eine Scheidung im Sinne einer Distanzierung und Ausdifferenzierung auf der Ebene der Wahrnehmung stattfindet. Mit Phänomenen des *Atmosphärischen* werden also solche Wahrnehmungsphänomene angesprochen, die gegenüber Atmosphären deutlicher vom wahrnehmenden Ich unterschieden sind und bereits eine Tendenz zeigen, Dingcharakter anzunehmen. Wir werden diesen Zug herausheben, indem wir sie mit Hermann Schmitz als *Halbdinge* ansprechen. Vorweg seien ein paar Beispiele genannt, damit klar ist, woran zu denken ist: der Herbst, die Dämmerung, die Nacht, der Wind, das Wetter, die Beleuchtung, eine Stimme, die Kälte. *Die Kälte* war in einer vorhergehenden Vorlesung auch als Beispiel für Atmosphäre genannt worden, woran sich schon zeigt, daß hier Unschärfen der Differenzierung zu erwarten sind.

1. Unterschied zu Atmosphären

Für Atmosphären war charakteristisch, daß sie zwar einen quasi objektiven Status haben, gleichwohl aber subjektive Wirklichkeit sind. Dieses Moment *subjektive Wirklichkeit* zu sein, bestand darin, daß sie nur in affektiver Betroffenheit in ihrem Was-Sein bestimmt werden konnten. So werden sie ja auch fast durchweg in ihrem Charakter mit Ausdrücken bestimmt, die diese affektive Betroffenheit artikulieren: heitere, melancholische, gespannte, drückende Atmosphäre usw. Daß sie aber überhaupt als Gegenstände angetroffen werden können, liegt daran, daß das wahrnehmende Subjekt nicht durchweg in ihrer Wahrnehmung aufgelöst ist, sondern ihnen gelegentlich – durch Ingression oder Diskrepanz – als dem Anderen begegnet. Daran zeigte sich ihr quasi objektiver Status, und sie erschienen in ihrem Gegenstandscharakter. Ich kann in eine bestimmte Atmosphäre hineingeraten bzw. sie in Diskrepanz zu meiner eigenen Gestimmtheit erfahren. Aber auch in diesen Fällen werden sie in subjektiver Betroffenheit erfahren und in ihrem Was-Sein, ihrem Charakter, dadurch bestimmt. Das ändert sich auch nicht dadurch, daß Atmosphären produziert werden können. Wenn ästhetische Arbeit als die Produktion von Atmosphären bestimmt wird, so ist sie immer die Produktion von *subjektiver* Wirklichkeit, so generalisierbar diese Wirklichkeit auch sein mag. Denn die ästhetische Arbeit ist die Gestaltung von Gegenständen, Räumen und Arrangements in Hinblick auf die affektive Betroffenheit, die Subjekte dadurch erfahren mögen.

Phänomene des Atmosphärischen sind von den Atmosphären durch ein weitgehendes Fehlen des subjektiven Momentes unterschieden. Das sieht man schon an der Art der sprachlichen Artikulation. Wenn ich von einer Stimme, der Nacht oder der Dämmerung rede, so ist in der Bezeichnung dieser Wahrnehmungsphänomene das Moment der subjektiven Beteiligung daran, d.h. der affektiven Betroffenheit, noch nicht mitenthalten. Das Subjekt hat sich quasi gegenüber diesen Phänomenen mehr zurückgezogen bzw. diese Phänomene begegnen dem wahrnehmenden Subjekt schon eher als etwas Äußeres, Selbständiges. Durch Hinzufügung von Attributen kann man das Changieren vom Atmosphärischen zur Atmosphäre studieren. Wenn man beispielsweise sagt „es ist Morgen“ so ist das zunächst nur die Feststellung einer Naturtatsache bzw. eines Naturphänomens. Sagt man „der Morgen ist heiter“, so wird der Morgen bereits in seiner atmosphärischen Erfahrbarkeit angesprochen. Die Atmosphäre selbst kommt dann zur Sprache, wenn man sagt: „Es herrscht eine morgendlich heitere Atmosphäre“. Obgleich all diese Ausdrücke noch eigentümlich distanziert und konstatierend bleiben, ist doch in der Reihe „es ist Morgen“, „der Morgen ist heiter“, „es herrscht eine heitere morgendliche Atmosphäre“ ein deutlicher Übergang von der objektiven zur subjektiven Tatsache auszumachen. Die Erfahrung der affektiven Betroffenheit durch die Atmosphäre bzw. gar des Eins-Seins mit letzterer verlangt sichtlich nach anderen Ausdrucksweisen, eben nicht konstativen, sondern eher expressiven oder reaktiven. Vom Atmosphärischen wollen wir also dann sprechen, wenn Wahrnehmungsphänomene zwar noch keine Dinge sind, andererseits aber doch schon quasi wie Dinge begegnen, und wenn sie in ihrem Was-Sein bestimmt werden können auch ohne die affektive Betroffenheit durch sie. Hermann Schmitz hat hier den Begriff des Halbdinges eingeführt. Wir wollen ihm darin folgen.

2. Halbdinge

Die Beispiele, deren sich Schmitz zu seiner Einführung der Halbdinge im § 245 des *Systems der Philosophie* (Schmitz, 1978) bedient, sind der Wind, der Blick, die Stimme, die Dunkelheit, die Nacht, Kühle und Kälte, aber unter Umständen auch so etwas wie „das Leiden". Er gewinnt die Halbdinge nicht, wie wir, von den Atmosphären her, sondern indem er sie als Wahrnehmungsphänomene einerseits von den Dingen und andererseits von den Qualitäten unterscheidet. Sie sind also eine Art Mittelding, ein Zwitter. Um Ding zu sein, fehlt ihnen etwas, nämlich die Substantialität, d.h. die Beharrlichkeit durch die Zeit, und den Qualitäten sind sie durch ihre Selbständigkeit überlegen. Ein Halbding ist einem Ding insofern verwandt, als es etwas tun kann (der Wind weht) und auch Eigenschaften haben kann (der Wind ist lau). Es scheint übrigens, daß sie durch Attribuierung in der Regel bereits schon zu subjektiven Tatsachen, d.h. Atmosphären werden: schneidende Kälte, heiterer Morgen, lauer Wind. Den Dingen sind die Halbdinge auch insofern verwandt, als sie Individualität haben können, d.h. als ein Dies-Da (τόδε τί) begegnen. Man redet nicht nur davon, daß es Föhn gibt, sondern von *dem* Föhn. Man kann ein ganz bestimmtes Geräusch wiedererkennen. Im Unterschied zu den Dingen ist zur Individualität der Halbdinge nicht die zeitliche Identität erforderlich. Wir können dieselbe Stimme wieder hören, obgleich sie zwischendurch nicht da war und auch nicht anderswo, sondern überhaupt nicht tönte. Die Selbigkeit der Halbdinge wird also nicht durch ein Substratum gestützt, sie ist nicht in der Materie begründet, sondern vielmehr in ihrem individuellen Charakter. Dieser ist nun andererseits nicht von der Art einer Universalie, d.h. eines Klassenprädikats. Wenn ich zweimal zu verschiedenen Zeiten dieselbe Stimme höre, so heißt das nicht, daß ich zwei Geräusche höre, die unter denselben Begriff fallen: die *Stimme der Callas* ist kein Begriff. Schmitz macht übrigens mit Recht darauf aufmerksam, daß die technische Reproduzierbarkeit von Klängen und Stimmen, deren relative Unabhängigkeit von dem erzeugenden Ding deutlich gemacht hat.

Der Charakter eines Halbdinges ist als solcher auch ein Unterscheidungskriterium gegenüber den Dingen. Denn Dinge können, wie Schmitz sagt, ihren Charakter wechseln, d.h. die Art und Weise, wie sie in Erscheinung treten, während Halbdinge bei einem solchen Wechsel aufhören würden zu sein. Denn sie sind nur in der Erscheinung. Der Wind beispielsweise kann in Sturm übergehen, dann ist er aber nicht mehr Wind, sondern eben Sturm.

Da die Halbdinge quasi ihr Charakter *sind*, geraten sie in die Nähe der Qualitäten. Sie sind so etwas wie freischwebende Qualitäten. Die Unterscheidung zu Qualitäten läßt sich am besten dort studieren, wo in der Tat ein Etwas zwischen Qualität und Halbding changieren kann. Eine Farbe zum Beispiel ist natürlich durchaus noch eine Qualität von etwas, also eines Dinges. Andererseits haben wir gesehen, daß es Farben als reine Erscheinungen gibt, d.h. Farben, die nicht Farben von etwas sind. Ähnlich verhält es sich mit der Kälte. Natürlich kann Kälte als Qualität auftreten, als Eigenschaft von etwas: das Wasser ist kalt, das Essen ist kalt. Aber wenn man davon spricht, daß *schneidende Kälte herrscht* oder daß *einen die Kälte angreift*, so wird hier die Kälte als Quasiding, als Halbding erfahren, nicht als Qualität von etwas.

Wir sind soweit in der Unterscheidung der Halbdinge von den Dingen einerseits und den Qualitäten andererseits Schmitz gefolgt. Für unseren Zusammenhang tritt nun ein Kriterium der Unterscheidung hinzu, das durch die andere Zugangsweise, die wir gewählt haben, auffällig wird. Halbdinge haben die Seinsweise von Wirklichkeit, nicht von Realität. Das heißt, sie können nur in der Seinsweise der Aktualität sein. Negativ ausgedrückt heißt das, daß sie nicht im Zustand der Möglichkeit sein können. Bei einem Ding ist fast alles, was zu ihm gehört, reines Potential. Es kann bewegt werden, aber in Ruhe sein; es kann tönen, aber nicht gerade jetzt; es kann zerbrechen, ist aber noch heil. Viele der Eigenschaften, durch die wir Dinge charakterisieren, sind überhaupt sogenannte Dispositionsqualitäten: Sie zeigen sich erst, wenn man die Dinge angreift, sie anregt. Von der Art sind etwa Eigenschaften wie *hart*, *weich*, *zerbrechlich*, *biegsam* usw. Halbdinge dagegen sind alles, was sie sind, nur in reiner Aktualität. Natürlich kann eine Stimme auch an- und abschwellen, aber dabei handelt es sich nur um einen Wechsel der Intensität dessen, was sie aktuell ist. Und sicher sagt man auch, daß ein Wind drehen kann, aber wenn er gedreht hat, ist er ein anderer Wind. Wir haben es, so können wir diese Verhältnisse auch ausdrücken, bei den Halbdingen mit reinen Phänomenen zu tun, das heißt Erscheinungen, die nur sind, solange sie erscheinen und nicht Erscheinungen von etwas sind.

Wir haben den Schmitzschen Begriff des Halbdinges hier eingeführt, um damit den besonderen Gegenstandstyp des Atmosphärischen zu bestimmen. Phänomene, die wir als atmosphärisch bezeichnet haben, sind Halbdinge. Heißt das nun, daß umgekehrt alle Halbdinge atmosphärisch sind? Für diese Frage wird nun relevant, was das Atmosphärische mit der

Atmosphäre teilt, nämlich der räumliche Charakter, d.h. unbestimmt in die Weite ergossen zu sein. Diese Charakterisierung trifft sicherlich für Halbdinge wie die Nacht, die Dämmerung, die Stimme zu. Wenn man aber mit Schmitz auch das Leiden „im Sinne einer als bedrängende Kraft erfahrenen Krankheit“ (Schmitz 1978) zu den Halbdingen rechnet, so ist dies nichts Atmosphärisches. Es greift zwar leiblich an und ist dann auch lokalisierbar, aber es ist eben gerade nicht unbestimmt in die Weite ergossen. Im übrigen sind solche Halbdinge, die nicht Atmosphärisches sind, auch zu erwarten. Wenn die distanzierende Wahrnehmung Atmosphären immer weiter von sich abrückt und sie tendenziell sich in Dinge zurückziehen läßt bzw. sich zu Dingen verdichten, so sind auf dem Wege zwischen den Atmosphären, dem Atmosphärischen und den Dingen Zwischenphänomene zu erwarten. Beispielsweise ist die Helligkeit etwas Atmosphärisches. Wenn man aber aus ihr heraustritt und sie als Schein lokalisiert, ist sie das nicht mehr, gleichwohl aber noch ein Halbding.

3. Atmosphärisches als künstlerisches Sujet und Element ästhetischer Natur

Wir haben die Produktion von Atmosphären als eine wichtige, geradezu definitorische Intention für ästhetische Arbeit benannt. Durch ästhetische Arbeit sollen Wahrnehmungserfahrungen vermittelt und letzten Endes affektive Betroffenheit erzeugt werden. Der besondere Sektor der ästhetischen Arbeit, den wir Kunst nennen, hat aber häufig einen Gegenstand, der dargestellt wird, ein Sujet. Für die traditionelle Ästhetik als Theorie des Kunstwerks ist das Sujet sogar im Zentrum künstlerischer Tätigkeit. Wir haben nun mit dem Atmosphärischen eine wichtige Klasse künstlerischer Sujets benannt, und zwar eine solche, die die traditionelle und die neue Ästhetik verbinden: Durch die Darstellung von Atmosphärischem werden in vielen Kunstwerken Atmosphären vermittelt. Daß und wie das möglich ist, ist keineswegs selbstverständlich, als Faktum der Kunsterfahrung aber bekannt. Hier ist die traditionelle Ästhetik unter der Dominanz der Darstellungs- und Zeichentheorie immer nur soweit gekommen zu sagen, daß bestimmte Elemente in der Darstellung, also des Bildes, des Gedichtes usw., das Sujet *bezeichnen* oder *bedeuten*. Es geht aber um die Frage, wie etwa in der Darstellung des Herbstes in einem Gedicht die herbstliche Atmosphäre selbst erzeugt werden kann bzw. die herbstliche Atmosphäre spürbar wird. Wir wollen dieser Frage jetzt nicht nachgehen, weil sie bereits auf das Thema der gegenständlichen Konstituentien von Atmosphären vorgreift. Dieses Thema wird unter dem Stichwort *Erzeugende* in der VII. Vorlesung aufgenommen. Jetzt gilt es zunächst, Atmosphärisches als Sujet künstlerischer Darstellung festzuhalten und als Element ästhetischer Natur zu bezeichnen.

Unsere Beispiele von Atmosphärischem waren überwiegend aus dem Bereich der Naturerfahrung genommen. Es handelt sich um solche Phänomene, die eine Brücke des Begriffs der Atmosphäre im ästhetischen Sinne zum Begriff der Atmosphäre im meteorologischen Sinne darstellen: um Phänomene von Wind und Wetter, Jahreszeiten, Tageszeiten, Lichtverhältnissen. Wenn man aber solche Phänomene wie *die Stimme* oder *der Schrei* (den Schrei der Möwen) oder *das Sirren* (das Sirren der Mücke) hinzunimmt, so sieht man, daß es sich allgemeiner um Äußerungsformen oder Aktualitätsformen von Natur handelt. Es ist das, was Jacob Böhme in seiner Naturphilosophie den „Ton“ oder den „Ruch“ nennt. Jakob Böhme hat ja ein Konzept von Natur und von Ding allgemein, das am Modell des Musikinstruments orientiert ist. Dabei unterscheidet er das Wesen des Dinges oder seine Essenz, die als solche *nicht*, wohl aber in seinen Äußerungen erfahrbar ist. Diese werden vermittelt durch den Leib, das ist gewissermaßen das Ding als Resonanzboden verstanden. Dieser Leib läßt Äußerungen nur im Sinne seiner „Stimmung“, der sogenannten Signatur zu. Nach Jakob Böhme muß nun der „Geist“ ein Ding anschlagen, damit sich sein Wesen äußern kann. Diese Äußerungen sind der *Ton* oder der *Ruch*[1]. Von diesem Konzept eines Dinges her kann Jakob Böhme dann die Natur als Ganzes als ein großes Konzert verstehen. Wichtig ist, daß nach diesem Konzept die Äußerungsformen der Natur als solche erfahrbar sind und überhaupt als ein wesentliches, zur Natur gehöriges Moment verstanden werden. Entsprechendes wollen wir mit unserem Begriff des Atmosphärischen leisten.

Fragen wir nun nach dem Atmosphärischen als Sujet künstlerischer Darstellung und als Moment ästhetischer Natur, so treffen wir auf eine merkwürdige, ja paradoxe Situation. Denn daß das Atmosphärische als ein wichtiges Phänomen zur Natur gehört, scheint für die darstellenden Künstler selbstverständlich, während es in den ästhetischen Theorien nahezu nicht vorkommt. Ganz besonders häufig ist das Atmosphärische der Natur

1 Siehe dazu meinen Artikel *Jacob Böhme*, in: Böhme 1989.

Gegenstand der Naturlyrik. So ist in einer Anthologie zur Naturlyrik, die inzwischen schon kanonischen Charakter gewonnen hat, fast ein Drittel der dort aufgeführten Rubriken durch das Atmosphärische besetzt. Ich rede von dem von Alexander von Bormann herausgegebenen Buch *Die Erde will ein freies Geleit. Deutsche Naturlyrik aus sechs Jahrhunderten* (von Bormann, 1987). Die für uns relevanten Rubriken in diesem thematisch gegliederten Buch sind: der Morgen, Frühling, Mailieder, Sommer – Mittag, Abend, Nacht, September, Herbst, Winter. Auch in der bildenden Kunst sind entsprechende Themen anzutreffen. Freilich muß man sagen, daß in der Naturdarstellung der Malerei das Landschaftsbild und das Stilleben absolut überwiegen. Aber auch unter der Kategorie Landschaft gibt es viele Bilder, die etwa *der Frühling, der Morgen, bei Sonnenaufgang* oder *Sturm über dem Meer* oder ähnlich heißen. Für unser Thema ist interessant, daß das Atmosphärische, also etwa der Morgen, Frühling, Mittag, Nacht, Sturm, in der bildenden Kunst häufig nicht als solches, sondern in allegorischer Darstellung erscheint. Diese Beobachtung gibt Anlaß zu zwei Bemerkungen, die ein neues Licht auf das Atmosphärische als solches werfen.

Die erste unterstreicht noch einmal die Raumartigkeit des Phänomens. Da das Atmosphärische unbestimmt in die Weite ergossen ist, läßt es sich schlecht oder, besser gesagt, nur indirekt im Gemälde, d.h. in der Fläche darstellen. Da das Atmosphärische nicht im Sinne der Geometrie räumlich ist, helfen auch nicht die Darstellungsweisen der Perspektive. Insofern kann auf Bildern das Atmosphärische eigentlich nur indirekt erscheinen, durch Insignien, d.h. durch Anzeichen dafür, daß beispielsweise in einer Landschaft, einem Park, einem Garten die entsprechende Atmosphäre herrscht: der Herbst erscheint durch bunte Blätter, der Mittag durch tiefe, intensive Schatten usw. Hier treffen wir abermals auf die Frage der gegenständlichen Konstituentien von Atmosphären. Es bleibt also dabei, daß das Atmosphärische der Natur als Sujet der Malerei nicht recht taugt. Unter dem Aspekt seiner charakteristischen Räumlichkeit dürfte es in Raumkünsten wie der Musik oder vielleicht auch der Lyrik, insofern sie gesprochene Sprache ist, eher seinen Ort finden. Auch wenn jeder Mensch mit dem Atmosphärischen in der Natur vertraut ist und charakteristische Atmosphären durchaus erkennt und unterscheidet, sind es auch hier wieder die Dichter, die diese Art der Naturerkenntnis artikulieren und mitteilbar machen. Als ein Beispiel für viele möchte ich Theodor Storms Gedicht *Meeresstrand* zitieren, das unter unserem Gesichtspunkt, nämlich der Frage nach dem Atmosphärischen, eher *Dämmerung* heißen sollte:

Ans Haff nun fliegt die Möwe,
Und Dämmerung bricht herein;
Über die feuchten Watten
Spiegelt der Abendschein.

Graues Geflügel huschet
Neben dem Wasser her;
Wie Träume liegen die Inseln
Im Nebel auf dem Meer.

Ich höre des gärenden Schlammes
Geheimnisvollen Ton,
Einsames Vogelrufen –
So war es immer schon.

Noch einmal schauert leise
Und schweiget dann der Wind;
Vernehmlich werden die Stimmen,
Die über der Tiefe sind.
(abgedruckt in v. Bormann 1987, 132f.)

Storm schildert in seinem Gedicht die abendliche Dämmerung als etwas Atmosphärisches, das sich über die Landschaft breitet und Dingliches allmählich an den Rand drängt, vereinzelt und verschwinden läßt. Das Atmosphärische *Dämmerung* wird dagegen durch Nichtdingliches bzw., in der Terminologie von Hermann Schmitz, durch Halbdinge wie Wind, Licht, Ton konstituiert. Die Dämmerung senkt sich nieder, sie deckt gewissermaßen alles zu, hüllt es ein und läßt es vergehen oder einschlafen. Sie hat selbst den Charakter des Schwindens.

Zunächst das Unbestimmt-werden der gegenständlichen Welt: Es ist von einer einzelnen Möwe die Rede, die ans Haff fliegt, also sich entfernt. Unbestimmt ist von grauem Geflügel die Rede, dessen Bewegung auch nicht mehr klar ausmachbar ist, sondern als Huschen bezeichnet ist. Dann hört man noch ein einsames Vogelrufen. Statt dessen das unbestimmt Atmosphärische, das sich herniedersenkt: Während die Dämmerung hereinbricht, ist das Licht unten: Auf den feuchten Watten spiegelt sich der Abendschein. Im Schwinden der artikulierten Vogelrufe läßt sich der Ton des gärenden Schlammes vernehmen. Der Wind regt sich noch einmal, um dann ganz zu schweigen. Die ganze Bewegung geht von oben nach unten. Während am Anfang noch von der fliegenden Möwe die Rede ist, senkt sich der Blick auf die feuchten Watten, das Wasser, den Schlamm, um schließlich gar nichts mehr zu sehen, sondern nur noch die Stimmen zu vernehmen, die über der Tiefe sind. Das charakteristisch Atmosphärische der Natur, die Dämmerung über dem Watt, wird in affektiver Betroffenheit wahrgenommen, also als Atmosphäre. Storm nimmt in diesem Gedicht das sogenannte lyrische Ich ungewöhnlich zurück. Nur einmal äußert er sich reflektiv: So war es immer schon. Aber das ist auch angemessen; denn im Spüren der Atmosphäre löst sich das Ich gewissermaßen auf, gleitet aus und wird selbst unbestimmt. Der Blick wird zu einem Träumen: Wie Träume liegen die Inseln im Nebel auf dem Meer. Die Wahrnehmung der Atmosphäre der Dämmerung ist eine Beunruhigung, eine Ängstigung. Zwischen der Tätigkeit des Tages und der Ruhe der Nacht ergibt sich mit der Dämmerung ein unbestimmtes Ahnen, eine Auflösung der Orientierung, ein Gefühl der Bedrohung. Der Ton des gärenden Schlammes wird als geheimnisvoll wahrgenommen, der Wind regt sich nicht nur, sondern er schauert, und am Ende werden Stimmen vernehmlich, die weder die Stimmen von jemandem noch von etwas sind. Soweit dieses Beispiel einer dichterischen Mitteilung von Atmosphärischem! Es macht deutlich, daß es sich dabei um etwas handelt, das durchaus zur Natur gehört, im gewissen Sinne ein Naturvorgang ist, der aber gerade als solcher überhaupt nur zu etwas wird für eine mitlebendes Wesen, das dadurch affektiv betroffen wird. Das Spüren von Atmosphären ist für diese selbst konstitutiv. Es ist deshalb kein Wunder, daß diese Naturphänomene nicht eigentlich Gegenstand von Naturwissenschaft sind und sein können. Sie sind nur in ästhetischer Zugangsweise erfahrbar, d.h. durch eine Wahrnehmung im vollen Sinne, die in der Befindlichkeit die eigene Anwesenheit in einer Umgebung spürt.

Ich komme jetzt zu der zweiten angekündigten Bemerkung: Die allegorische Darstellung der atmosphärischen Erscheinungen der Natur ist in der bildenden Kunst in der Regel eher als Notbehelf anzusehen. Sie läßt sich aber auch ganz anders deuten, nämlich so, daß sie gerade ein anderes wichtiges Charakteristikum des Atmosphärischen zur Geltung bringt. Schmitz hat bei der Behandlung der Halbdinge bereits darauf hingewiesen, daß sie häufig als Kräfte – nicht im physikalischen, sondern im leiblich-emotionalen Sinne erfahren werden. „Alle mit der hier ins Auge gefaßten Zudringlichkeit ausgestatteten Halbdinge haben oder sind vielmehr solche Kräfte", sagt er schon im zitierten § 245 im Band *Die Wahrnehmung* (Schmitz, 1978, 136). An anderer Stelle sagt er, daß diese Erfahrung ein Halbding „als bedrängenden oder beunruhigenden *Partner*" begegnen läßt (a.a.O., 127). Die sprachlichen Artikulationen dieser Erfahrungen, die wir anführten, wie etwa die beißende Kälte, die heraufsteigende Nacht, die bedrückende

Stille, bestätigen dies. Von hier aus ist es nur ein Schritt zur Personifikation. Bezüglich der Nacht notiert Schmitz:

> „Die an bildhaften, z. T. zu geläufigen Metaphern abgeschliffenen Wendungen überreiche poetische und mythische Rede von der Nacht gibt dieses wie partnerschaftliche Betroffensein gern durch Personifikationen wieder, die teils das freundlich-friedliche, teils das unheimliche und düstere Wesen der Nacht hervorheben, und geht damit vom phänomenologischen Standpunkt aus zu weit, wenngleich im Dienst einer Konkretisierung des Atmosphärischen, ...; obwohl kein personaler Partner, ist die Nacht dann einem solchen vergleichbar ..." (a.a.O., 127).

Was Schmitz hier als phänomenologisch zu weit gehende Personifikation kritisiert, würdigt er an anderen Stellen gerade als Erfahrung des Göttlichen. Bekanntlich sind ja beispielsweise der Mittag als Pan und der Morgen als Aurora in der griechisch-römischen Mythologie Götter oder Halbgötter. Die allegorische Darstellung atmosphärischer Phänomene in der bildenden Kunst knüpft an diese Tradition an. Sie werden entweder direkt durch die traditionell-mythischen Wesen oder aber durch neutrale, meist weibliche Figuren dargestellt, denen dann konventionelle Attribute, die schon erwähnten Insignien beigegeben werden. Der Glaube an den Mythos mag verloren sein und die Konventionen allegorischer Darstellung verblaßt. Und doch können wir nach der phänomenologischen Analyse sagen, daß sie geeignet waren, einen bestimmten Grundzug des Atmosphärischen als Gegenständen vom Typ Halbding zu artikulieren.

Die Selbstverständlichkeit, mit der Atmosphärisches zum Repertoire künstlerischer Naturdarstellung zu rechnen ist, soll nun konfrontiert werden mit der Tatsache, daß das Atmosphärische in der klassischen Naturästhetik nicht vorkommt. Dabei muß zunächst noch einmal daran erinnert werden, daß wir einen Unterschied machen zwischen Atmosphären als charakteristischen Weisen der Ko-Präsenz und dem Atmosphärischen als einer bestimmten Klasse von Naturphänomenen. Was zentrales Thema der klassischen Ästhetik ist, das Schöne und das Erhabene, kann man nämlich sehr wohl als Atmosphäre verstehen (Böhme, 1999b); und dann wäre nur zu kritisieren, daß sich die ästhetische Theorie auf diese beschränkte. Uns geht es dagegen um Naturgegenstände vom Typ des Atmosphärischen, und auf der Suche danach muß man sich die Liste der Beispiele in den klassischen Ästhetiken anschauen. Wir beschränken uns auf Kants *Kritik der Urteilskraft* und Hegels *Ästhetik*. Kants Ästhetik ist unter dem Thema des Schönen durchweg an der *Form* der Dinge interessiert. Schön ist, was durch seine Form dem menschlichen Erkenntnisvermögen Anlaß zu einem harmonischen Zusammenspiel gibt. Diese Zugangsweise schließt auf der einen Seite Qualitäten als solche, d.h. Farben und Schälle von der Betrachtung aus, es sei denn, es ließe sich in ihnen wiederum eine Form ausmachen. Ebenso werden Naturprozesse wie ein Kaminfeuer oder ein rieselnder Bach ausgeschlossen (Kant 1790/1959, 73). Die eigentlichen und immer wiederkehrenden Beispiele für Kant sind dann: Blumen, die Zeichnungen etwa auf Vogelfedern oder Schaltieren, Insekten, Vögel, dann die Gestalt etwa des Pferdes und natürlich des Menschen. Es handelt sich bei den Beispielen aus der Natur also durchweg um *Dinge*. Ganz ähnlich stellt sich die Situation unter dem Thema des Erhabenen dar, obgleich unter dem Gesichtspunkt des dynamisch Erhabenen, in dem nämlich die Natur als Gewalt erfahren wird, sich atmosphärische Phänomene anböten. Hier kommen immerhin Orkane vor und der Himmel, sonst aber wird auch das Erhabene wiederum an Gegenständlichem festgemacht: an Felsen, am Gebirge, Gebirgsmassen, an Schlünden im Gebirge, an Vulkanen und dem Meer. Blickt man auf die Kantischen Beispiele für schöne und erhabene Natur in seiner Ästhetik, so muß man sagen, daß die Natur darin als ein Ensemble von Gegenständen, genauer gesagt von Dingen vorkommt. Als solche wird sie für die Ästhetik bereits als gegeben vorausgesetzt. In den *Metaphysischen Anfangsgründen der Naturwissenschaft* von 1786 – also vier Jahre vor seiner Ästhetik geschrieben – definiert Kant Natur in materialer Bedeutung, d.h. also ihrer Extension nach, als den Inbegriff der Gegenstände vor dem äußeren Sinne (Kant, 1786/1963, 11). Dabei sind aber für ihn Gegenstände *Dinge*, insofern nach seiner Erkenntnistheorie Gegenstände der Erfahrung immer durch den Substanzbegriff gedacht werden müssen. Kants Ästhetik setzt die Natur bereits in diesem Sinne voraus und fragt nur danach, inwiefern und unter welchen Bedingungen die gegebenen Naturgegenstände als schön oder erhaben *beurteilt* werden können. Der ästhetische Zugang zur Natur ist keine Weise der Entdeckung von Natur, und es gibt keine besondere ästhetische Gegebenheitsweise von Natur. Kantisch gesprochen heißt das: die Ästhetik ist nicht transzendental, sie begründet nicht eine besondere Erfahrung und entsprechend einen besonderen Gegenstandstyp. Wir können das auch so ausdrücken: diese Ästhetik ist keine ästhetische *Theorie* der Natur.

Bei Hegel verhält sich das nicht sehr viel anders. Seine Ästhetik ist eigentlich eine Theorie des Kunstwerks, nicht der Natur bzw. der Natur nur, insofern sie in künstlerischer Darstellung auftritt. Sein Begriff des Schönen läßt ihn aber doch in der Natur einem besonderen Aspekt nachspüren. Das Schöne ist nach Hegel bekanntlich das *Scheinen der Idee*. Die Idee aber ist auch in der Natur wirksam, nämlich ganz aristotelisch als εἶδος ἔνυλον,- d.h. als organisierendes Prinzip. Sie ist dasjenige, was die Naturdinge in geringerem oder größerem Maße zur Einheit organisiert. Hegel durchmustert nun in den Eingangspartien seiner Ästhetik-Vorlesung die Natur in Hinblick darauf, inwiefern das in ihr wirksame organisierende Prinzip als solches hervortritt. Bei dieser Durchmusterung der Natur setzt er aber, was Natur ist, oder besser gesagt, was dazugehört, bereits voraus. Er setzt Natur als Ensemble von Naturdingen voraus und präsentiert dieses, wie in der Linie seiner Fragestellung nicht anders zu erwarten, in der aristotelischen Ordnung nach Graden der inneren Organisation: über den einfachen Substanzen liegen die Minerale, insbesondere die Kristalle, über ihnen stehen die Organismen, die Pflanzen, die Tiere und schließlich als Ordnung des Ganzen einerseits der Kosmos qua Planetensystem und andererseits der Mensch. Diese Durchmusterung der Naturgegebenheiten verläuft letztlich negativ. Die Idee, meint Hegel, bleibt in der Natur verschlossen, sie kommt nicht wahrhaft zum Scheinen. Selbst die menschliche Gestalt bleibt in dieser Hinsicht unzulänglich, insofern der Körper nicht durchweg seine Lebendigkeit zum Ausdruck bringt, vielmehr sie in seinem Inneren verschließt, insofern in der Prosa des menschlichen Daseins das Allgemeine sich nicht als solches präsentiert, und insofern schließlich der Mensch, etwa im Sinne der Rassen, noch an der Partikularität alles Lebendigen teilhat. Kurz, es ist die *Kunst*, und was die Menschen angeht, insbesondere die plastische Kunst, die in ihren Werken die Idee der Menschheit wirklich zum Scheinen bringt. Die Betrachtungsweise ist insoweit nicht sehr von der Kants unterschieden. Die Natur wird nicht in ästhetischer Zugangsweise konstituiert, es gibt keine besondere ästhetische Natur. Aber einerseits ist zu würdigen, daß Hegel wie kein anderer die Mannigfaltigkeit der Natur in ihren verschiedenen Organisationsformen und Gestaltungen überhaupt in die ästhetische Betrachtung einbezieht, und andererseits unter dem Leitfaden seines Begriffs von Schönheit als dem Scheinen der Idee an ihr eine bestimmte Seite artikuliert: Es ist die, die wir später (IX) die ekstatische Dimension nennen wollen, nämlich das Heraustreten der Dinge aus sich. Ferner muß man sagen, daß Hegel weit mehr als Kant in der Kunstgeschichte zu Hause war und, belehrt von dieser, durchaus Beispiele des Atmosphärischen anführt. Die Art und Weise wie er das tut, läuft allerdings darauf hinaus, daß er sie eben nicht als Momente der Natur selbst anerkennt. Ich führe dafür eine charakteristische Stelle an:

> Eine eigentümliche Beziehung endlich gewinnt die Naturschönheit durch das Erregen von Stimmungen des Gemüts und durch Zusammenstimmen mit denselben. Solche Bezüglichkeit z. B. erhält die Stille einer Mondnacht, die Ruhe eines Tales, durch welches ein Bach sich hinschlängelt, die Erhabenheit des unermeßlichen, aufgewühlten Meeres, die ruhige Größe des Sternenhimmels. Die Bedeutung gehört hier nicht mehr den Gegenständen als solchen an, sondern ist in der erweckten Gemütsstimmung zu suchen. (Hegel, 1970, Bd. 13, 177)

Die Beispiele „die Stille einer Mondnacht", „die Ruhe eines Tales" sind natürlich typische Beispiele für Atmosphären bzw. das Atmosphärische. Aber er rechnet sie nicht der Natur zu, sondern der Gemütsstimmung. Ganz entsprechend kommt bei der Durchmusterung der Natur so etwas wie Landschaft nur als „imponierende äußere Zusammenstimmung" (a.a.O., 176) vor, hat aber seinen eigentlichen Platz in der Malerei: Landschaft ist nicht ein *Naturphänomen*, sondern eine Kategorie von *Gemälden*.

Vielleicht lohnt es sich zum Abschluß dieser Betrachtungen noch auf eine der neusten ästhetischen Theorien hinzuweisen, nämlich das Buch von Friedrich Cramer und Wolfgang Kaempfer *Die Natur der Schönheit* (Cramer /Kaempfer 1992). Dieses Buch steht prototypisch für eine ganze Reihe, geradezu eine Mode neuer Thematisierungen der Schönheit der Natur, die durch neue mathematische Theorien, wie Chaos-Theorie und fraktale Geometrie, ausgelöst wurde. Was aber als Natur in diesen Untersuchungen vorkommt, wird selbst von der Naturwissenschaft präsentiert und in Hinblick auf seine Form untersucht. Es geht um Schneckenhäuser und Muschelschalen, es geht um Blatt- und Fruchtstände, um Wuchsformen, Wolkenbildungen und dergleichen. Auch hier und noch viel drastischer als bei den klassischen Theorien läßt sich die Ästhetik die Natur gegenständlich von außen vorgeben und expliziert nicht die ästhetische Erfahrung als eine besondere, als eine *Entdeckung* von Natur.

Demgegenüber können wir festhalten, daß wir mit der Benennung des Atmosphärischen in der Natur ein erstes Proprium ästhetischer Natur benannt haben. So etwas wie der Morgen, die Nacht, der Wind und der Herbst gehört zur Natur. Allerdings ist die Natur, von der wir dann sprechen, nicht die Natur der Naturwissenschaft, auch nicht, wie wir gesehen haben, die Natur der klassischen Ästhetik, wohl aber die Natur alltäglicher Erfahrung und vor allem einer Ästhetik, die sich als sinnliche Erkenntnis von Natur versteht.

V. Befindlichkeit

1. Der Ich-Pol der Wahrnehmung

Es ist erstaunlich, daß die Wahrnehmung fast ausschließlich vom Gegenstandspol her untersucht wird. Vielleicht ist dies auch nicht so erstaunlich, geht es doch in der Wahrnehmung darum, *etwas* wahrzunehmen. Also fragt man danach, wie ein Etwas wahrgenommen wird, was dieses Etwas ist, ob es so ist, wie es wahrgenommen wird, und schließlich mit welchen Mitteln es wahrgenommen wird. So kommt man dann allmählich auch auf den subjektiven Pol zu sprechen, nämlich im allgemeinen auf die fünf Sinne und das Ich als terminus ad quem und organisierendes Zentrum. – Die Orientierung am und auf das Objekt der Wahrnehmung ist durchaus nicht verfehlt, wenn man die Wahrnehmung als eine Erkenntnisweise betrachtet. Auch wir werden das tun. Aber in der Ästhetik ist das zu wenig. Ästhetik muß auch der Frage nachgehen, w*ie es dem wahrnehmenden Menschen in der Wahrnehmung geht.* Sie muß sich also kümmern um die Freude, die er dabei erfahren mag, oder auch den Schrecken; um die Affektion, die ihn zu etwas hinzieht, oder auch den Ekel, der ihn abstößt, vielleicht sogar um Liebe und Haß. Die Ästhetik, so könnte man die Verhältnisse umdrehen, ist Wahrnehmungslehre überhaupt nur, insofern wir in der Wahrnehmung von dem, was wir wahrnehmen, affektiv betroffen werden, oder noch enger, insofern wir von unserer *Wahrnehmung* der Dinge affektiv betroffen werden. In der Ästhetik ginge es gerade nicht, wie im praktischen Leben, um die Dinge und unsere Bedürfnisse nach ihnen, sondern um die Wahrnehmung als solche und wie es uns bei der Wahrnehmung ergeht. So ist ja beispielsweise Kants Ästhetik konzipiert. Ihr Thema ist das Gefühl der Lust und Unlust, und zwar nicht etwa der Lust und Unlust an den Dingen selbst, sondern einer reflexiven, nämlich der Lust und Unlust, mit der wir auf unseren eigenen Gemütszustand angesichts der Dinge reagieren. Damit haben wir die Verhältnisse noch einmal auf den Punkt gebracht. Auf der einen Seite eine Ästhetik, die in der Nachfolge

Baumgartens Wahrnehmung als eine besondere Erkenntnisweise versteht, auf der anderen Seite eine Ästhetik, der es letzten Endes nur um den Gemütszustand des Subjektes zu tun ist und ihn als Begleitphänomen von Wahrnehmungstätigkeit untersucht. Uns hier soll es um beides gehen. Wahrnehmung, die sich aus dem Grundereignis von Wahrnehmung, nämlich dem Spüren von Anwesenheit herleitet, impliziert in nuce zwei Pole, nämlich das Ich und das Ding oder das Subjekt und das Objekt, die in der Wahrnehmung in einem Zustand der Ko-Präsenz zusammenhängen. Spüren von Anwesenheit heißt spüren, daß etwas anwesend ist und ich mich in seiner Gegenwart in bestimmter Weise befinde. Dieser Ich-Pol war in unseren Analysen terminologisch immer schon präsent – in Ausdrücken wie *Subjektivität, Befindlichkeit, affektive Betroffenheit, Sich-spüren* wie auch in der Rede vom Fühlen oder traditionell dem Gefühl der Lust und Unlust. Es gilt nun, sich dieses Ich-Pols der Wahrnehmung ausdrücklicher zu versichern. Ist Wahrnehmung Erfahrung der Ko-Präsenz, so geht es also darum herauszuarbeiten, inwiefern Wahrnehmung von etwas immer zugleich die Wahrnehmung meines eigenen Daseins ist. Dabei ist allerdings wie immer zu berücksichtigen, daß es unterschiedliche Wahrnehmungsweisen gibt, bei denen je die eine oder die andere Seite von Wahrnehmung zuungunsten anderer Möglichkeiten ausdifferenziert ist.

2. Anwesenheit als Voraussetzung von Wahrnehmung

Nun scheint Anwesenheit allerdings die allertrivialste Voraussetzung für Wahrnehmung zu sein, gleich, ob man nun Anwesenheit als faktische Existenz in Raum und Zeit oder als leibliche Anwesenheit versteht. Aber so selbstverständlich ist diese Voraussetzung nicht, was wir schon daran gesehen haben, daß die Beispiele für Wahrnehmung, die sich zunächst und zumeist aufdrängen, etwa *Ich sehe ein Haus* von dieser leiblichen Anwesenheit des Wahrnehmenden nichts enthalten. Zweifel können einem ferner kommen angesichts der Tatsache der Telekommunikation. Beim Fernsehen könnte man vielleicht noch sagen, daß es genaugenommen kein fern-sehen ist, und es wird in der Regel ja auch so erlebt: nämlich als ein Sehen von Bildern, nicht als ein Sehen in die Ferne. Wenn aber jemand durch ein Fernglas schaut, so würde er doch wohl nicht sagen, daß er etwa ein Bild von einem Schiff sieht und nicht ein Schiff. Umgekehrt könnte ich mir denken, daß ein Chirurg, der mittels Monitor operiert, dies wohl eher im Gefühl tut, ins

Leibesinnere zu schauen und nicht etwa Bilder zu betrachten. Ferner empfängt man ja die Worte eines Freundes, mit dem man in Amerika telefoniert, nicht als *Hörbilder*, sondern man sagt zu ihm „Ich höre dich" oder sogar „Ich höre dich ganz nah". Diese apparativ vermittelten Wahrnehmungsweisen können in der Tat Zweifel eigener Art mit sich bringen, und man wird sie nicht einfach durch eine Ausweitung des Begriffs der leiblichen Anwesenheit lösen können. So hat man immer wieder das Thema vermittelter Wahrnehmung behandelt. Auf die Frage etwa, wo jemand, der mit einem Stock den Boden abtastet und auf einen Kiesel trifft, – wo dieser Wahrnehmende diesen Kiesel spürt, war die traditionelle und adäquate Antwort: dort, wo er ist. Das Wahrnehmungsinstrument, hier der Stock, wurde gewissermaßen als Leiberweiterung interpretiert. All diese Probleme muß man natürlich behandeln, aber nicht so, daß man einen allgemeinen Begriff von Wahrnehmung bildet, der sie alle enthält. Vielmehr kann man eben auch, wie wir es tun, von elementaren Wahrnehmungsereignissen ausgehen, also dem unmittelbaren Spüren von Anwesenheit, und damit rechnen, daß sich daraus durch Ausdifferenzierung und Vermittlung Wahrnehmungsweisen entwickeln, bei denen der Kontakt zur Welt dünner und die Ko-Präsenz mit dem Wahrgenommenen nur indirekt sein wird. Jedem, der Relativitätstheorie gelernt hat, wird es sinnlos erscheinen zu sagen, *Ich sehe den Stern* sei eine Weise der Ko-Präsenz von mir und dem Stern als Ding verstanden. Gleichwohl ist mir im Sehen der Stern gegenwärtig, und ich muß jedenfalls *jetzt* sein, um ihn sehen zu können.

Halten wir zunächst fest, in welcher Weise der Ich-Pol auch traditionell in das Verständnis von Wahrnehmung eingeht. Da ist als erstes noch einmal hervorzuheben, daß auch in den trivialsten Beispielen der Form *Ich sehe ein Haus* die Wahrnehmung im Sinne einer besonderen Sinnesart, nämlich des Sehens, artikuliert wird. Man könnte sagen, daß dieses gewöhnliche Verständnis der Wahrnehmung gerade und durchaus die Leiblichkeit des Wahrnehmungsvorganges zur Geltung bringt. Denn kann man sehen ohne Augen und hören ohne Ohren? Und ist die Auffassung von Wahrnehmung im Sinne der fünf Sinne nicht viel deutlicher auf den Leib bezogen als die *abstrakte* und undifferenzierte Rede von *Wahrnehmung*? Das könnte sein, aber faktisch wird das Sehen vom Licht her, das Hören vom Schall her verstanden, also doch wiederum vom Gegenstandspol her. Allenfalls werden die Sinne noch als Funktionen der objektivistisch betrachteten Sinnesorgane verstanden. Dagegen bleibt es eine Aufgabe, die fünf Sinne als Weisen leiblicher Anwesenheit zu verstehen.

Daß die Wahrnehmung einen Ich-Pol hat, geht ferner in die traditionelle Analyse der Wahrnehmung als *Standpunkthaftigkeit* der Wahrnehmung oder als Perspektive ein. Es ist interessant festzustellen, daß wahrnehmungstheoretisch orientierte Bilder, wie etwa perspektivische Gemälde der Renaissance, einen privilegierten Betrachterstandpunkt implizieren. Solche Bilder sind Zeugnis dafür, daß das Wahrgenommene selbst als solches auf einen Ich-Pol verweist. Aber ebenso wie die Orientierung an den fünf Sinnen, sei es als physikalische, sei es als sinnesphysiologische, zu kurz greift, weil darin die Sinnlichkeit nicht als leibliche Anwesenheit vorkommt, ebenso auch der perspektivische Rückverweis auf den Ich-Pol: denn hierin könnte der Ich-Pol durchaus durch einen Apparat, speziell die Kamera, ersetzt werden.

In verallgemeinerter Form tritt, was uns als perspektivische Orientierung auf ein Ich hin begegnete, in der Wahrnehmungspsychologie und Phänomenologie als Organisation des Wahrnehmungsfeldes auf. Hier ist davon die Rede, daß das Wahrgenommene überhaupt nur ein Ganzes sein kann und dann auch ein Ganzes besonderer Art, weil es durch Selektion und Integration von einem Ich her organisiert wird. Über die Perspektive hinaus kommt hier das Moment des Interesses hinein bzw. das Ich nicht nur in seinen Perspektiven, sondern in seinen Interessen und seinen Bedürfnissen. Bei Heidegger heißt es, daß die Welt als Bedeutungszusammenhang begegnet. Das Wahrgenommene ist eben nicht einfach bloß Ding oder Tatsache, sondern „Zuhandenes“, d.h. es erscheint in seiner Dienlichkeit, Brauchbarkeit und in seinem Verweisungscharakter auf anderes. In eher biologischer Version war ihm darin von Jacob von Uexküll mit seiner Rede von der Umwelt bereits vorausgegangen. Die Welt als wahrgenommene verweist insofern zurück immer auf einen Wahrnehmenden, dessen Welt oder Umwelt sie ist. Dieser Zugang bleibt für uns unzureichend, denn der Wahrnehmende in seiner leiblichen Anwesenheit taucht auch hier noch nicht auf. Im Prinzip ist zwar deutlich, daß Wahrnehmung immer Wahrnehmung von jemandem sein muß, aber dieser jemand bleibt durch jeden anderen derselben Spezies oder derselben Kultur vertretbar. Es ist erstaunlich, daß nicht einmal bei Heidegger der Mensch als Leib auftritt. Die Jemeinigkeit, d.h. die subjektive Betroffenheit hinterläßt in seinem Konzept von Welt keine Spuren.

Indem der Wahrnehmungsraum als Bedeutungszusammenhang oder Umwelt gedacht wird, wird er allerdings auf die Anwesenheit des Wahrnehmenden bezogen. Aber das heißt noch immer nicht, daß dieser in seiner Leiblichkeit ernstgenommen wird und in seiner Subjektivität unvertretbar ist. Das legt die Vermutung nahe, daß beides, Leiblichkeit und Unvertretbarkeit, zusammenhängen könnten.

Als der Autor, der den Leib explizit in die Wahrnehmungstheorie einführte, ist Maurice Merleau-Ponty zu nennen. In seiner *Phänomenologie der Wahrnehmung* (1966) macht er das „inkarnierte Ich" zum eigentlichen Subjekt der Wahrnehmung. Allerdings betont er – und wir stimmen ihm darin zu – daß es dazu nötig ist, den Leib wiederzufinden und leibliches Empfinden zu erlernen: „Doch also ein neues Verhältnis zu unserem Leib wie zur Welt findend, werden wir auch uns selbst wiederfinden, da der Leib, mit dem wir wahrnehmen, gleichsam ein natürliches Ich und selbst das Subjekt der Wahrnehmung ist."(1966, 243). Er nähert sich dieser Leiberfahrung *in* der Wahrnehmung mit Hilfe des Beispiels eines Würfels. An ihm zeigt er, daß seine Struktur sich erst aufgrund der unterschiedlichen Perspektiven, die ein „physisches Subjekt" zu ihm einnehmen kann, konstituiert.[1] Von dem in diesem Beispiel noch ganz durch Intentionen bestimmten Wahrnehmungstyp geht er dann an Hand von Beispielen des Farbsehens zu solchen Wahrnehmungen über, in deren Gegenstands- und Leibwahrnehmung noch nicht geschehen sind. Das Erreichen dieses Wahrnehmungszustandes schildert er geradezu als religiöses Ereignis, als mystische Erfahrung. „...und plötzlich ergreift das Sinnliche mein Ohr oder meinen Blick und ich liefere einen Teil meines Leibes oder gar meinen ganzen Leib jener Weise der Schwingung und Raumerfüllung aus, in der das Blau oder das Rot besteht." (1966, 249). Dem ist zuzustimmen – doch kehren wir wieder zur nüchternen Analyse zurück.

3. Betroffenheit und Sich-spüren

Die bisherigen Überlegungen zeigten, daß das subjektive Moment an der Wahrnehmung durch Perspektive und Wahrnehmungsorganisation, und das heißt letzten Endes durch die Intentionen eines Subjektes nicht hinreichend bestimmt werden kann. Wenn nicht gar durch einen Apparat, so ist das Subjekt der Wahrnehmung in diesen Intentionen immer noch vertretbar. Erstaunlicherweise bringt sich also das wahrnehmende Ich gerade

1 Das Beispiel ist vielleicht nicht gut gewählt. Jedenfalls ist Merleau-Pontys Konsequenz überzogen: »Ein Würfel mit sechs gleichen Seiten ist nicht nur unsichtbar, sondern undenkbar« (1966, 240)

durch seine aktive Haltung – einen Standpunkt beziehen, eine Perspektive entwickeln, die Welt verstehen und einen Zusammenhang konstruieren – mit seiner Subjektivität in die Wahrnehmung nicht ein. Erst mit dem Pathischen an der Wahrnehmung, insofern dem Wahrnehmenden in der Wahrnehmung etwas geschieht, insofern er etwas erleidet, von ihr betroffen ist, wird die Wahrnehmung zur subjektiven. Denn in der Betroffenheit und nur in dieser bin ich unvertretbar. In meinen Handlungen bin ich durch andere vertretbar, nicht aber in meinen Widerfahrnissen und meinem Leiden. Deshalb ist auch das Mir als Wurzel von Subjektivität fundamentaler als das Ich.[2] Wir hatten schon erwähnt, daß Wahrnehmungsereignisse von der Form *Mir ist kalt* in dieser Hinsicht auch für die Analyse des Ich-Pols in der Wahrnehmung grundlegend sind. Solche Beispiele artikulieren Wahrnehmung als Betroffenheit. Sie enthalten in dem Mir eine elementare, noch nicht explizierte Reflexivität und bringen zum Ausdruck, daß die Wahrnehmung eine Selbstgegebenheit des Wahrnehmenden ist. Wir müssen dem weiter nachgehen, um herauszuarbeiten, daß diese Selbstgegebenheit die Erfahrung leiblicher Anwesenheit ist.

Wir haben die Beziehung von Betroffenheit und Spüren der eigenen Anwesenheit bisher nur über den Terminus *Befindlichkeit* vermittelt. Dieser deutsche Ausdruck hat in der Tat den Vorteil, auf der sprachlichen Ebene die entsprechende Brücke herzustellen. Denn *sich befinden* bedeutet auf der einen Seite, sich in bestimmter Weise, also beispielsweise bedrückt oder heiter fühlen, auf der anderen Seite heißt es so viel wie *da sein, anwesend sein*. Man muß aber natürlich aufpassen, daß man durch eine sprachliche Brücke nicht einen Zusammenhang suggeriert, der in der Erfahrung gar nicht da ist. Wie man sich fühlt, wird häufig auch als Stimmung verstanden, Stimmung ihrerseits als ein seelischer Zustand. Nimmt man nun hinzu, daß seelisch ist, was ortlos ist – so die Definition von Hermann Schmitz[3] -, so hieße das, daß man mit den Stimmungen einen inneren Zustand ins Auge faßt, der mit dem Sich-befinden an einem Ort wenig oder vielleicht gar nichts zu tun hat. Befindlichkeiten wie Stimmungen werden eben häufig als Zustände einer Seelensubstanz, nicht des Leibes aufgefaßt. Es ist deshalb notwendig, für unsere Beziehung von *Sich-befinden* und *Sich-an-einem-Ort- befinden* einen phänomenologischen Nachweis zu führen.

---

2 Diese These habe ich zuerst formuliert in meinem Aufsatz *Über eine notwendige Veränderung im europäischen Denken*, in: Böhme 1986.

3 Schmitz 1964. Siehe diesen Band auch für das Folgende.

Wir beginnen hier, einer Analyse von Schmitz folgend, mit Extremen: nämlich auf der einen Seite der Erfahrung von Schmerz und Schreck, auf der anderen Seite dem sogenannten *ozeanischen Gefühl.*

Die Erfahrung von Schreck und Schmerz ist als Wahrnehmung des Schreckenden oder Schmerzenden zugleich die Erfahrung meiner Anwesenheit. Ich sage bewußt *meiner*, weil phänomenologisch gesehen Schreck und Schmerz nur adäquat als Erfahrungen affektiver Betroffenheit beschrieben werden können. Im Schreck nun *fahre ich zusammen.* Ich werde aus meiner diffusen Ausgelegtheit in die Welt und meiner leiblichen, unbestimmten Ergossenheit in die Weite auf mich zurückgeworfen. Ähnlich beim Schmerz. Hier ist es nicht so sehr die Erfahrung des Auf-mich-Zurückgeworfenseins, sondern, wie Schmitz sagt, die Erfahrung einer gehemmten Fluchttendenz. Der Schmerz bannt mich auf eine überdeutlich werdende Lokalität – nämlich die meines Leibes -, der ich entfliehen möchte, aber nicht kann. Diese Erfahrungen sind in einem ganz bestimmten Sinne als Erfahrungen von Anwesenheit zu verstehen. Es geht dabei nicht um die Lokalisierung meiner selbst bzw. meines Körpers in bezug auf andere Dinge in der Welt, wohl aber um die unausweichliche Erfahrung eines Daseins bzw. Hierseins, nämlich *hier* in meinem Leibe. Die Beziehung zur Welt reißt in Schmerz und Schreck gerade ab, ich werde auf mich selbst zurückgeworfen. Aber gerade diese Erfahrung läßt einen Ort, nämlich den absoluten Ort des Hier – bin ich – hervortreten. Wir haben damit gezeigt, daß in der Tat diese Befindlichkeiten Erfahrungen meiner Anwesenheit sind, wenngleich in diesem Fall nicht die Erfahrung meiner Anwesenheit in einer Umgebung.

Das andere Extrem ist das sogenannte ozeanische Gefühl. Dieser Ausdruck wurde schon von der Gestaltpsychologie verwendet und bezeichnet einen Zustand des Sich-Fühlens, in dem gerade das eigene Hier undeutlich wird und ich mich in der Weite verliere, gewissermaßen mit der Welt eins seiend. Solche Erfahrungen sind ebenso wie Angst und Schmerz im Prinzip jedermann bekannt bzw. zugänglich. Sie können in verschiedener Weise auftreten, beispielsweise wenn man sich einem betäubenden Geruch überläßt. Diese Erfahrung ist die berauschende Erfahrung einer Auflösung in *Atmosphäre*. Ähnliche Erfahrungen sind in verschiedenen Entspannungszuständen möglich, etwa in der Panstimmung, dem mittaglich dösenden Ausgleiten in sommerlicher Natur.

Wir haben hier ein anderes Extrem von Befindlichkeit, das deutlich ein Dasein, ein Spüren eigener Anwesenheit ist. Auch hier handelt es sich nicht um Anwesenheit im Sinne körperlicher Einordnung in einen Raum, sondern um ein unbestimmtes Raumgefühl als solches. Wir haben mit Schreck und Schmerz auf der einen Seite und dem ozeanischen Gefühl auf der anderen Seite zwei extreme Beispiele uns vor Augen geführt, an denen sich gut zeigen läßt, daß *Befindlichkeit* jeweils eine charakteristische Weise ist, das eigene Dasein zu spüren. An dieser Stelle sollte daran erinnert werden, daß Martin Heidegger Befindlichkeit als eine Grundkategorie menschlicher Existenz – von ihm Existenzial genannt – eingeführt hat (Heidegger 1927/1957, § 29). Heideggers ontologischer Titel für Mensch ist ja bekanntlich *Dasein*. Er bringt damit zum Ausdruck, daß es zum Menschsein wesentlich gehört, in der Welt zu sein und sich eine Welt zu erschließen. Befindlichkeit erscheint bei ihm als eine grundlegende Weise der Erschließung von Welt. Heidegger legt Wert darauf, daß der emotionale Bezug dem erkenntnismäßigen voraus liegt und diesen überhaupt erst ermöglicht. Darin folgt er Nietzsche. Ich zitiere die für unseren Zusammenhang wichtige Stelle aus *Sein und Zeit*: „Die Stimmung hat je schon das In-der-Welt-Sein als Ganzes erschlossen und macht ein Sichrichten auf ... allererst möglich“ (Heidegger 1927/1957, 137). Hatten wir gesagt, daß Wahrnehmung auch immer zugleich Wahrnehmung des eigenen Daseins qua Befindlichkeit sei, so sagt Heidegger umgekehrt, daß Befindlichkeit eine Weise der Erschlossenheit von Welt ist. Heidegger arbeitet nun an der Befindlichkeit noch zwei andere Momente heraus, die für uns die emotionale Dimension von Wahrnehmung einmal nach der Subjektseite und einmal nach der Objektseite charakterisieren. Und zwar sagt er, daß in der Befindlichkeit der Mensch sich in seiner Geworfenheit spürt, nämlich dem Faktum, daß er ist und zu sein hat. In der Befindlichkeit wird in dieser Hinsicht nicht so sehr Welt als vielmehr die Last oder vielleicht auch das Glück des eigenen Daseins erfahren. „In der Befindlichkeit ist das Dasein immer schon vor es selbst gebracht, es hat sich immer schon gefunden, nicht als wahrnehmendes Sich-vorfinden, sondern als gestimmtes Sichbefinden“ (a.a.O., 135). – Nach der Objektseite hin erschließt die Befindlichkeit die Welt in Hinblick darauf, daß sie den Menschen in seiner Bedürftigkeit angeht. Die Befindlichkeit läßt die Welt wahrnehmen in Hinblick auf ihre Bedeutsamkeit, Dienlichkeit, Bedrohlichkeit etc. Ich zitiere wieder Heidegger:

> „Das umsichtig besorgende Begegnenlassen hat – so können wir jetzt von der Befindlichkeit her schärfer sehen – den Charakter des Betroffenwerdens. Die Betroffenheit aber durch die Undienlichkeit, Widerständigkeit, Bedrohlichkeit des Zuhandenen wird ontologisch nur so

möglich, ..., daß (das Dasein) in dieser Weise von innerweltlich Begegnendem *angegangen* werden kann" (a.a.O., 137).

Diese großartige Analyse von Heidegger macht in wenigen Strichen das Ineinander von Wahrnehmung, Existenzerfahrung und Welterfahrung deutlich. Der Mensch existiert in einer Weise, daß er wahrnehmend *da* ist, er ist ein bedürftiges Wesen, das auf die Welt angewiesen ist, und er existiert nicht nur einfach so, sondern erfährt sich selbst als existierend, kann sich dabei selbst zur Last werden. Wenn Heideggers Analyse gleichwohl für unsere Zwecke unzureichend bleibt, so weil er Dasein weder in Hinblick auf Leiblichkeit noch auf Gesellschaftlichkeit hin betrachtet. Für uns aber kommt es darauf an zu zeigen, daß Befindlichkeit ein Spüren der eigenen *leiblichen* Anwesenheit ist. Und auf der anderen Seite müssen wir uns mit dem Einwand auseinandersetzen, daß viele Befindlichkeiten, also Stimmungen, nicht aus der Unmittelbarkeit leiblicher Anwesenheit entspringen, sondern aus der gesellschaftlichen Existenz des Menschen.

Sehen wir zunächst von letzterem ab und damit überhaupt von der Frage, woher Befindlichkeiten stammen. Dann geht es also noch einmal allgemein um die Frage, ob Befindlichkeiten Weisen der leiblichen Anwesenheit sind. Ich gebe zunächst eine ganz zufällige Liste von Befindlichkeiten, um das große Spektrum anzudeuten, mit dem man es hier zu tun hat: Ich bin traurig, heiter, verliebt, ich schäme mich, ich bin melancholisch, ernst, bedrückt, in Furcht, ich bin zerrissen, voller Angst, mißmutig, ich fühle mich wohl, ich fühle mich unwohl. Man wird bemerken, daß ich an manchen Stellen vorsichtig formuliert habe, um durch den Ausdruck auf die Befindlichkeit zu treffen, nicht das *Gefühl*. Diese Unterscheidung ist sicherlich als solche problematisch, aber mit Befindlichkeit meint man doch einen Zustand, eben ein Sich-befinden, nicht aber eine Intention, ein Gerichtet-sein. Wenn man von Trauer spricht, dann bezeichnet der Ausdruck *ich bin traurig* meinen Zustand, dagegen der Ausdruck *ich trauere um X* ein intentionales Gefühl. Entsprechendes gilt für Liebe, Haß, Neid, Scham usw. Um die Befindlichkeit zu beschreiben, müßte man sagen *ich bin voller Haß*, nicht *ich hasse X*. Durch diese Notwendigkeit, in den sprachlichen Artikulationen ins reine zu kommen, sind wir wenigstens zu der Feststellung gelangt: Befindlichkeiten sind Zustände. Sind es Zustände des Leibes? Wenn wir auf unsere extremen Beispiele wie Schreck und Schmerz auf der einen Seite und ozeanisches Gefühl auf der anderen Seite zurückblicken, könnten wir in der Tat versucht sein, alle Befindlichkeiten als Zustände der leiblichen Ökonomie, nämlich als alle möglichen

Zwischenzustände zwischen leiblicher Enge auf der einen Seite und leiblicher Weite auf der anderen Seite zu interpretieren. Hier handelt es sich wohlgemerkt um den gespürten Leib, d.h. um den Leib, der sich auf die Verengung eines absoluten Hier zusammenziehen kann, aber auch in unbegrenzter Weite die ganze Welt umfassen kann. In dieser Richtung hat Hermann Schmitz gearbeitet. Und in der Tat enthalten die Befindlichkeiten Momente der Modifikation des leiblichen Raumes. So enthält die Trauer sicherlich einen Druckcharakter und eine niederziehende Tendenz, die Scham eine Fluchttendenz, die Heiterkeit eine Weitungstendenz mit vielfachen unbestimmten Richtungen. Und ähnlich die anderen Befindlichkeiten. In diesem Sinne sind sie sicher Weisen von Anwesenheit, nämlich Modifikationen des leiblichen Raumes, d.h. der gespürten Räumlichkeit selbst. Dazu gehört im Extremfall, wie wir gesehen haben, gewissermaßen auch das Abreißen von Räumlichkeit, die Isolierung auf das nackte Hier. So in Schreck und Angst. Aber wozu brauchte man all die vielen und fein differenzierten Ausdrücke für Befindlichkeit, wenn sie sich ebensogut durch ein leibliches Alphabet von Enge und Weite, Spannung und Schwellung, leiblichen Richtungen und epikritischer und protopathischer Tendenz beschreiben ließen.[4] Zudem sind sie ja auch eine Weise, die Welt zu sehen – das war ja gerade unser Zugang zu den Befindlichkeiten: nämlich als der emotionalen Dimension von Wahrnehmung. Und schließlich sind sie auch nicht bloß Zustände des Sich-Spürens, sondern auch des körperlichen Leibes. Letzteres wird besonders deutlich bei Befindlichkeiten wie *mir ist kalt* oder *mir ist heiß*. Das epikritische Gefühl des Fröstelns, d.h. die spitzige, zerfallende Tendenz leiblichen Spürens, ist mir ja auch zugleich manifest als *eine Gänsehaut bekommen*. Und wenn mir heiß wird, spüre ich das nicht nur durch eine gehemmte Weitungstendenz, sondern auch dadurch, daß ich schwitze. Entsprechendes ist auch bei Befindlichkeiten, die wir gewöhnlich als *mehr seelisch* ansehen, der Fall. Wenn ich mich zum Beispiel schäme, spüre ich gleichzeitig, daß ich rot werde. Das geht so weit, daß die Ordnung auch umgekehrt sein kann: Ich werde rot – und schäme mich. Die Befindlichkeit ist also erstens eine Modifikation leiblichen Spürens selbst, zweitens eine Modifikation des körperlichen Leibes, und drittens eine Modifikation der Wahrnehmung im ganzen. Um das noch einmal an einem Beispiel zu verdeutlichen, nehme ich die Befindlich-

---

4 All dies sind Ausdrücke des von Schmitz aufgestellten Alphabets der Leiblichkeit. Siehe Schmitz 1965, § 55.

keit der Heiterkeit. Heiterkeit ist eine gehobene Stimmung mit einer spürbaren leiblichen Tendenz nach oben, sie geht in die Weite mit wechselnden unbestimmten Richtungen, ein Spüren des Sich-öffnens – soweit das rein Leibliche. Was den körperlichen Leib angeht, so fühlt man sich zu Bewegungen angeregt, manche mögen auch ihr Herz schneller schlagen spüren. Schließlich die Weltsicht: Auch hier ein Sich-öffnen, die Welt ist heller, bunter, erschließt sich in vielfachen Aspekten.

Danach können wir zusammenfassen: Wahrnehmung ist eine Weise da zu sein – so wie Handeln eine andere. Während im Handeln das eigene Dasein spürbar wird durch den Widerstand, den das Handeln erfährt, so wird in der Wahrnehmung das eigene Dasein spürbar dadurch, daß man getroffen wird, daß man der Welt ausgesetzt ist und mit dem Wahrgenommenen mitschwingt. Wir können sagen, daß in der Wahrnehmung der Mensch sich zur Welt bzw. zu den Dingen in der Welt in eine Position bringt oder gebracht sieht. Das bedeutet leiblich gesehen: eine *Disposition*. Befindlichkeiten können in einem solchen allgemeinen Sinne auch als Disponiertheiten angesehen werden. Diese Disponiertheiten betreffen, wie wir gesehen haben, sowohl das leibliche Spüren als auch die Organisation des körperlichen Leibes, als auch schließlich die Sichtweisen der Wahrnehmung selbst.

Da wir in der Regel Wahrnehmung nur allzusehr als Konstatierung von Tatsachen und Daten verstehen und das Moment des Sich-disponierens oder Disponiert-werdens kaum bemerken, sei noch ein Beispiel angeführt, das auch uns wenigstens noch aus der Alltagserfahrung vertraut ist, nämlich das Disponiertwerden durch erotisierende Anblicke – oder seien es auch Düfte oder Berührungen. Hier haben wir ein deutliches Beispiel dafür, daß Wahrnehmen ein Disponiertwerden ist. Zunächst das leibliche Spüren: Das leibliche Spüren angesichts des oder der Geliebten kann, wie beim Schreck, ein sich verengendes Hier oder wie beim ozeanischen Gefühl ein Ausströmen in die Weite sein und wird im konkreten wohl ein unruhiges Hin und Her zwischen beiden ergeben. Die Wahrnehmung selbst wird getrübt oder rosig, wie man sagt: die Liebe macht das Geliebte erst schön. Und schließlich wird der körperliche Leib durch den Anblick des oder der Geliebten spürbar zur Liebe disponiert.

Um über dieses verfängliche Thema noch in einer unverfänglichen Weise zu sprechen, zitiere ich einen der großen Meister der Selbstbeobachtung aus dem 18. Jahrhundert, nämlich Adam Bernd aus seiner eigenen Lebensbeschreibung von 1738.

> Am besten kann diese Sache mit dem Exempel von den Gliedern erläutert werden, so zur Fortpflanzung des menschlichen Geschlechts bestimmet. Jede Liebe strebt nach der Vereinigung mit der geliebten Sache, dieselbe zu ihrem Wohlsein und Erquickung zu gebrauchen, und anzuwenden. Nachdem nun das Gut ist, nach dessen Vereinigung ich strebe: und nachdem die Art und Weise ist, nach welcher ich mit der geliebten Sache kann vereiniget werden, nach dem dehnen sich auch die Glieder des Leibes und sinnlichen Werkzeuge aus, und setzen den Menschen in den Stand, des erkannten Guten durch die Vereinigung teilhaftig zu werden. Obgleich in unsern Ohren und Augen nicht so eine große Erweiterung und Ausdehnung, wie bei andern Gliedern und Gefäßen des Leibes, vorgehen kann; so sperren wir doch Augen und Ohren auf, wenn was Angenehmes zu hören und zu sehen ist, damit wir solches desto besser wollen sehen, hören, und genießen. Ja unser Herz tut sich, wie Paulus von seinem Herzen saget, zuweilen vor Freuden auf, und breitet sich aus, cor nostrum dilatatum est (2. Kor.6,II): gleichwie es sich hingegen vor Furcht, Angst und Traurigkeit zusammen ziehet und preßt, welche Zusammenziehung und Zusammenpressung wenn sie nur nicht allzu stark und groß ist, auch das ihrige zur Erhaltung der Gesundheit, und das bevorstehende Übel abzuwenden, oder es ohne Gefahr zu leiden, beiträgt. (Bernd, 1738/1973, 158)

Damit haben wir ein deutliches Zeugnis für das Ineinander von Wahrnehmen und leiblichem Disponiertsein und Disponiertwerden, so deutlich, wie wir es in der Regel nicht erfahren. Wir, die wir sehr viel distanziertere Wahrnehmungsweisen gewohnt sind. Daß wir durch Anblicke und, allgemeiner, unsere Umgebung disponiert werden, wird uns in der Regel erst von hinten her deutlich, nämlich etwa auf Grund von Verspannungen oder psychosomatischen Störungen. Unsere dominanten Wahrnehmungsweisen sind nämlich von der Art, daß sie gegenüber dem, *was* wahrgenommen wird, und der Konstatierung von Tatsachen die Betroffenheit in den Hintergrund treten lassen. In der Regel überspielen bzw. verdrängen wir, wie es uns selbst im Anblick solcher Tatsachen ergeht und wie wir uns dabei befinden. Das heißt, die Befindlichkeit bleibt in der Regel unauffällig – sie tut ja auch nichts zur Sache. Wir müssen deshalb fragen, wann und wie es eigentlich zur Abhebung der eigenen Befindlichkeit in der Wahrnehmung kommt. Ich sage *Abhebung*, weil sie irgendwie unauffällig, etwa durch Modifikation der Sichtweise, immer irgendwie mitspielt. Also, wodurch wird – was wir für die durchschnittliche Wahrnehmung nicht mehr voraussetzen können – Wahrnehmung zum Sich-spüren?

Daß die in der Wahrnehmung mitgegebene Befindlichkeit des Wahrnehmenden erst im Sich-spüren zur Abhebung kommt, macht ein Moment deutlich, das wir bisher nicht beachtet haben. Wir haben zwar schon festgestellt, daß im Sich-spüren eine implizite Reflexivität liegt, aber noch nicht, daß diese die Tendenz enthält, sich selbst zu explizieren. Wenn ich nicht einfach bin, sondern mich spüre, liegt darin eine Tendenz, ich und mich zu unterscheiden: ich spüre mich. Im Frösteln spürt man sicherlich die Kälte. Wenn ich aber sage „mir ist kalt", so fange ich an, mich selbst von der Kälte zu distanzieren und das Kaltsein als einen bloßen Zustand meiner selbst, gar meines Körper von mir zu unterscheiden. Entsprechend bei der Befindlichkeit *ich bin verliebt*. Die Befindlichkeit als solche kann ja auch in der bloßen Faszination durch den Anblick, dem Abströmen aller Gedanken, dem Bann des Blickes usw. bestehen. Aber in dem Moment, wo ich sage, „Ich bin verliebt", d.h. meine Befindlichkeit mir deutlich wird und zur Abhebung kommt, konstatiere ich sie nur noch als meinen Zustand und unterscheide mich von ihr. Zu dieser Abhebung der Befindlichkeit, d.h. zur Explikation des Sich-spürens, kann es prinzipiell auf zwei Wegen kommen. Auf der einen Seite durch Bedrängnis, allgemeiner durch das Negative. Dann nämlich wird sich das Ich von seinem Befinden unterscheiden, um es loszuwerden, zu beherrschen, einzudämmen. Der andere Weg ist der der Emphase. Hier sind es gerade die *positiven Befindlichkeiten*, d.h. solche, die zum Mitschwingen Anlaß geben, wie Freude, Verliebtsein und dergleichen. Hier findet die Differenzierung zwischen ich und mir statt, indem man mitgehend gewissermaßen über das Ziel hinausschießt, indem es zu minimalen Übertreibungen kommt. Hier tritt im Mitschwingen ein aktives Moment aus dem bloß Pathischen der Befindlichkeit heraus. Wenn ich nicht nur von Heiterkeit geschüttelt werde, sondern lache oder gar sage: „ich lache" oder nicht bloß verliebt bin, sondern diesen Zustand jetzt übernehme und mir aneigne, indem ich sage „Ich bin verliebt", in dem Moment findet auch hier eine Differenzierung zwischen Ich und Befindlichkeit statt. Genaugenommen wohnen wir der Geburt des Ich aus dem Mir bei: Die implizite Selbstbezüglichkeit der Befindlichkeit bricht auseinander in ein Ich und den Zustand, den es hat.

Damit haben wir zum Schluß noch den Punkt erreicht, von dem aus wir auch dem Ursprung der Befindlichkeiten aus gesellschaftlichen Bezügen gerecht werden können. Bisher haben wir ja weitgehend nur die Situation ins Auge gefaßt, in der man als Wahrnehmender in der Wahrnehmung gewissermaßen mit seiner Umgebung mitschwingend in gewisse Stimmungen gerät. Die durchschnittliche Wahrnehmung ist aber nicht von der Art, daß wir durch Anblicke bezaubert würden. Vielmehr ist der distanzierte

Blick ein auf Dauer gestellter Habitus. Dem distanzierten Blick, der Objekte, Tatsachen und Situationen konstatiert, steht ein Ich gegenüber, das entweder unauffällig in der Wahrnehmung mitgegebene Befindlichkeiten ignoriert oder andrängende abwehrt. Gleichwohl ist dieses Ich keineswegs stimmungslos, sondern, wenn man so sagen darf, in der Regel hochgradig aufgeladen. Und diese Stimmungen, die ich als Wahrnehmungssubjekt mitbringe, entstammen nicht der Wahrnehmung, sondern anderen Weltbezügen, nämlich vor allen Dingen den gesellschaftlichen. Das Ich, von dem wir in der vorhergehenden Analyse gesagt haben, daß es gewissermaßen nur sporadisch und in Bedrängnis oder Emphase aus dem Mir auftaucht, ist nämlich durch die sozialen Bezüge längst auf Dauer gestellt. Das heißt, das Ich ist durch diese Bezüge so stabilisiert, daß es manchem sogar wie eine Substanz, wie ein Ding, das immer vorhanden ist, erscheint. Diese Stabilisierung der Ich-Instanz geschieht durch den Mechanismus der Anerkennung und der sozialen Erwartungen. Während ich mir selbst in höchst unbestimmter und sporadischer Weise erscheine, begegne ich mir in den Augen der anderen und ihren Erwartungen als eine feste Instanz, der Kontinuität und Selbigkeit durch die Zeit zugemutet wird. Indem ich mich mit mir, wie ich in den Augen der anderen erscheine, identifiziere, gerate ich in Abhängigkeit von den Beziehungen zu anderen in eine Fülle von Befindlichkeiten. Jedes Wort, das man zu mir sagt, die Anerkennung, die man mir zollt, der Erfolg, den ich bei anderen habe, diese ganze verwickelte Lage meiner Beziehungen zu den anderen verdichtet sich zu Befindlichkeiten. Auch diese könnte man der Parallelität wegen als Momente von Wahrnehmung bezeichnen. Dann würde Wahrnehmung aber nicht mehr sinnliche Wahrnehmung, so wie wir sie hier verstehen, heißen, sondern soziale Wahrnehmung. So gesehen mag es von Heidegger weise gewesen sein, das In-der-Welt-sein gerade nicht als Leibliches zu fassen, denn so gilt seine Analyse der Befindlichkeit als einer Weise des In-der-Welt-seins sowohl für die Welt als leiblich-sinnlichen Zusammenhang wie auch für die Welt als Kontext der sozialen Bezüge. Und so wie Befindlichkeit in dem einen Sinne als Spüren der *leiblichen Anwesenheit* zu verstehen ist, so Befindlichkeit im anderen Sinne als Spüren der *sozialen Existenz*.

VI. Synästhesien

1. Charaktere von Atmosphären

Wir werden uns in dieser Vorlesung im Ganzen der Wahrnehmung wieder einen Schritt auf den Objektpol zubewegen. In der III. und IV. Vorlesung hatten wir Atmosphären und das Atmosphärische bereits als Gegenstände der Wahrnehmung behandelt. Hier wollen wir noch einmal einsetzen, um die Synästhesien als Charaktere von Atmosphären zu bestimmen. Dabei handelt es sich wirklich um einen Schritt näher auf den Objektpol zu, weil die Synästhesien sich besonders dazu eignen, nach der Beziehung von Atmosphären und ihren gegenständlichen Erzeugenden zu fragen.

In der Tradition der Wahrnehmungslehre werden die Synästhesien gerade in umgekehrter Sicht behandelt, nämlich von ihren einzelsinnlichen Komponenten her, deren Zahl und Verschiedenheit dabei schon vorausgesetzt wird. Wir gehen entschieden den anderen Weg, d.h. vom Ganzen der Wahrnehmung aus, von den integrativen Phänomenen, um dann erst Schritt für Schritt analytisch die Mannigfaltigkeit der Sinne und ihre spezifischen Phänomene aufzusuchen. Dieses Anfangs müssen wir uns noch einmal versichern: Wir müssen von solchen Erfahrungen ausgehen, in denen Atmosphären als solche – und möglichst nur diese – gegeben sind.

Als Charaktere von Atmosphären hatten wir ihr Was-Sein bezeichnet, die charakteristische Weise, in der sie anmuten. Sie werden in ihrer vollen Bestimmtheit erst erfahren, indem man sich auf sie einläßt, heben sich aber andererseits gegenständlich nur ab in ingressiver oder kontrastiver Wahrnehmungsbeziehung, d.h. wenn man gerade in sie hineingerät bzw. wenn man das, was einen anmutet, in Kontrast zu der Stimmung, die man mitbringt, empfindet. Es seien einige alltägliche und nachvollziehbare Ingressionserfahrungen genannt, um daran zu erinnern, daß es Wahrnehmungen gibt, in denen man zunächst nur einen atmosphärischen Totaleindruck gewinnt, um erst von daher allmählich Einzelheiten zu entdecken: Dinge, Farben, Formen, Geräusche, Beziehungen aller Art. Es geht also um solche

Wahrnehmungssituationen, in denen man möglichst übergangslos mit einer neuen *Totale* konfrontiert wird. Wir sind an solche Situationen durch künstliche Wahrnehmungs-Settings, nämlich dem Szenenwechsel im Theater bzw. durch die Schnittechnik im Film durchaus gewöhnt. Dabei ist allerdings der Film als Beispiel nicht so geeignet, weil er in der Regel den Zuschauer nach dem Schnitt sofort mit Bildern eben derselben Schärfe und Detailgenauigkeit konfrontiert wie vorher. Die charakteristische Unbestimmtheit und vorübergehende Orientierungslosigkeit, die für die ingressive Erfahrung von Atmosphären charakteristisch ist, könnte natürlich auch im Film nachgeahmt werden. Beim Szenenwechsel auf dem Theater geschieht das in der Regel durch ein erst allmähliches Zuschalten des Lichtes. Für alltägliche Wahrnehmungserfahrungen ist etwa an folgende Situationen zu denken: Man betritt eine noch unbekannte Wohnung und spürt sofort die *kleinbürgerliche Atmosphäre* oder *den Muff einer alten Wohnung*. Oder man betritt, vielleicht von der Straße kommend, von einem sonnenbeschienenen Platz, eine Kirche und wird von einem *heiligen Dämmer* oder einer *zeitlosen Stille* oder einer *gruftigen Kühle* umfangen. Ich nenne entsprechende Beispiele aus der Naturerfahrung: Nach längerer Wanderung über waldige Berge tritt man plötzlich heraus aus dem Wald und es öffnet sich vor einem *ein heiteres Wiesental*. Oder man fährt mit dem Auto, hält an einem Rastplatz, vielleicht auf der Karte als Aussichtspunkt markiert, man geht ein paar Schritte an den Rand einer Steilküste und vor einem öffnet sich *die Weite des Meeres*. Entsprechende Erfahrungen kennt man aus kommunikativen Situationen. Man kommt – vielleicht verspätet – in eine Sitzung und spürt sofort *die gespannte Atmosphäre*. Oder man kommt neu in eine Verhandlungssituation und wird *von dem Ernst der Sache* gefangen genommen. Schließlich zum Schluß noch ein paar Beispiele, die für Architektur und Raumgestaltung relevant sind. Man betritt beispielsweise einen *schönen hellen Raum*, oder man betritt ein Restaurant von *kühler Sachlichkeit*, während man in einem anderen gleich von der *gemütlichen Atmosphäre* eingenommen wird. Schließlich kann es einem passieren, daß man einen Kirchenraum betritt oder sich vielleicht auch nur einem Gebäude nähert und man geradezu *in die Höhe gerissen wird*. Andere Räume kann man als *unruhig* oder als *bedrückend* empfinden.

Das ist eine Fülle von Beispielen. Für alle ist das Entscheidende dieser erste atmosphärische Gesamteindruck. Die Art und Weise, wie wir diesen Eindruck artikulieren bzw. wie wir uns selbst davon Rechenschaft geben, ist nun durchaus unterschiedlich, so unterschiedlich, daß sie geradezu zu einer Klassifikation von Charakteren zwingt. Besonders auffällig sind solche Charaktere, die in der Raumgestaltung, in der Werbung, im Design eine Rolle spielen. Ich erwähnte die Gemütlichkeit und die kleinbürgerliche Atmosphäre als Beispiele, andere sind: eine Atmosphäre von Reichtum, von Eleganz, von Macht. Hier hat man offenbar mit gesellschaftlichen Charakteren zu tun. Es ist ganz wichtig das festzuhalten, damit nicht der Eindruck entsteht, Atmosphären seien etwas Transzendentes oder Überhistorisches oder etwas, das speziell dem Bereich der Natur angehört. Wer mit Bühnenbildern zu tun hat, weiß das sehr gut. Da gibt es die Atmosphäre der 20er Jahre, die Atmosphäre eines Boudoirs, eine Kasernenhof-Atmosphäre oder eben auch die Atmosphäre der Eleganz, der Kleinbürgerlichkeit, der Wohlanständigkeit, des Reichtums, der Armut usw. Solche Atmosphären haben durchaus konventionellen Charakter, bzw. es ist zu vermuten, daß sie durch konventionelle Erzeugende zustande kommen. Wie anders wäre es möglich, im Bühnenbild mit wenigen Versatzstücken die entsprechende Atmosphäre zu erzeugen? Von diesen *gesellschaftlichen* Charakteren sind nun deutlich Charaktere wie Wärme, Helligkeit, Kälte zu unterscheiden. Es sind diese, die ich Synästhesien nennen will. Atmosphären, deren Charaktere Synästhesien sind, gibt es eine große Zahl: beispielsweise eine rauhe Atmosphäre, eine feurige Atmosphäre, eine dichte Atmosphäre. In welchem Sinne man hier von warm, hell, kalt, feurig, rauh und dicht spricht, ist noch zu klären. In Blick auf unsere bisherigen Beispiele sei aber zunächst festgestellt, daß mit den beiden Klassen von gesellschaftlichen Charakteren und Synästhesien das Spektrum möglicher Charaktere von Atmosphären noch nicht erschöpft ist. Eine weitere Gruppe bilden die, die man vielleicht als *Stimmungen* im engeren Sinne bezeichnen sollte. Es sind insbesondere die, die als szenische Charaktere von den Theoretikern des englischen Gartens benannt wurden: heiter, ernst, sanft-melancholisch, heroisch usw. Natürlich sind *alle* Atmosphären quasi-objektive Stimmungen und ihre Charaktere werden deshalb häufig mit den Namen der Stimmungen bezeichnet, in die man durch sie geraten kann. Wo das ausdrücklich geschieht, wollen wir diese Charaktere ebenfalls Stimmungen nennen. – Als eine weitere Gruppe von Charakteren hatten wir die kommunikativen genannt (Böhme 1999c): also solche, die kommunikative Situationen charakterisieren, etwa als gespannt, ruhig, feindlich usw. Schließlich wurden als letzte Gruppe solche genannt, die als Bewegungsanmutungen erfahren werden, wie drückend, erhebend, weit, bewegend usw. Damit haben wir also fünf Gruppen von atmosphärischen Charakteren: gesellschaftliche Charaktere, Synästhesien,

Stimmungen, kommunikative Charaktere und Bewegungsanmutungen. Im Einzelfall wird die Zuordnung zu einer Gruppe schwierig sein und die Gruppen mögen sich überschneiden, ferner ist auch ganz unausgemacht, ob man mit fünf Gruppen auskommt. Ein systematischer Gesichtspunkt für eine solche Gruppeneinteilung existiert bisher nicht.

Die Synästhesien sind also eine bestimmte Gruppe von atmosphärischen Charakteren – eine unter anderen. Diese Gruppe ist dadurch ausgezeichnet, daß man sie in der Regel mit Ausdrücken bezeichnet, die auch die Titel für Sinnesqualitäten sind.

Diese Tatsache führt uns unmittelbar in das Problem der Synästhesien hinein. Denn es legt sich natürlich nahe zu unterstellen, daß Ausdrücke wie *warm* und *kalt* primär dem Tastsinn zuzuordnen sind, ähnlich Ausdrücke wie *rauh* und *weich,* dagegen Ausdrücke wie *hell* und *dunkel* dem Gesichtssinn. Das liefe dann darauf hinaus, daß ihre Verwendung in anderen Sinnesbereichen – helle Töne, warme Farben – oder zur Charakterisierung von Atmosphären im ganzen eine metaphorische wäre. Demgegenüber müssen wir an der Priorität und vor allem der Selbständigkeit der Atmosphärenwahrnehmung festhalten.

Die Eigenständigkeit der Atmosphärenwahrnehmung muß natürlich phänomenologisch gesichert werden – das geschah bei uns durch den Hinweis auf die Ingressionserfahrungen. Aber es kommen doch der Verteidigung der Eigenständigkeit der Atmosphärenerfahrung zwei Tatsachen zu Hilfe. Die eine besteht darin, daß einige der genannten Ausdrücke entgegen dem heutigen Sprachgebrauch nicht einem spezifischen Sinn bzw. nicht demjenigen, in dem sie heute dominieren, entspringen. So schreibt beispielsweise Friedrich Kluge in dem *Etymologischen Wörterbuch der deutschen Sprache* in bezug auf das Wort *hell*: „Mittelhochdeutsch herrscht die Bedeutung des Tönenden noch vor, das Althochdeutsche kennt die des Glänzenden überhaupt noch nicht“ (Kluge 1960, 302). Das Wort süß soll ursprünglich überhaupt keinem speziellen Sinn zugeordnet gewesen sein, sondern vielmehr das Angenehme überhaupt bezeichnet haben (Kluge 1960, 766). Die andere Tatsache ist eine Feststellung, die von seiten der Psychologen kommt. In seinem Handbuchartikel zum Stichwort *intermodale Qualitäten* (Synästhesien) prägt Heinz Werner den Begriff der *intersensoriellen Eigenschaften* (Werner 1966, 299). Ob diese Begriffsbildung sinnvoll ist, wäre von unserem Standpunkt aus zu bezweifeln, denn sie geht ja von der Getrenntheit der Sinnesbereiche aus. Werner meint aber empirisch feststellen zu können, daß Eigenschaften wie „Intensität, Helligkeit, Dichte, Rauhigkeit und viele andere, oft nicht näher beschreibbare ... Charaktere“ in allen Sinnesbereichen vorkommen. Also: Eine Farbe kann hell sein, ein Ton kann hell sein, eine Stimme, vielleicht auch der Geschmack eines Weines. Ebenso: ein Ton kann rauh sein, eine Stimme, eine Oberfläche, vielleicht auch ein Whisky. Wir nehmen diese Feststellungen als Zeugnis für die Eigenständigkeit der Atmosphärenwahrnehmungen und würden sagen, primär sind *Atmosphären* licht, rauh, hell, warm usw. – Daran wird sich dann die Behauptung anschließen, daß man Töne, Farben, Stimmen usw. rauh, hell, warm, nennt, insofern sie zur Erzeugung einer rauhen, hellen, warmen Atmosphäre beitragen. Um dieser These Gewicht zu geben, müssen wir uns allerdings zunächst mit den traditionellen Theorien der Synästhesie beschäftigen.

2. Was sind Synästhesien?

Zu den Synästhesien bzw., wie man auch sagt, den intermodalen Qualitäten gibt es zwei traditionelle Zugänge. Der erste ist ein sprachlicher. Hier geht es um die Tatsache, daß vielfach zur Charakterisierung von Tatsachen eines Sinnesgebietes Ausdrücke benutzt werden, die ursprünglich einem anderen Sinnesgebiet anzugehören scheinen. Nehmen wir als Beispiel den Bereich der Töne. Hier redet man von hohen und tiefen Tönen, von leichten und schweren Tönen, von hellen und dunklen Tönen, von dumpfen und scharfen Tönen. Ausdrücke wie *hoch* und *tief* scheinen nun der Raumerfahrung, *leicht* und *schwer* der Erfahrung von Gewichten, *hell* und *dunkel* der Erfahrung des Gesichts und schließlich *scharf* und *dumpf* eher der Erfahrung des Tastsinns anzugehören. Entsprechende Beispielgruppen kann man für die anderen Sinnesbereiche durchdeklinieren. Von Farben sagt man, daß sie warm und kalt seien, von Gerüchen, daß sie süß und scharf, von Geschmacksqualitäten, daß sie feurig oder sanft seien. Solche Redeweisen werden in der Regel als metaphorisch bezeichnet -, was aber die problematische Voraussetzung impliziert, daß es für diese Ausdrücke einen *eigentlichen* Gebrauch gäbe, der in einem und nur einem Sinnesbereich beheimatet sei.

Die zweite traditionelle Zugangsweise zu den Synästhesien geht über die Empfindungen bzw. die Vorstellungen. Am bekanntesten ist das Phänomen der *audition coloré*, des farbigen Hörens: Es gibt Menschen, die beim Hören von Musik Farbsensationen haben. Dieses Phänomen ist in vielfacher Weise empirisch untersucht worden, und von ihm ausgehend hat man verwandte Phänomene, die andere Sinnesbereiche verbinden, aufgesucht bzw. erzeugt. So hat man beispielsweise Gestalten nach *leicht* und *schwer* beurteilen lassen, Buchstaben bzw. Lauten des Alphabets Farben zugeordnet und dergleichen. Ich möchte jetzt diese empirischen Erhebungen nicht darstellen, sondern vielmehr die Theorien, durch die man die genannten Phänomene zu erklären suchte.

Nach dem Bericht von Werner ist das Phänomen der Synästhesie erst durch den Augenarzt John Thomas Woolhouse Anfang des 18. Jahrhunderts wissenschaftlich thematisiert worden. Den *Theorien* liegt aber bereits ein uralter Gedanke zugrunde, nämlich der Gedanke von der Einheit der Sinne, wie er von Aristoteles in seiner Schrift *de anima* formuliert wurde. Aristoteles beschäftigte sich damit, wie es möglich sei, Daten aus verschiedenen Sinnesbereichen zu vergleichen bzw. zu unterscheiden. Er meinte, dazu wäre es nötig, daß sie in irgendeinem Sinne eine Einheit darstellen. Da sie andererseits dimensional unterschieden sind, dachte er ihre Einheit in Analogie eines Koordinatensystems, wobei die Hauptachsen sich in *einem* Punkt schneiden. Dieses Modell der Einheit der Sinne wurde später mit Aristoteles' Lehre vom *Gemeinsinn* verbunden. Hier geht es um die Tatsache, daß es Daten gibt, die durch alle Sinne gegeben werden. Bei Aristoteles handelt es sich dabei hauptsächlich um mathematische Tatsachen, also um Größe, Einheit, Zahl und dergleichen. Aristoteles selbst hat den Gemeinsinn aber nicht zu einem weiteren Sinn neben den anderen fünf Sinnen gemacht, sondern meinte damit eben die genannte Gemeinsamkeit der fünf Sinne. Wir haben bereits gehört, daß der Psychologe Heinz Werner seine *intersensoriellen Eigenschaften* in Fortsetzung dieser aristotelischen Theorie von Gemeinsinn eingeführt hat. In der Regel aber hat man die aristotelische Lehre vom Gemeinsinn, wie gesagt, als die Behauptung eines weiteren, die fünf Sinne irgendwie verbindenden Sinnes verstanden.

In dieser Linie war auch die erste Theorie der Synästhesien konstruiert. So hat Wilhelm Wundt als den Sinn, in dem die anderen ihre Einheit finden, das Gefühl benannt. Seine These ist „daß gewisse an sich disparate Sinnesqualitäten übereinstimmende Gefühle wachrufen, so daß in Folge der außerdem stattfindenden engen Gebundenheit des Gefühlssystems an die Empfindung die Sinneseindrücke selber als verwandte empfunden werden." (Wundt 1900, 512)

Die Einheit der Sinne bestünde danach nicht in einer Beziehung zwischen ihnen, sondern darin, daß sie alle auf das Gefühl wirken und im

Gefühl gleiche oder verwandte Wirkungen zeitigen können. Die sogenannten metaphorischen Redeweisen wie etwa von einem *warmen Ton* oder einer *hellen Stimme* würden dann über diese gefühlsmäßigen Wirkungen vermittelt. In ähnlicher Weise hat noch jüngst Michael Hauskeller das Phänomen der Synästhesie dadurch deuten wollen, daß die verschiedenen Sinnesdaten gleiche emotionale Bedeutung haben könnten (Hauskeller 1995).

Von diesem Zugang zu unterscheiden sind die Kontinuitäts- und die Assoziationshypothese. Nach der Kontinuitätshypothese würden synästhetische Phänomene sich einstellen, weil die entsprechenden Sinnesdaten gewöhnlich zusammen vorkommen. So etwa das Rot beim Feuer. Danach würde dann bei den jeweiligen Paaren dem einen das andere *auch* zugeschrieben, wenn es faktisch fehlt, so etwa das Feurige dem Roten. Die Assoziationshypothese ist dieser Auffassung ziemlich ähnlich, begründet nur die Paarbeziehung von Sinnesdaten verschiedener Sinnesbereiche weniger von der Objekt- als von der Subjektseite her. Hier würde ein Sinnesdatum bei einem anderen assoziiert, wenn es in entscheidenden biographischen Situationen mit ihm verbunden war. Beide Hypothesen sind nach Werners Artikel aus dem Handbuch der Psychologie heute überholt. Die Kontinuitätsthese ist widerlegt dadurch, daß sich durch häufiges paarweises Vorgeben von Sinnesdaten verschiedener Bereiche Synästhesiephänomene *nicht* erzeugen lassen. Die Assoziationshypothese ist durch die Beobachtung widerlegt, daß synästhetische Phänomene eher der Kindheit und Jugend angehören, im Alter dagegen abnehmen. Würden sie durch biographische Erfahrungen erzeugt, so müßten sie mit dem Fortschritt des Lebens eher zunehmen.

Werner selbst, dessen Arbeiten wohl den fortgeschrittendsten Status der psychologischen Theorien in unserer Frage repräsentieren, nähert sich nun in seiner Auffassung wieder der Wundts – allerdings mit einer Modifikation, die man als kulturhistorisch oder psychogenetisch bezeichnen kann. Er nimmt an bzw. meint feststellen zu können, daß im Laufe der Kulturentwicklung und entsprechend auch in der psychogenetischen Entwicklung des Einzelmenschen eine zunehmende Differenzierung der sinnlichen Wahrnehmung stattfindet mit dem Ziel einer Versachlichung der Erkenntnis. Ich zitiere eine charakteristische Feststellung:

> „Man kann interessanterweise ... Schichten beim Kulturmenschen bloßlegen, die genetisch vor den Wahrnehmungen stehen und die als ursprüngliche Erlebnisweisen beim ‚sachlichen' Menschentyp teilweise

> verschüttet sind. In dieser Schicht kommen die Reize der Umwelt nicht als sachliche Wahrnehmungen, sondern als ausdrucksmäßige Empfindungen, welche das ganze Ich erfüllen, zum Bewußtsein. In dieser Schicht ist es tatsächlich so, daß Töne und Farben vielmehr ‚empfunden' als wahrgenommen werden" (Werner 1966, 297).

Dies ist eine Auffassung, die der unseren sehr entgegenkommt, setzt sie doch nicht, wie sonst in der Psychologie üblich, eine Mannigfaltigkeit von Sinnesbereichen voraus, deren heterogene Qualitäten dann irgendwie verbunden werden müßten. Sie kommt uns auch insofern entgegen, als sie alternative Wahrnehmungsweisen annimmt, die im Prinzip sogar dem sogenannten sachlichen Menschentyp oder Kulturmenschen zur Verfügung stehen. Andererseits ist sie als kulturgeschichtliche These gelesen natürlich hochproblematisch, weil sie das alteuropäische Schema einer Höherentwicklung des Menschen zur europäischen Zivilisation, und das heißt hier zum sachlichen Menschentyp unterstellt. Unklar bleibt allerdings bei Werner, was Empfindung und Ausdruckserlebnis im Gegensatz zu Wahrnehmung sein soll. Er geht hier bereits in eine Richtung, die dann für die Phänomenologie der Wahrnehmung leitend wird, nämlich die Synästhesien auf Leiberfahrungen zu beziehen:

> „Es ist sehr wahrscheinlich, daß das synästhetische Einheitserlebnis, das im Bereich der Vitalempfindungen durch verschiedene Reizmodalitäten ausgelöst werden kann, auf Tonusvorgängen des Körpers beruht" (Werner 1966, 298).

An Werners Arbeit schließt sich unmittelbar die philosophische Theorie der synästhetischen Charaktere von Hermann Schmitz an.[1] Gegenüber Werner ist Schmitz in der günstigen Lage, daß er seine Auffassung der Synästhesien auf eine bereits ausgearbeitete Theorie der menschlichen Leiblichkeit aufbauen kann. Er redet deshalb nicht von „Tonusvorgängen des Körpers", sondern vom eigenleiblichen Spüren. Er zeigt, daß, was man so *Synästhesien* nennt, im Grunde Charaktere des eigenleiblichen Spürens sind. Dabei ist für ihn von entscheidender Bedeutung, daß die synästhetischen Charaktere auch als solche, d.h. ohne äußere Sinneswahrnehmungen, gespürt werden können. So weist er etwa darauf hin, daß die Schwere, die als synästhetischer Charakter einem Schall zugeschrieben werden

1 Auch Merleau-Ponty folgt in seiner Behandlung der Synästhesien älteren Arbeiten von Werner, s. Merleau-Ponty 1966, 264-269. Für weitere Diskussionen zum Thema s. Adler, Zeuch 2001.

kann, auch als solche am eigenen Leib – etwa bei Müdigkeit oder Benommenheit – gespürt werden kann (Schmitz 1968, 62). Die von Schmitz ausgewiesene Tatsache, daß auch Gefühle, wie etwa Traurigkeit oder Wut, mit den Sinnesqualitäten synästhetische Charaktere gemein haben können, erklärt er nun daraus, daß auch Gefühle in die leibliche Ökonomie, d.h. in Tonusverhältnisse, wie Werner sagen würde, eingreifen und so am eigenen Leibe erfahren werden.

Synästhetische Charaktere sind also nach Schmitz Erfahrungen eigener Art, nämlich Charaktere des eigenleiblichen Spürens. Schmitz vermeidet deshalb den Ausdruck *Synästhesie*: Es geht nicht darum, daß eine Qualität, die in den einen Sinnesbereich gehört, wie etwa Helligkeit in den Bereich des Optischen, nun auch uneigentlich den Phänomen eines anderen Sinnesbereiches, etwa den Tönen zugeschrieben wird. Entscheidend ist für Schmitz, daß die sogenannten Synästhesien dadurch zustande kommen, daß sinnliche Wahrnehmung in jedem Fall in den Bereich des eigenleiblichen Spürens hinabreicht. Damit scheint sich die punktförmige Einheit der Sinne des Aristoteles nun doch zu einem sensus communis auszuweiten. Ist das eigenleibliche Spüren ein zusätzlicher Sinn zu den anderen Sinnen? Der philosophischen Tradition folgend ist man versucht, hier von einem inneren Sinn zu sprechen. Aber der innere Sinn wurde, etwa mit Kant, als reflexiver gedacht: durch den inneren Sinn wird das Gemüt seines eigenen Zustandes gewahr. Davon kann aber nicht die Rede sein. Weder sind die Tonusveränderungen des Körpers, von denen Werner spricht, noch ist das leibliche Spüren bei Hermann Schmitz etwas Reflexives. Beide, Werner wie Schmitz, vermeiden es hier, von einem weiteren Sinn zu sprechen. Bei Werner sind die Tonusveränderungen Begleitumstände der Wahrnehmung, aber nicht selbst Wahrnehmung. Schmitz dagegen erklärt die Erfahrung synästhetischer Charaktere für die eigentliche und grundlegende Wahrnehmung. Denn Wahrnehmung sei im Grunde leibliche Kommunikation. Das ist nun allerdings eine radikale These. Sie führt Schmitz, ganz im Gegensatz zu seinen sonstigen Intentionen zu einer Art Projektionsthese. Das Auftreten von Synästhesien in den verschiedenen Sinnesgebieten wird als „Spiegelung" (Schmitz 1968, 63) oder „Ausstrahlung" (Schmitz 1968, 52) bezeichnet. Die synästhetischen Charaktere, die demnach eigentlich dem eigenleiblichen Spüren angehören, werden nach Schmitz in die äußeren Sinnesdaten „investiert" (Schmitz 1967, 157). Damit sind wir in etwa wieder bei der hier gewählten Zugangsweise angekommen. Was uns von Schmitz trennt, ist die Projektionsthese. Zwar werden Atmosphären durch Modifikation der eigenen Befindlichkeit, d.h. letzten Endes auch des eigenleiblichen Spürens erfahren, aber wir halten doch für die Synästhesien daran fest, daß sie *gegenständlich* erfahren werden. Sie sind Charaktere der primären Gegenstände der Wahrnehmung, nämlich der Atmosphären. Sie sind weder Projektionen aus dem eigenleiblichen Spüren noch Metaphern, die bestimmte Charakteristika aus einem Sinnesbereich in den anderen oder aus allen Sinnesbereichen in den Bereich der Atmosphären transportieren. Um so wichtiger wird es deshalb, nun unsererseits das Verhältnis der synästhetischen Charaktere von Atmosphären zu den einzelnen Sinnesqualitäten darzulegen. Das wird mit der These von der *Erzeugung* von Atmosphären und der möglichen wechselseitigen *Substitution* der Erzeugenden geschehen. Zuvor aber muß noch eines Autors gedacht werden, dem für die Behandlung dieser Phänomene eine zentrale historische und systematische Rolle zukommt, nämlich Goethes.

3. Die sinnlich-sittliche Wirkung der Farbe nach Goethe

Die sechste Abteilung in Goethes Farbenlehre handelt von der „sinnlich-sittlichen Wirkung der Farbe". Nach dieser Überschrift könnte man glauben, daß es auch für Goethe erstens die Farbe für sich gibt und dann noch ihre Wirkung. Das ist aber, genauer besehen, nicht der Fall. Schon der Hauptteil seiner Farbenlehre, die sogenannte *Didaktik*, bedient sich im Unterschied zur Newtonschen Farbenlehre nicht des Begriffs der Kausalität. Für Newton gibt es erstens das Licht und seine physikalischen Eigenschaften, und dann sind dem Licht, seinen Spezifikationen und Mischungen als Wirkungen Farbenempfindungen zugeordnet. Er versucht, diese Verhältnisse durch einen ersten Ansatz einer Art Psychophysik zu fassen. Für Goethe ist dagegen Farbe von vornherein das sinnliche Phänomen, wie es sich dem Auge präsentiert – und er fragt dann lediglich nach den Bedingungen der Erscheinung farbiger Phänomene. Auch bei der sogenannten sinnlich-sittlichen Wirkung handelt es sich nicht darum, daß nun etwa die Farben als Reiz genommen würden und ihre Reaktion im Gemüt studiert würde, sondern ihre „Wirkung" ist ihre Wirklichkeit selbst: Die Wirklichkeit der Farben ist ihre Präsenz im Sinn des Auges. Von ihr sagt Goethe, daß sie „sich unmittelbar an das Sittliche anschließt" (§ 758). Der Ausdruck *sittlich* mag für den gegenwärtigen Leser hier befremden. Es geht aber bei Goethe nicht so sehr um Moral, als vielmehr um Haltung, Lebensgefühl, um Ethos. Goethe weist mit dem Ausdruck *sittliche Wirkung* darauf hin, daß die sinnliche Präsenz von Farben in unser Lebensgefühl eingreift. Wie dies geschieht, ist aber nicht einfach eine Tatsache der Naturgeschichte. Vielmehr ist sich Goethe durchaus dessen bewußt, daß hier Sozialisation, Kultivierung und sogar Konvention eine Rolle spielen. Das zeigt sich insbesondere bei der kulturell unterschiedlichen *Wahl* von Trauerfarben. Es sei nun als Beispiel in extenso zitiert, was Goethe über die sinnlich-sittliche Wirkung des Blaus sagt:

> 778. So wie Gelb immer ein Licht mit sich führt, so kann man sagen, daß Blau immer etwas Dunkles mit sich führe.
>
> 779. Diese Farbe macht für das Auge eine sonderbare und fast unaussprechliche Wirkung. Sie ist als Farbe eine Energie; allein sie steht auf der negativen Seite und ist in ihrer höchsten Reinheit gleichsam ein reizendes Nichts. Es ist etwas Widersprüchliches von Reiz und Ruhe im Anblick.
>
> 780. Wie wir den hohen Himmel, die fernen Berge blau sehen, so scheint eine blaue Fläche auch vor uns zurückzuweichen.
>
> 781. Wie wir einen angenehmen Gegenstand, der vor uns flieht, gern verfolgen, so sehen wir das Blaue gern an, nicht weil es auf uns dringt, sondern weil es uns nach sich zieht.
>
> 782. Das Blaue gibt uns ein Gefühl von Kälte, so wie es uns auch an Schatten erinnert. Wie es vom Schwarzen abgeleitet sei, ist uns bekannt.
>
> 783. Zimmer, die rein blau austapeziert sind, erscheinen gewissermaßen weit, aber eigentlich leer und kalt.
>
> 784. Blaues Glas zeigt die Gegenstände im traurigen Licht.
>
> 785. Es ist nicht unangenehm, wenn das Blau einigermaßen vom Plus partizipiert. Das Meergrün ist vielmehr eine liebliche Farbe.

Ich hebe nun das für unseren Zusammenhang Relevante hervor: Sehr merkwürdig ist Goethes Bemerkung, Blau sei als Farbe „eine Energie“. Will Goethe damit das Blau gegenüber anderen Farben auszeichnen, oder sind nicht alle Farben Energien? Sicher ist jedenfalls, daß Goethe Farben als sinnliche Wesen erfährt, die den Menschen gewissermaßen anrühren, in ihren Bann schlagen. Beim Blau nun ist diese Energie keineswegs etwas auf den Menschen Zutretendes, sondern eher etwas Fliehendes. Goethe spricht dem Blau im § 780 eine bestimmte Form von Beweglichkeit als synästhetischen Charakter zu. Als weiteren nennt er dann die wohlbekannte Kälte, ferner das Gefühl der Leere und die Traurigkeit. Wichtig ist, bei diesen Feststellungen daran zu erinnern, daß Goethe hier vom Blau gewissermaßen als Totalfarbe redet. Er empfiehlt im § 763, um diese Wirkung zu studieren, sich entweder in einem einfärbigen Zimmer aufzuhalten oder die Welt durch ein entsprechend farbiges Glas zu sehen. „Man identifiziert sich alsdann mit der Farbe; sie nimmt Auge und Geist mit sich unisono." Die wohlbekannten anderen Wirkungen von Blau erscheinen dann später unter den Stichworten der harmonischen, der charakteristischen und der charakterlosen Zusammenstellungen.

Für uns stellen sich nun die Fragen: Was hat das Blaue mit der Empfindung von Kälte zu tun, was mit dem Raumgefühl der Leere, inwiefern enthält Blau eine Bewegungssuggestion, und was stimmt uns traurig am Blau? Goethe scheint eine Erklärung für diese Charakterzüge des Blau geben zu wollen, indem er an seine genetische Ableitung der Farbe Blau erinnert (§ 782): das Blau führe immer etwas Dunkles mit sich (§ 778). Das Blau entsteht nach Goethe an der Dunkelheit oder am Schwarzen unter der Bedingung der Trübe. Diese Erklärung könnte allerdings für die synästhetischen Charaktere des Blau nur zur Unterscheidung von anderen Farben relevant sein, nicht dafür, daß Blau oder andere Farben überhaupt solche Charaktere erzeugen.

Selbst wenn diese Frage mit Goethe noch nicht hinreichend beantwortet werden kann, so haben wir doch mit seiner Lehre von der sinnlich-sittlichen Wirkung der Farbe einen wichtigen Schritt machen können. Goethe betrachtet Farben durchaus auch als Bestimmungen, die man Gegenständen geben kann. Ganze Räume kann man blau tapezieren. Für die Wahrnehmung aber ist entscheidend ihre Wirklichkeit oder Energie, wie Goethe sagt, das, was in unserem Jahrhundert Josef Albers *actual fact* genannt hat: Durch ihre atmosphärische Ausstrahlung erzeugen die Farben gewisse Charaktere, die Goethe in unserem Beispiel als dunkel, kalt, als Leere und Fluchttendenz benennt. Diese von ihm sinnlich-sittliche Wirkungen der Farbe genannten Charaktere sind für uns Charaktere von Atmosphären, die nach den eingangs eingeführten Klassen einzuteilen sind. Einige davon, nicht alle, sind synästhetische Charaktere, einige – die von Goethe als sittliche Wirkung bezeichneten – sind gesellschaftliche Charaktere, einige sind Bewegungsanmutungen. Wenn man nun nicht wie Goethe von den Erzeugenden ausgeht, nämlich den Farben, sondern wie wir von der Erfahrung ihrer Wirkungen, nämlich den atmosphärischen Charakteren, dann kommt man zu der Frage, ob ein und derselbe Charakter nicht alternativ von Qualitäten unterschiedlicher Sinnesbereiche erzeugt werden kann. Damit sind wir bei der These der Substitution.

4. Die These von der Substituierbarkeit von Sinnesqualitäten in der Erzeugung von atmosphärischen Charakteren

Wenn Goethe davon redet, daß „das Blaue uns ein Gefühl von Kälte" gibt (§ 782), so ist unmittelbar deutlich, daß dieses Gefühl von Kälte in einem Raum auch durch ganz andere Fakten als durch die Blautönung des Raumes erzeugt werden kann. Der Raum kann beispielsweise eine sehr niedrige Raumtemperatur haben, aber er kann etwa auch weiß gekachelt sein, er kann aber auch – das ist der Effekt von vielen Klinikräumen – durch instrumentelle Ausstattung und das sachliche Gebaren des Personals Kälte ausstrahlen. Bei der Benennung solcher Beispiele ist daran festzuhalten, daß darin *Kälte* nicht als spezifische Sinnesqualität genannt wird, sondern als synästhetischer Charakter oder, besser gesagt, als Charakter einer bestimmten Atmosphäre. Die Beispiele zeigen auch, daß sich die Unterscheidung, in diesem Fall von synästhetischen Charakteren und kommunikativen, nicht strikt durchhalten läßt. Die Kälte eines versachlichten Kommunikationszusammenhanges, wie er etwa im Operationssaal herrscht, ist als Charakter einer kommunikativen Atmosphäre zu bezeichnen, während Kälte ohne dieses Moment von Kommunikation als synästhetischer Charakter anzusehen wäre. Kälte, Wärme, Dunkel und Helle, Enge und Weite werden also nicht primär in ihrer Bedeutung, in der sie Gegenstände bestimmen können, genommen, sondern als atmosphärische Charaktere. Dann können wir feststellen, daß diese Charaktere durch unterschiedliche gegenständliche Eigenschaften bzw. Sinnesdaten erzeugt werden können. In der Erzeugung des Charakters der Kälte kann das Blau durch glatte abweisende Oberflächen ersetzt werden, oder, wie gesagt, durch versachlichte Umgangsformen oder vielleicht auch durch eine bestimmte grelle Beleuchtung mit eingeschränktem Frequenzbereich. Die Kunst des Bühnenbildners, des Dekorateurs, des Raumgestalters, allgemein des ästhetischen Arbeiters besteht darin, diesen Zusammenhang und die wechselseitige Substituierbarkeit von Erzeugenden zu kennen und sie entsprechend einzusetzen. Damit ist unsere Erklärung des Phänomens der Synästhesien abgeschlossen. Sie beruhen weder auf einem besonderen, den anderen Sinnen übergeordneten oder nebengeordneten Sinn des Menschen, noch auf strukturellen Querverbindungen zwischen den einzelnen Sinnesdaten, die metaphorisch zum Ausdruck gebracht würden oder durch Metaphern erzeugt. Synästhesien sind Charaktere von Atmosphären. Ihr Bezug zu spezifischen Sinnesdaten besteht darin, daß diese sich in ihrer Erzeugung wechselseitig vertreten können.

VII. Physiognomie

1. Die Beziehung von Charakteren und Erzeugenden

Unter dem Stichwort der Synästhesien ist ein erstes Beispiel der Beziehungen atmosphärischer Charaktere und ihrer Erzeugenden behandelt worden. Es ging dabei um das Verhältnis der sogenannten Sinnesdaten – Farben, Töne, Gerüche – zu synästhetischen Charakteren. Im Sinne einer grundlegenden Wahrnehmungsweise, nämlich der ingressiven Totale, in der zunächst nur eine Atmosphäre in charakteristischer Weise und nur dies wahrgenommen wird, zeigte sich, daß so etwas wie Farben, Töne, Gerüche primär synästhetisch wahrgenommen werden, d.h. insofern sie zu einer Atmosphäre der Wärme, der Helligkeit oder auch zu anderen Atmosphären wie etwa der Gemütlichkeit, Eleganz und ähnlichem beitragen. Mit Goethe zu sprechen werden sie nicht primär als Sinnesqualitäten, sondern von ihren sinnlich-sittlichen Wirkungen her wahrgenommen. Von daher resultiert dann auch ihre Charakterisierung als kaltes Blau, heller Ton usw. Als Erzeugende synästhetischer Charaktere können sie sich gegenseitig vertreten, d.h. das Grelle einer Atmosphäre kann sowohl durch dissonante Klänge als auch durch eine Kombination von gelbem und grünem Licht erzeugt werden. Die einzelnen sinnesspezifischen Daten, wie Farben, Töne, Gerüche, Klänge, werden ausgehend von der atmosphärischen Erfahrung durch mehr analytische und versachlichende Wahrnehmungsweisen aufgefunden. Neben den synästhetischen Charakteren haben wir noch mehrere Klassen anderer atmosphärischer Charaktere benannt: nämlich die Stimmungen, die gesellschaftlichen Charaktere, die Bewegungsanmutungen und die kommunikativen Charaktere. Es stellt sich damit die Frage, ob auch bei diesen anderen Typen von Charakteren sich entsprechende Beziehungen zwischen Erzeugenden und dem jeweiligen atmosphärischen Charakter angeben lassen. Das ist in der Tat der Fall. Zunächst sehr skizzenhaft sollen einige dieser Beziehungen genannt werden.

Für die Stimmungen – heiter, melancholisch, ernst – möchte ich als Erzeugende die Szenen benennen. Hier ist sowohl an Szenen des Theaters zu denken wie auch an Szenen im Sinne der Garten- und Landschaftsgestaltung. Natürlich gibt es auch Überschneidungen mit den kommunikativen Charakteren, insofern z.B. eine Gesprächssituation als Szene auch eine Stimmung erzeugt.

Den gesellschaftlichen Charakteren möchte ich als Erzeugende die Insignien bzw. Symbole zuordnen. Gesellschaftliche Charaktere, also die Atmosphäre von Macht, Reichtum, Eleganz usw. begegnen uns im Kontext humaner Welteinrichtung, d.h. disziplinär gesprochen, der Architektur, Innenarchitektur, Werbung, Mode, Kosmetik. Natürlich spielen hier auch immer synästhetische Charaktere eine gewichtige Rolle, aber als gesellschaftliche Charaktere werden sie doch erzeugt durch *Anzeichen*, d.h. Ingredienzien, die in ihrer atmosphärischen Wirkung von Konventionen abhängig sind. Ich nenne deshalb die den gesellschaftlichen Charakteren zugeordneten Erzeugenden Insignien oder Symbole. Das können durchaus Sinnesqualitäten sein, – so signalisiert gegenwärtig ein mattes Grau Eleganz. Es können aber auch Dinge sein: so symbolisierte traditionell die Lilie Reinheit und Keuschheit. Im Bühnenbild weiß man, wie man durch Einsatz bestimmter Formen, Gegenstände und Materialien die Atmosphäre bestimmter Gesellschaftsschichten bzw. Zeitalter inszeniert.

Die Bewegungsanmutungen als weiterer Typ atmosphärischer Charaktere werden durch Formen und Volumina erzeugt. Solche Formen können durchaus nur sichtbar sein wie auf jeder Zeichnung, aber auch spürbar wie im Bereich der Skulptur, Architektur, der Gestaltung von Innenräumen und Außenräumen. Da in der dinglichen Welt praktisch nichts ohne Formen und Volumen ist, spielen diese Erzeugenden von Bewegungsanmutungen auch in alle anderen atmosphärischen Charaktere hinein. So gibt es für das Design elegante Linien, für die Architektur die Gestaltung von Volumina, die Macht und Hoheit repräsentieren.

Schließlich zu den kommunikativen Charakteren. Was ist es, das uns spüren läßt, daß in einer Gesprächsrunde eine bedrückte Atmosphäre herrscht? Was läßt eine freundliche Atmosphäre aufkommen? Wodurch wird die Aggressivität einer Auseinandersetzung spürbar? Solchen Fragen nachgehend kommen wir zu den Gesten, zur Mimik, zur Stimmfärbung als Erzeugenden von kommunikativen Atmosphären. Man drückt das gewöhnlich so aus, daß man sagt: Man habe, indem man die kommunikative Atmosphäre spürte, unbewußt oder intuitiv die nonverbale Kommunikation wahrgenommen, die sich in Gesten, Mimik, Stimmlage usw. ausdrücke. Zu den Erzeugenden der kommunikativen Charaktere gehört nun auch ein Element, das im folgenden besonders thematisiert werden soll, nämlich die Physiognomie. Für die Atmosphäre einer Kommunikation, insbesondere bei der Eröffnung spielt es eine große Rolle, wie die Partner aussehen bzw. was sie für ein Gesicht machen. Die Physiognomie der Personen ist also als ein Element der Erzeugung von kommunikativen Atmosphären anzusehen.

Der Ausdruck *Physiognomie* hat aber eine über das Kommunikative weit hinausgehende Bedeutung. So spricht man auch von Pflanzenphysiognomien oder der Physiognomie einer Landschaft, aber etwa auch von der Physiognomie des Krieges. Wenn man sagt, daß durch die Physiognomie eines Menschen sein Charakter spürbar werde, so redet man entsprechend im weiteren Sinne vom *Charakter* einer Pflanze oder eines Tieres oder einer Landschaft. Unsere allgemeinere Verwendung des Ausdrucks *Charakter*, also die Rede von den Charakteren von Atmosphären leitet sich aus der Tradition der Physiognomik her. Versteht man unter Charakter das spürbare Wesen von etwas, so kann man die atmosphärischen Charaktere auch allgemeiner als die in bestimmter Weise artikulierte spürbare Anwesenheit von etwas ansehen.

Diese Verwendungsweise des Ausdrucks *Charakter* wird auch von dessen Geschichte getragen. (Kluge, 1960, 116). Danach bedeutet Charakter ursprünglich keineswegs das innere Potential von Vermögen und Handlungsweisen, sondern vielmehr das äußere Gepräge. Über Schrift- und Zauberzeichen hat der Ausdruck dann zunächst die äußerlichen Kennzeichen von Beruf, Amt und Würde genannt. Erst etwa bei Thomasius und Leibniz im 17. Jahrhudert nimmt er die Bedeutung von *Haupteigenschaft* an, die er seinerzeit schon bei Theophrast gehabt hat, und nähert sich damit der Bedeutung *persönliches Wesen*.

Um die genannte changierende Bedeutung des Ausdrucks *Charakter* zwischen innerem Wesen qua psychischer Eigenschaften und Handlungspotential und Wesen in der Erscheinung aufzuklären, ist es nötig, ein Stück weit auf die Geschichte der Physiognomik einzugehen. Zuvor sei aber noch gesagt, in welchem Sinne das geschieht: Ausgehend von den kommunikativen Atmosphären, sind wir auf die Physiognomie als einem bestimmten Typ von Erzeugenden gestoßen. Erzeugende dieses Typs betreffen aber nicht nur die kommunikativen Atmosphären. Physiognomien sind in gewisser Weise die Erzeugenden von atmosphärischen Charakteren überhaupt.

Andererseits erzeugen die Physiognomien atmosphärische Charaktere nur in einer bestimmten Hinsicht bzw. einen besonderen Typ von Charakteren, die man dann vielleicht Charaktere im engeren Sinne oder physiognomische Charaktere nennen könnte. Die Erzeugung geschieht nicht durch Farben, Töne, durch Szenen, auch nicht durch Insignien, und auch nicht durch Formen, oder wenn, dann nur durch bestimmte Formen, nämlich durch die sogenannten Charakterzüge. Diese Verhältnisse sind durch Alltagspraxis durchaus vertraut, wenngleich theoretisch undurchsichtig und historisch belastet. Aber soviel dürfte schon deutlich geworden sein, daß nämlich die Beziehung von Physiognomie und Charakter gewissermaßen prototypisch für das Verhältnis von Erzeugenden und atmosphärischen Charakteren überhaupt steht. Es dürfte deshalb lohnend sein, sie mit besonderer Aufmerksamkeit zu studieren.

2. Kurze Geschichte der Physiognomik

Die Physiognomik hat eine lange Geschichte, die wir nur in kritischer Aneignung für unsere Zwecke nutzbar machen können. Was ist Physiognomik und was kann sie innerhalb der neuen Ästhetik leisten? Ich beginne mit einer Definition der Physiognomik, wie sie Georg Christoph Lichtenberg in seinem kritischen Essay *Über Physiognomik, wider die Physiognomen. Zur Beförderung der Menschenliebe und Menschenkenntnis* (Lichtenberg 1778/1972, Bd. 3, 264) formuliert hat. Lichtenberg schreibt, daß wir unter Physiognomik „die Fertigkeit verstehen, aus der Form und Beschaffenheit der äußeren Teile des menschlichen Körpers, hauptsächlich des Gesichts, ausschließlich aller vorübergehenden Zeichen, die Gemütsbewegungen, die Beschaffenheit des Geistes und des Herzens zu finden." Diese Definition trifft, wenngleich sie in der Formulierung Spuren des 18. Jahrhunderts trägt, doch recht gut das Anliegen der Physiognomik seit den Anfängen bei den Griechen. Man erkennt allerdings an der Definition sogleich ein Problem, dem Lichtenberg durch die Benennung einer Schwesterdisziplin, der Pathognomik, abzuhelfen trachtete. Es ist nämlich einerseits davon die Rede, daß die Gemütsbewegungen aus der Form und Beschaffenheit der äußeren Teile des menschlichen Körpers und des Gesichts erkannt werden sollen, andererseits aber „ausschließlich aller vorübergehenden Zeichen". Lichtenberg hat die Physiognomik im engeren Sinne deshalb auf das Anliegen, den Charakter eines Menschen oder, wie er sagt, „die Beschaffenheit des Geistes und des Herzens“ aus äußeren Anzeichen zu erkennen, eingeschränkt. Die Gemütsbewegungen, so meinte er, werden dagegen eher in den vorübergehenden Zeichen, insbesondere der Mimik, kenntlich, und für diese Erkenntnis, also aus der Mimik auf die Gemütsbewegungen zu schließen, prägte er den Ausdruck *Pathognomik*. Wenn wir im Sinn behalten, daß es diese beiden unterscheidbaren Anliegen gibt, so können wir durchaus für beides zusammen den Begriff Physiognomik im weiteren Sinne beibehalten.

Die Physiognomik, nicht als alltägliches Physiognomieren, sondern als eine disziplinierte und auf Regeln abgezogene Erkenntnisweise, hat ihre Ursprünge in der griechischen Klassik, d.h. im 5. und 4. Jahrhundert vor Christus. Als erste physiognomische Schrift sind uns im Korpus der Aristotelischen Schriften die *Physiognomica* überliefert. Man nimmt heute an, daß diese Schrift zwar im Umkreis des Aristoteles entstanden ist, nicht aber eine Schrift von ihm selbst darstellt. Sie ist aber in der Auffassung der Beziehung von Körper und Seele durchaus aristotelisch. Nach Aristoteles ist die Seele das organisierende Prinzip des Körpers. Entsprechend kann am Körper sichtbar werden, welcher Art die Seele ist: „Es ist auch zu erkennen, daß den Kräften der Seele entsprechend der Leib sich gestaltet, so daß alles an einem Tier dieselbe Einheit zum Ausdruck bringt“ (Aristoteles 1961, 808b, 27-30, Übers. Gohlke). In diesem Zitat wird übrigens gleich noch eine Besonderheit der pseudo-aristotelischen *Physiognomik* deutlich, die aber auch in späteren Physiognomiken immer wieder auftaucht: nämlich der Bezug zu den Tieren. Die Beziehung von Leib und Seele, die Aristoteles unterstellt, ist etwas, was Tiere im allgemeinen bestimmt, so daß der Mensch, dem allerdings das Interesse der *Physiognomik* vornehmlich gilt, nur als ein Tier unter anderen vorkommt. Insofern ist die Physiognomik an diesem Anfang eher Naturkunde als Menschenkunde. Der ständige Bezug physiognomischer Erkenntnisse des Menschen auf die Tierphysiognomie enthält aber eine Frage, die für eine erweiterte Physiognomik, die also auch von Landschaftsphysiognomik, Pflanzenphysiognomik usw. reden will, bedeutsam bleibt, nämlich ob der physiognomische Blick auf die Tiere und allgemeiner auf die Natur eine anthropomorphe und vielleicht nicht legitime Betrachtungsweise darstellt. Bei der pseudo-aristotelischen Schrift scheinen aber die Verhältnisse andersherum zu liegen: nicht erkennt der Mensch die Natur durch Übertragung menschlicher Verhältnisse auf sie, sondern umgekehrt, er erkennt sich im Blick auf die Natur. Das heißt, man erkennt, was mutig ist am

Löwen, und man erkennt, was scheu ist, am Reh. Physiognomieren bedeutet danach, feststellen, daß jemand löwenmäßig oder rehmäßig aussieht[1].

Die Physiognomik hat in der europäischen Kulturgeschichte ein wechselvolles Schicksal gehabt. Zwar hat sie immer existiert, aber häufig marginalisiert und nur am Rande der anerkannten Wissensformen. Dagegen gibt es auch Blütezeiten und geradezu Moden professionellen Physiognomierens. Eine ist das Wiederaufleben der klassischen Physiognomik in der Renaissance. Hier ist vor allem das Buch G. B. della Portas zu nennen: nämlich *Die Physiognomie des Menschen* (1593/1930). Bei della Porta ist sie gewissermaßen Teil der Wiedergewinnung griechischer Aufklärung. In dieselbe Epoche fällt aber auch Paracelsus' Erweiterung der Physiognomik zu einer allgemeinen Mantik, die angefangen von der Chiromantik über Pyromantik, Geomantik und noch viele andere Teildisziplinen das großangelegte Unternehmen darstellte, aus äußeren Zeichen auf ein inneres Wesen zu schließen. Diese Zeichenlesekünste haben sich bis auf unsere Zeit in eher kryptischen Traditionen fortentwickelt. Eine neue Blüte erlebte die Physiognomik im 18. Jahrhundert durch die Schriften Johann Caspar Lavaters (1778). Sie führten einerseits zu einem allgemeinen Physiognomieren, das in den gebildeten Kreisen geradezu zu einem Gesellschaftsspiel wurde, und andererseits zu heftigen Auseinandersetzungen, insbesondere mit Georg Christoph Lichtenberg. Obgleich durch Lichtenbergs Polemik Lavaters Anspruch, die Physiognomik zur Wissenschaft zu erheben, weitgehend diskreditiert war, wurde dieser Versuch von biologischen und medizinischen Kreisen mit naturwissenschaftlichen Methoden fortgesetzt. Schon Lavater hatte seine Intuitionen bezüglich Stirnlinien und Schädelformen mit Hilfe von Vermessungen objektivieren wollen. Dieses Unternehmen wurde im großen Stil von dem Arzt Franz Joseph Gall (1802) fortgesetzt und ebenso von dem Künstler, Arzt und Psychologen Karl Gustav Carus (1853). Diese Arbeiten mündeten später in eine physiognomische Rassenlehre. Eine andere Linie naturwissenschaftlicher Physiognomik wurde durch Charles Darwin eingeschlagen. Nach Lichtenbergs Definition betrifft sie allerdings eher die Pathognomik. Darwin schrieb ein Buch mit dem Titel *Der Ausdruck der Gemüthsbewegungen bei dem Menschen und den Thieren* (1872). Hier wurden Studien über das Zustandekommen und die Wirkung von Mimik angelegt, die heute in der Ethologie

---

1 Zu dieser Interpretation siehe meinen Aufsatz *Über die Physiognomie des Sokrates und Physiognomik überhaupt,* in: Böhme 2000a, 101-126.

etwa eines Tinbergen und Eibl-Eibelsfeld ihren Platz haben. Schließlich muß als letzter Höhepunkt professioneller Physiognomik eine Bewegung im 20. Jahrhundert genannt werden, in deren Mittelpunkt Ludwig Klages steht. Klages ureigenstes Feld war die Graphologie, der er für eine längere Periode zum Rang einer professionellen Kunst verhalf. An ihr orientiert, entwickelte er eine allgemeine Wissenschaft vom Ausdruck (Klages 1970), nach der physiognomische Gestalten als Spuren des Lebensvollzuges lesbar und nachvollziehbar werden sollten.

Damit ist noch nicht alles über die Geschichte der Physiognomik gesagt. Ich halte hier aber inne, um zwei Kritikpunkte zu nennen, die den großen Strang der Geschichte der Physiognomik, wie ich ihn skizziert habe, in seinen Teilen in gleicher Weise treffen. Der erste Kritikpunkt betrifft eine Grundvoraussetzung der Physiognomik, wie ich sie mit der Definition von Lichtenberg eingeführt habe. Es ist die Voraussetzung einer Differenz von innen und außen, von innerem Menschen und äußerer Erscheinung, von Charakter und Ausdruck, von Wesen und Erscheinung. Die Physiognomik lebt von einer eigentümlichen Dialektik zwischen innen und außen, Wesen und Erscheinung: Sie will das Innere aus dem Äußeren erschließen, das Wesen aus der Erscheinung. Dafür muß sie voraussetzen, daß das Innere sich irgendwie äußerlich zeigt. Andererseits ist aber Physiognomik überhaupt nur notwendig, wenn das Innere verborgen ist, also sich nicht zeigt. Dieser Widerspruch bringt die Geschichte der Physiognomik in Gang und gab das Motiv ihres Für und Wider.

Der zweite Kritikpunkt betrifft die Physiognomik als Menschenkunde. Der Pfarrer Lavater hatte ja seine Physiognomik als ein Unternehmen „zur Beförderung der Menschenliebe“ ausgegeben. Darin mag er auch sein aufrichtiges Interesse ausgedrückt haben. Gleichwohl sind in seinem Werk frauenfeindliche und rassistische Züge festzustellen. Der Aufklärer Lichtenberg hat in seiner Kritik bereits auf den Punkt aufmerksam gemacht, durch den die Physiognomik in dieses gefährliche Fahrwasser geraten kann: indem sie meint, aus dem Äußeren eines Menschen seinen Charakter oder sein Wesen zu erkennen, legt sie ihn fest. Man ist so, wie man aussieht, das ist ihre Grundvoraussetzung. Demgegenüber hat Lichtenberg die These von der grundsätzlichen „Perfektibilität“ des Menschen stark gemacht.

Nach dieser Kritik können wir uns einem anderen Typ von Physiognomik zuwenden, einem Typ, der von ihr nicht getroffen wird. Hier gilt das Interesse nicht einem hinter der Erscheinung liegenden Charakter, sondern in erster Linie der Physiognomie, den Charakterzügen selbst. Dieser Typ von Physiognomik geht, soweit ich sehe, auf Goethe zurück. Goethe ist es ja, der eine Naturwissenschaft betrieben hat, die unter der Maxime stand „Suche nur nichts hinter den Phänomenen, sie selbst sind die Lehre." (Goethe 1967, 432). Durch Vergleich einer großen Mannigfaltigkeit von Phänomenen und der Variationen ihrer Entstehungsbedingungen versuchte er ein Grundmuster der Erscheinungsreihen herauszufinden und nannte es das Urphänomen. Am bekanntesten ist seine Urpflanze, eine Art Grundgestalt allen Pflanzenwuchses überhaupt. Goethe hat sein Unternehmen selbst nicht Physiognomik genannt. Der Ausdruck trat aber in seiner Nachfolge auf. Alexander von Humboldt sprach als erster von einer Physiognomik der Gewächse, und zwar in seinem Buch *Ansichten der Natur* (Humboldt, 1807/1986). Durch die Erfahrung seiner großen Forschungsreisen, insbesondere nach Mittel- und Südamerika, war er zu dem Schluß gekommen, daß der Formenreichtum der Natur nicht in einer Grundgestalt zu fassen sei, wie es Goethe versucht hatte, sondern eine Mannigfaltigkeit solcher Grundgestalten nötig mache. So beschrieb er 16 Grundtypen von Wuchsformen in seiner Schrift *Ideen zu einer Physiognomik der Gewächse* (in: Humboldt, 1807/1986). In dieser Arbeit beschränkte er sich in der Darstellung der Physiognomik noch auf die Beschreibung der Wuchsformen selbst, ohne beispielsweise auf ihren gestischen Charakter oder überhaupt auf den Eindruck, den sie auf den Betrachter machen, einzugehen. Das wurde anders, als er sich in seinem Werk *Kosmos* (1889) der Physiognomik der Landschaften zuwandte. Auch hier ging es ihm darum, Grundformen des Landschaftlichen zu beschreiben, vor allem das Spektrum des Landschaftlichen, das durch europäische Erfahrungen bekannt war, auf der Basis seiner Reiseerfahrungen zu erweitern. Aber wenn er hier das Charakteristische einer Landschaft herausarbeiten will, so geht es ihm dabei nicht nur um die Wiedergabe von Anblicken, sondern um die Mitteilung der „Eindrücke", die er bei diesen Anblicken erfahren hat. Es geht ihm, wie er sagt, um „die Beziehung des Sinnlichen zum Geistigen". – Wir erkennen hier den Einfluß von Goethes Farbenlehre und dessen Rede von der sinnlich-sittlichen Wirkung der Farben. Von Humboldt schreibt: „Überblick der Natur im großen, Beweis von dem Zusammenwirken der Kräfte, Erneuerung des Genusses, welchen die unmittelbare Ansicht der Tropenländer dem fühlenden Menschen gewährt: sind die Zwecke, nach denen ich strebe" (1807/1986, 7). Mit der Benennung des Geistigen, dem „Zauber der Natur", der „Stimmung", die ein bestimmter landschaftlicher Anblick vermittelt, hat Alexander von Humboldt gegenüber der dargestellten Tradition die Blickrichtung der Physiognomik fundamental verändert. Wenn auch bei ihm von Charakter die Rede ist, also etwa vom Charakter einer Landschaft, so geht es nicht mehr um etwas, das *hinter* den Erscheinungen liegt, sondern um etwas, das *an* ihnen erfahren werden kann. Er redet, wie wir sagen, von ihrem Charakter als Atmosphären. Da seine Naturbeschreibung Physiognomik in diesem Sinne sein soll, weist er innerhalb der Naturwissenschaft der Malerei, speziell der Landschaftsmalerei, eine Rolle zu.

> „Was der Künstler mit den Ausdrücken: Schweizer Natur, italienischer Himmel bezeichnet, gründet sich auf das dunkle Gefühl eines lokalen Naturcharakters. Himmelsbläue, Wolkengestaltung, Duft, der auf der Ferne ruht, Saftfülle der Kräuter, Glanz des Laubes, Umriß der Berge sind die Elemente, welche den Totaleindruck einer Gegend bestimmen. Diesen aufzufassen und anschaulich wiederzugeben ist die Aufgabe der Landschaftsmalerei" (Humboldt 1889, Bd. II, 66).

Man sieht hier sehr deutlich, daß er von dem Maler verlangt, gewisse typische Bestandsstücke, die für eine Landschaft charakteristisch sind, zu erkennen. Das Ziel ist aber nicht die Konstatierung dieser Bestandsstücke, das Ziel ist vielmehr dem Betrachter, der nicht in diese fernen Weltgegenden reisen kann, etwas „von der Stimmung, die eine großartige gestaltenreiche Natur dem Schaffenden einhaucht", zu vermitteln (a.a.O.).

Diese Auffassung einer Physiognomik der Natur hat bis in unsere Tage eine gewisse, wenngleich eher marginale Tradition. Als wissenschaftlich interessierte Landschaftsmaler sind Karl Gustav Carus und Ernst Haeckel zu nennen. In der Geographie allerdings bildet die Humboldtsche Tradition als Anthropogeographie einen wichtigen Zweig. Sie führt über die ästhetische Geographie Georg Ludwig Kriegks von 1840 über Willy Hellpachs in vielen Auflagen zwischen 1910 und 1970 erschienenes Buch *Geopsyche* zu den Arbeiten von Hermann Lehmann, die unter dem Sammeltitel *Essays zur Physiognomie der Landschaft* (1986) erschienen sind. Dabei bestimmt Lehmann den Sinn von Landschaftsphysiognomik so, wie er auch für unseren Ansatz gelten soll: nämlich als das Aufsuchen der gegenständlichen Bestimmungen einer Landschaft – zusammenfassend als ihre Physiognomie bezeichnet – also der gegenständlichen Bestimmungen, die als Erzeugende für eine bestimmte Atmosphäre relevant sind: „Die Landschaftsphysiognomie hat es also nicht mit dem gegenständlichen Inhalt, sondern mit dem Ausdruckswert einer Landschaft zu tun, wobei ihr die doppelte Aufgabe zufällt festzustellen, welche Züge in der Landschaft den Ausdruckswert vorzugsweise bestimmen und wie sie auf den Betrachter wirken" (Lehmann 1986, 155). – Ausgehend von diesem Strang der Physiognomik, einer Physiognomik der Natur, können wir nun allgemeiner einen Neuansatz der Physiognomik als Teil der Ästhetik formulieren.

3. Neuansatz der Physiognomik

Das Entscheidende bei dem Neuansatz der Physiognomik, wodurch sie sich als Bestandteil der Ästhetik qualifiziert, besteht darin, daß sie nicht mehr als ein Teil der Mantik oder, moderner gesprochen, der Semiotik angesehen wird: die Züge einer Physiognomie werden nicht als Zeichen für einen inneren verborgenen Charakter verstanden. Sie werden vielmehr als Erzeugende aufgefaßt, die einen *Charakter in der Erscheinung* spürbar werden lassen. In diesem Sinne wurde übrigens die Physiognomik auch schon immer in der Schauspielkunst verstanden und eingesetzt. Der Charakter, den ein Schauspieler auf die Bühne bringt, ist nicht der Charakter, den er hat, sondern der, der durch seine physiognomischen Züge, seine Gesten, seine Sprechweise und dergleichen spürbar wird: Er ist nur Charakter in der Erscheinung. Die Maske, die der Schauspieler trägt oder ist, ist nicht Ausdruck eines Charakters, sondern Erzeugende eines Charakters. Die Physiognomie, die ein Mensch hat oder eine Landschaft oder ein Ding, wird also in unserer Physiognomik nicht als Ausdruck verstanden, sondern als ein Eindruckspotential, d.h. dasjenige, was auf jemanden, der dafür empfänglich ist, einen bestimmten Eindruck machen kann.

Dadurch soll nicht geleugnet werden, daß Charakterzüge auch Ausdruck eines Inneren sein können und daß die Mimik eines Menschen ein Zeichen für seine Gefühlsregungen und Stimmungen sein kann. Man wird in der Alltagskommunikation auf solche Deutungen angewiesen bleiben und insofern im klassischen Sinne physiognomieren. Unsere Physiognomik schiebt aber den voreiligen Schlüssen auf ein Inneres einen Riegel vor und hält an dem fest, was unleugbar ist, nämlich daß jemand oder etwas aufgrund seiner physiognomischen Züge auf denjenigen, der mit ihm umgeht, einen bestimmten *Eindruck* macht. Es ist dieser Eindruck, diese Atmosphäre, die jemand ausstrahlt, mit der man primär zu tun hat und mit der man sich auseinandersetzen muß, nicht das innere Wesen oder der Charakter des Gesprächspartners.

Fragen wir zunächst, welcher Art die Atmosphären sind, die durch eine Physiognomie erzeugt werden. Als erstes ist festzustellen, daß wir bei der

Frage nach der Physiognomie oder den physiognomischen Zügen als einem bestimmten Typ von Erzeugenden unmerklich auch zu einem neuen Typ von Atmosphären übergegangen sind. In der bisherigen Betrachtung waren Atmosphären in gewissem Sinne immer der Raum im ganzen – der gestimmte Raum natürlich. Dabei wurde zwar schon unterstellt, daß es dafür Erzeugende gibt, es wurde aber nicht eine Lokalisierung der Erzeugenden oder gar ein Zentrum der Erzeugung unterstellt. Jetzt haben wir zwar auch mit Landschaftsphysiognomien zu tun und die mögen Atmosphären erzeugen, die den Raum umfassen und nicht zentriert sind. Anders ist es dagegen, wenn wir von der Atmosphäre, die ein Mensch ausstrahlt, sprechen, oder vielleicht auch ein Ding, beispielsweise ein Kunstwerk. Wenn wir deren Physiognomie als Erzeugende benennen, so benennen wir damit zugleich einen Ort, von dem die Atmosphäre ausgeht, und lassen implizit zu, daß sie nicht allgegenwärtig ist. Im Raum können von verschiedenen Personen verschiedene Atmosphären ausgehen, die in Konkurrenz zueinander treten, sich gegenseitig unterdrücken oder eine Gesamtatmosphäre erzeugen, usw. Atmosphäre nähert sich in diesem Sinne dem, was klassisch als *sphaera activitatis* oder auch als Dunstkreis bezeichnet wurde. Es ist der unbestimmte Raum um jemanden oder um etwas, der durch dessen Anwesenheit tangiert oder tingiert wird. Wenn wir Atmosphäre, wie schon zu Anfang der Vorlesung, den Raum der spürbaren Anwesenheit nennen, so wird jedoch deutlich, daß diese Anwesenheit nicht nur die reine Präsenz ist, sondern auch die Gegenwart seiner Möglichkeiten. Das war in dem ursprünglichen Beispiel von Wahrnehmung *im Sirren spüre ich die bedrohliche Anwesenheit einer Mücke* schon enthalten. Die Gegenwart der Mücke zu spüren, heißt eben gleichzeitig zu spüren, daß ich etwas von ihr zu gewärtigen habe, d.h. selbst in eine Disposition gerate, durch die ich mich auf das einstelle, was mir von der Mücke widerfahren kann.

Wir werden im folgenden also strikt von der bereinigten Form der Physiognomik oder der neuen Physiognomik ausgehen, nach der die Züge einer Physiognomie nichts ausdrücken, sondern ein Eindruckspotential darstellen für Eindrücke, die man atmosphärisch erfahren kann. Danach ist es dann auch wieder erlaubt, von Ausdruck zu reden, wenn nur Ausdruck nicht als Manifestation eines Inneren verstanden wird, sondern als die artikulierte Weise, in der ein Etwas in den Raum seiner Anwesenheit hinaustritt. Und ebenso ist dann auch die Orientierung an der Physiognomie des Menschen erlaubt, selbst wenn im allgemeineren Sinne auch von einer Physiognomie eines Gewächses oder einer Landschaft geredet werden soll.

Dabei ist allerdings an die Physiognomie eines Schauspielers zu denken und die Art und Weise, wie er sie einsetzt. Das soll im folgenden geschehen.

Dabei gehe ich von der sprachlichen Artikulation physiognomischer Erfahrungen aus.

Zunächst ist zu bemerken, daß man den physiognomischen Charakter, d.h. was man in der Gegenwart von jemandem, der eine bestimmte Physiognomie trägt oder hat, spürt, der Physiognomie selbst attribuiert. Das ist ähnlich wie bei einigen sprachlichen Artikulationen synästhetischer Erfahrungen. Hier schreibt man etwa den Charakter der Atmosphäre, die eine Farbe erzeugt, dieser Farbe selbst zu. So redet man beispielsweise von einem warmen Rot. Entsprechend sagt man von einem Schauspieler, der auftritt, er habe die Statur eines Helden oder das Gesicht eines Bösewichtes, er mache den Eindruck eines Gauners oder sie habe die Erscheinung einer Dame. Natürlich kann man sich auch so ausdrücken: Man spürt den Helden, den Bösewicht, den Gauner oder die Dame. Nur relativ selten ist es möglich, direkt die atmosphärische Ausstrahlung zu bezeichnen wie etwa: sie verbreitet das Flair einer Dame oder ihn umgibt die Atmosphäre des Helden. Mit dieser ersten Beispielgruppe haben wir übrigens eine Klasse von Physiognomien genannt, die man den *Typ* nennen könnte. Auf dem Theater entsprechen diesen Typen charakteristische Rollen: die Rolle des Helden, des Bösewichts, des Verliebten usw.

Auch eine zweite Gruppe physiognomischer Charaktere wird direkt der Physiognomie zugeschrieben. Ich meine die, die man sonst auch als Charakter im Sinne des inneren Wesens eines Menschen bezeichnet: jemand hat eine edle Physiognomie oder eine servile, jemand hat eine weise Physiognomie oder auch eine törichte. Eine dritte Gruppe von Physiognomien betrifft eher die Erzeugung von kommunikativen Atmosphären. Es ist die Art und Weise, in der sich jemand gibt. So sagt man, jemand sieht freundlich aus, nett, schüchtern, frech, verschlagen usw. Als vierte Gruppe möchte ich schließlich die Physiognomien nennen, die man gewöhnlich als Ausdruck von Affekten versteht, die hier aber auch nur in ihrem Eindruckspotential genommen werden. Jemand sieht wütend aus, ernst, traurig.

Mit Typ, Charakter, Art und Weise und Affekt haben wir genügend Spielmaterial in der Hand, um weiter danach zu fragen, was eine Physiognomie eigentlich ist bzw. die Wahrnehmung einer Physiognomie.

Man spricht ebenso wie von der Physiognomie eines Menschen auch von Charakterzügen oder Gesichtszügen. Die Physiognomiker haben solche Züge als Nasenformen, Stirnformen, Wangenlinien usw. verdinglicht. Es handelt sich bei den physiognomischen Zügen offenbar um Formen, aber es sind nicht die Formen, die wir als Erzeugende von *Bewegungs*anmutungen genannt haben. Um den Unterschied deutlich zu machen, sollte man vielleicht von *sprechenden Formen* reden. Damit wäre der Unterschied gegenüber Bewegungsanmutungen wohl angezeigt, aber *sprechend* kann doch auch so viel oder bloß so viel wie *anmutend* bedeuten. Alle Erzeugenden von Atmosphären muten uns an. Also noch einmal: was ist das Besondere von physiognomischen Zügen? Der Ausdruck *Zug*, *Gesichtszug* deutet in Richtung Lebensspur, wie man ja auch von einem *Schriftzug* redet. Ich hatte schon erwähnt, daß eine neue Welle der Physiognomik von der Graphologie her ihren Ausgang nahm. Ebenso wie Schriftzüge als Lebensspuren zu lesen sind, so allerdings auch Gesichtszüge. Aber wir hatten uns ja ausdrücklich verboten, Gesichtszüge als Zeichen zu nehmen, aus denen man auf etwas schließen kann.

Man fragt sich aber, ob es mit dem bloßen Verbot getan ist. Ob nicht der atmosphärische Eindruck, den man durch die Gesichtszüge einer Person erfährt, doch durch ein unbewußtes Physiognomieren bedingt ist. Wenn wir etwa einen Schauspieler mit edlem Gesicht auf der Bühne sehen, so spüren wir, daß wir es mit einem edlen Menschen zu tun haben – wohlgemerkt auf der Bühne – , was der Schauspieler selbst für ein Mensch sein mag, bleibt dahingestellt und tut nichts zur Sache. Man kann diese Verhältnisse durchaus im Sinne einer Als-Ob-Symbolik interpretieren, wie das Michael Hauskeller (1995) getan hat. Er hat diesen Ausdruck eingeführt, um Zeichen zu charakterisieren, die auf eine Realität zu deuten scheinen, denen aber faktisch keine Realität entspricht. Wir ziehen es vor, davon zu reden, daß durch die Physiognomie des Schauspielers tatsächlich ein edler Mensch auf die Bühne gebracht wird, und zwar im Sinne phänomenaler Wirklichkeit. Die Realität unseres konkreten Lebens ist dagegen durch die Differenz von Sein und Erscheinen bestimmt, und erst hier wird die Erfahrung des Scheins zu einem Schluß mit zweifelhafter Legitimität auf das Sein.

Mit den Bestimmungen der Physiognomie als Anmutung, als sprechende Form, als Einheit von Charakterzügen haben wir uns dem, was Physiognomie ist und wie sie wirkt, schon in ein paar Schritten genähert. Wir kommen weiter, wenn wir noch einmal ausdrücklich das Beispiel aufnehmen, an dem wir uns orientieren, das Beispiel des Schauspielers. Das Beispiel ist nicht nur deshalb wichtig, weil es eine Physiognomie ohne Innerlichkeit impliziert, sondern auch, weil hier Physiognomie im Rahmen schauspielerischer Praxis als *Erzeugende* verstanden wird. Physiognomische Züge werden über Schminke und Maske bewußt gesetzt, um eine Person zu inszenieren. Die physiognomischen Mittel sollen dazu dienen, daß der Schauspieler eine gewisse Ausstrahlung hat, eine Atmosphäre erzeugt, daß, mit anderen Worten, die Anwesenheit einer bestimmten Person spürbar wird. Und zwar geht es bei dieser Person nicht etwa um den Schauspieler XY, sondern um Faust, Othello, Gretchen usw.

Der Ausdruck *Person* spiegelt in seiner Geschichte diese Praxis wider. *Persona* bedeutete im Lateinischen ursprünglich Maske, dann hieß es auch soviel wie die Rolle in einem Theaterstück, und von daher übertrug sich der Ausdruck auf die dargestellte Person. In juristischem Gebrauch wurde dann Person soviel wie Rechtsperson und soziale Rolle, d.h. ein empirischer Jemand, insofern er in bestimmten Kategorien rechtlicher oder politischer Art in Erscheinung tritt. Heute sind freilich Person und Persönlichkeit eher in die Innerlichkeit verlegt und deuten auf etwas wie Subjektivität oder moralisches Subjekt überhaupt. Halten wir uns an die ältere Geschichte des Ausdrucks *persona*, so entspricht die Person, die jemand zur Geltung bringt, durchaus der Physiognomie, die er hat. Beides ist die Art und Weise wie sich jemand in leiblicher Anwesenheit durch seine Erscheinung zur Geltung bringt. Damit kommen wir schließlich zum Kern oder, besser gesagt, zum Hauptstück der Physiognomie, nämlich dem Blick.

So wie Physiognomie im wesentlichen von der Physiognomie des Menschen her verstanden wird, so beim Menschen wiederum hauptsächlich als Physiognomie des Gesichts. Das Gesicht nun hat eine charakteristische Doppelwendigkeit, die auch in dem Ausdruck *Gesicht* selbst enthalten ist. Man bezeichnet ja mit *Gesicht* das, was man sieht, also den Anblick, das *face*, und sogar die Vision. Auf der anderen Seite wird der Ausdruck *Gesicht* aber auch für die Augen verwendet, also für das, was sieht. Beim Anblick eines Gesichtes sind nun die Augen entscheidend. Haben wir vorher schon implizit immer unterstellt, daß physiognomische Züge, also Gesichtszüge, eine Einheit sind, so wird diese Einheit im Anblick von den Augen her organisiert. Das Augenpaar ist das Zentrum und manchmal sogar auch die minimale Physiognomie. Der Blick einer Person ist nun dasjenige Moment in seiner Physiognomie, das am stärksten die Aktivität spüren läßt, die wir auch in die anderen Charakterisierungen durch Anmut, sprechende Form usw. schon aufgenommen hatten. In der Erfahrung einer Physiognomie wird das, was man wahrnimmt, als etwas auf einen Zutretendes erfahren, und dies am stärksten durch den Blick: Im Blick wird der Anblick zu dem, was einen anblickt.

Von Sartre (1966) gibt es eine sehr eindrucksvolle und sehr überzeugende Phänomenologie des Blickes. Ich möchte davon hier jedoch nicht Gebrauch machen, weil Sartre die Erfahrung des Blickes als eine Auseinandersetzung von zwei Selbstbewußtseinen analysiert. Diese Auffassung würde uns wieder in die Gefahr der Unterstellung einer Innerlichkeit bringen und außerdem den Weg zur Ausweitung der Physiognomik auf Dinge, Kunstwerke, Landschaften usw. versperren. Wir müssen die Erfahrung des Blickes als die Erfahrung des Angesprochenseins durch eine Physiognomie so in der Schwebe halten, daß sie auch an Werken der Natur und der Kunst gemacht werden kann. So kennt man beispielsweise die Erfahrung von *die Nacht blickt mich an.* Nach Hegel kann man vom „Augencharakter des Kunstwerks" sprechen. An einer früheren Stelle wurde schon erwähnt, daß bei Hegel für die Schönheit entscheidend ist, daß der Geist heraustritt – und wo ist das deutlicher zu erfahren als im Blick? An einer berühmten Stelle in seiner Ästhetik-Vorlesung sagt Hegel folgendes:

> „Wie sich nun an der Oberfläche des menschlichen Körpers im Gegensatz des tierischen überall das pulsierende Herz zeigt, in demselben Sinne ist von der Kunst zu behaupten, daß sich jede Gestalt an allen Punkten der sichtbaren Oberfläche zum Auge verwandle, welches der Sitz der Seele ist und den Geist zur Erscheinung bringt" (Hegel 1970, Bd. 13, 203).

Von der Kunst, sagt Hegel also, ist zu erwarten, „daß sich jede Gestalt ... zum Auge verwandle." Die entsprechende Erfahrung ist, was Hegel selbst ja nicht wahrhaben will, vielfach von der Natur bezeugt. Ob es deshalb legitim ist, von der Natur als einem Subjekt zu sprechen, wie es beispielsweise Ernst Bloch vorgeschlagen hat, sei dahingestellt. In jedem Fall aber enthält die Wahrnehmung von Physiognomie – wenn man nicht physiognomiert und das heißt analysiert – die Erfahrung einer Inversion: der Anblick wird zum Blick.

Worin besteht nun die Erfahrung eines Blickes? Für Sartre ist es das Angeblicktwerden. Im Angeblicktwerden fühlt man den eigenen Subjektstatus in Frage gestellt. Man wird im Blick des anderen zum Objekt. So weit wollen wir nicht gehen, weil wir für die Blickerfahrung im allgemeinen physiognomischen Sinne kein Subjekt unterstellen. Gleichwohl wird jede Blickerfahrung das eigene Dasein in bestimmter Weise spürbar machen – das galt aber, wie wir gezeigt haben, für jede Erfahrung von Atmosphären. Bei dem, was von einer Physiognomie ausgeht, kann man aber sagen, daß man sich in deren Erfahrung selbst in seinem Person-Sein getroffen fühlt. So wie man sagen kann, daß jemand, der im Sinne einer bestimmten Rolle auftritt, einem selbst damit eine Rolle zuweist, so in analoger Weise bei der Physiognomie eines Blickes oder der Physiognomie als Blick: Die Disposition, in die man durch die Erfahrung eines Blickes gerät, ist weniger eine leibliche Disposition als eine moralische oder, besser gesagt, eine, die einen im eigenen Ethos trifft – Goethe würde hier von einer *sittlichen Wirkung* sprechen. Am deutlichsten ist dies wohl von Rilke in seinem Gedicht *Archaïscher Torso Apollos* formuliert, mit dessen letzten Zeilen ich schließen möchte:

> „...denn da ist keine Stelle,
> die dich nicht sieht. Du mußt dein Leben ändern."

VIII. Szenen

1. Ästhetischer Schein und phänomenale Wirklichkeit

Bei der Konzeption der Physiognomik als eines Teils der Ästhetik hat das Theater Pate gestanden: Einsatz und Funktion von Physiognomie auf dem Theater – Schminke, Persona, Maske – waren das Paradigma, an dem wir uns orientierten. Mit der Thematisierung der Szenen rückt nun erneut das Theater ins Zentrum des Interesses. Etwas inszenieren, jemandem eine Szene machen, jemanden in Szene setzen – solche Ausdrücke implizieren immer eine Orientierung an der Welt des Theaters. Das griechische Wort σκηνή bedeutete zwar ursprünglich Haus, dann Tempel, aber bald auch, und so schon in der Klassik, die Bühne. Bevor nun die Orientierung am Theater in der Ästhetik noch wichtiger wird, sollte deren Legitimität geprüft werden.

Das Theater ist eine Welt des Scheins. Was sich dort abspielt, gehört nicht zu unserer Lebenswelt, verlangt nicht unser Eingreifen, verursacht uns keine physischen Leiden. Gleichwohl ist das, was dort vor sich geht, im Prinzip von der Art, daß es auch in unserer Lebenswelt geschehen könnte, und jedenfalls ist es für uns von Bedeutung. Das Theaterspiel ist bloßes Spiel, sagt man, nicht Ernst. Aber einerseits ist es Spiel mit dem Ernst, und wir erfahren dabei, wie Aristoteles in seiner Theorie der Tragödie sagt, eine Reinigung, oder es ist heiteres Spiel, und wir werden gelöst und unterhalten. Die Welt des Theaters ist gegenüber unserer Lebenswelt abgetrennt, und insofern wir in sie eintreten, befinden wir uns im handlungsentlasteten Raum.

Aber wie ist es mit dem Geschehen auf dem Theater selbst? Wir sagten, es ist Schein, bloßes Spiel. Aber ist es denn wahr, daß Othello Desdemona nur scheinbar ermordet? Nein. Zwar ermordet der Schauspieler, der Othello spielt, nicht die Schauspielerin, die Desdemona spielt – als diese empirischen Personen, die sie auch sind, kommen sie in dem Stück gar nicht vor. In der Tragödie Shakespeares aber ermordet Othello Desdemona wirklich. Wir treffen hier erneut auf die Notwendigkeit, zwischen Realität und Wirklichkeit zu unterscheiden. Die Wahl dieser Ausdrücke bzw. deren Festlegung ist willkürlich und eher eine Sache der Zweckmäßigkeit. Was aber unterschieden werden soll, ist klar: Auf der einen Seite die Dinge und die konkreten Menschen und das, was mit ihnen und unter ihnen geschieht: das sei Realität genannt. Auf der anderen Seite das, was sie zur Erscheinung bringen und das phänomenale Geschehen, also Othello, Desdemona und der Mord: das sei als Wirklichkeit bezeichnet, nämlich als phänomenale Wirklichkeit. Beides kann zusammenhängen, und ihr Zusammenhang muß näher studiert werden. Entscheidend aber ist, und dafür steht das Paradigma Theater, daß die phänomenale Wirklichkeit von der Realität abgehoben, geradezu isoliert werden kann, und daß es soziale Settings, in diesem Fall die Institution Theater selbst, gibt, die diese Trennung von Realität und Wirklichkeit für eine Weile stabilisieren, wenn nicht auf Dauer stellen.

Hatten wir die Ästhetik als allgemeine Wahrnehmungslehre eingeführt, als Aisthetik, so zeigt sich, je mehr man Wahrnehmung als solche und das Wahrgenommene als solches festhält, daß sie auch als Erscheinungslehre konzipiert werden könnte. Der Ästhetik als Theorie muß es darum gehen, die Erscheinungen als solche zu bestimmen, ohne sie auf etwas, das erscheint, zu überschreiten. Es gibt deshalb Autoren, wie zuletzt Martin Seel (2000), die meinen, daß die Ästhetik sich auf eine besondere Wahrnehmung beziehe, nämlich solche, die Wahrnehmung um der Wahrnehmung willen sei. In verwandter Weise redet Hermann Schmitz (1990, 479-483) von „ästhetischer Einstellung“, um *Ästhetik* zu definieren. Diese Einführung einer ästhetischen Wahrnehmung neben der gewöhnlichen ist überflüssig, und vor allem beschneidet sie die Ästhetik in ihrer Reichweite und bringt sie um ihre Relevanz. Denn was diese Autoren als ästhetische Wahrnehmung bezeichnen, kommt in jeder gewöhnlichen Wahrnehmung vor – nur daß in gewöhnlicher Wahrnehmung, nämlich solcher, die eingebettet in Handlungskontexte ist, es niemals bei der Wahrnehmung als solcher bleiben kann: Man überspringt die Wahrnehmung immer schon durch Schlüsse auf Realität und übergeht sie, indem man immer schon handelt. Dagegen geht es in der Ästhetik um den Schein oder, wie wir sagen würden, um die phänomenale Wirklichkeit. Deshalb ist das Theater ein paradigmatischer Ort für die Ästhetik. Auf dem Theater wird gespielt, das Theater isoliert institutionell die Wirklichkeit von der Realität.

2. Inszenieren

Wir hörten: σκηνή bedeutet Hütte, Tempel, Bühne. σκηνή ist offenbar ein Raum, der gegenüber der Welt abgetrennt ist, der Menschen vor dem realen Geschehen schützt. Schon als Tempel ist σκηνή der Raum der Erscheinungen, nämlich der Erscheinung der Götter, und so erst recht als Bühne. Tatsächlich gab es bei den Griechen einen gleitenden Übergang: Die Tragödie, die schließlich auf der Bühne stattfand, hat ihren Ursprung in kultischen Umzügen und in Mysterienspielen, die die Götter zur Erscheinung brachten. Der Schauspieler, griechisch μιμήτης, war und ist nicht einfach jemand, der einen anderen nachahmt, sondern der jemanden oder etwas zur Erscheinung bringt, etwas, das es vielleicht in der Realität gar nicht gibt.

Wir müssen nun fragen: Was hat die Szene mit der Erscheinung zu tun? Sie ist offenbar der *Ort* der Erscheinung. Dabei ist mit Ort aber nicht etwa der reale Raum gemeint, und wenn dieser, nicht insofern er real ist. Sondern es ist der Raum in der Erscheinung gemeint, also im Beispiel gesprochen: Faust und Mephisto erscheinen in einem Garten. Eine Szene ist also Raum in der Erscheinung oder der Raum, insofern er erscheint. Andererseits ist sie Raum für eine Erscheinung, also wie wir hörten, als Tempel für die Götter und als szenischer Raum des Theaters für das Erscheinen der Protagonisten, also der Figuren, die die Schauspieler auf die Bühne bringen.

Entscheidend ist nun eine Korrespondenz zwischen der Szene und dem, was in ihr erscheint. Diese Korrespondenz ist überhaupt nicht selbstverständlich, wie man beispielsweise mit einem alten Militärwitz demonstrieren kann: „Gefreiter X, was machen Sie, wenn Sie auf dem Kuhdamm spazierengehen und die Königin kommt in der Straßenbahn vorbeigefahren?" Die Anlage des Witzes lebt von einer Diskrepanz von Szene und Erscheinung. Die Erscheinung von Königinnen, wie auch heute von Staatsoberhäuptern und sonstigen Politikern, wird deshalb eigens *inszeniert*. Warum das? Wäre nicht etwa die Erscheinung der preußischen Königin in der Straßenbahn viel dramatischer, als wenn sie im Sechsspänner vorfahren würde und über einen ausgerollten roten Teppich schritte? Nein, denn man würde sie als Insassin einer Straßenbahn vielleicht überhaupt nicht als Königin wahrnehmen. – Als empirische Person, sagen wir Louise, die real vom Ort A zum Ort B fährt, ist sie ja auch gar nicht Königin. Man sieht an diesem Beispiel, daß die Inszenierung hier die Wirklichkeit erst möglich macht, die Erscheinung einer Königin. Charakteristisch ist für diese Verhältnisse das höfische Ritual im Barock. Hier ging ja die Selbstinszenierung des königlichen Hofstaates direkt ins Theater über bzw. das höfische Theater und das höfische Ballett integrierte den Herrscher und wurde zu dessen Apotheose. (zur Lippe 1974, Bd. II, Teil I, Das profane Ritual)

Wir haben an diesem vielleicht extremen Beispiel gesehen, daß die Szene als Inszenierung der Erscheinung von etwas oder jemandem offenbar wesentlich zu dieser Erscheinung gehört. Korrespondenz heißt nicht nur soviel wie *passend sein* und *entsprechen*, sondern vielmehr: die Szene ist in gewissem Sinne ein Teil der Erscheinung selbst. Der Hofstaat des Königs ist Teil der Erscheinung oder Moment der Erscheinung des Königs selbst, gewissermaßen seine externalisierte Erscheinung. Diese Verhältnisse werden noch deutlicher, wenn man das Theater ins Auge faßt. Schon bei der Besprechung von Physiognomie, Rolle und Maske wurde erwähnt, daß der Charakter der Person, dessen Gefühle und Emotionen Charakter, Gefühle und Emotionen *in der Erscheinung* sein müßten, d.h., gesprochen aus dem Kontext lebensweltlicher Erfahrung, *externalisiert*: Was eine Person in einem Stück fühlt, muß irgendwie äußerlich spürbar werden. Denn nur so werden ihre Gefühle für den Zuschauer wahrnehmbar.

Wir haben hier mit der Umkehrung der Verhältnisse zu tun, die Hermann Schmitz studiert hat. Er hat im Sinne historischer Anthropologie davon gesprochen, daß die Gefühle internalisiert worden seien, formelhaft von einer „Introjektion der Gefühle". Wir leben in einer Lebenswelt, in der die Differenz von innerem Menschen und äußerem Menschen längst habitualisiert ist und Gefühle etwas Inneres sind. Auf dem Theater müssen diese Verhältnisse wieder rückgängig gemacht werden. Auf dem Theater müssen die Gefühle, die im gewöhnlichen Leben ein Mensch *in* sich hat, äußerlich wahrnehmbar, d.h. atmosphärisch spürbar werden. Das kann nun auf verschiedene Weise geschehen. Beispielsweise durch extensiven Gebrauch von Mimik oder aber auch durch eine explizite Externalisierung. Ein besonders deutliches Beispiel dafür ist die Oper *Lulu* von Alban Berg. Hier ist bei relativ verhaltenem Spiel die Dramatik der Gefühle der beteiligten Personen in der Musik spürbar. Damit haben wir einen stärkeren Begriff von Korrespondenz zwischen Szene und erscheinender Person erreicht. Die Szene übernimmt selbst einen Teil der Erscheinung der Person.

Natürlich ist die Szene niemals nur korrespondierender Ort, sondern auch Hintergrund, von dem sich etwas abhebt und dadurch als solches in Erscheinung tritt: sie ist also auch kontrastierender Ort. Mit Absicht habe ich aber diese Funktion erst an dritter Stelle genannt. Denn jetzt können wir sagen, daß auch der Kontrast eine Form von Korrespondenz ist. Erscheinen heißt ja immer hervortreten, sich artikulieren, Prägnanz gewinnen, d.h. etwas tritt als etwas und jemand als jemand in Erscheinung – und für diese Artikulation kann die Szene gegebenenfalls wieder ein Moment sein. Damit können wir zusammenfassend sagen: etwas oder jemanden inszenieren bedeutet, ein Arrangement zu schaffen, das sein Erscheinen ermöglicht und durch Korrespondenzen steigert.

Wie nun das Theater als Institution erlaubt, phänomenale Wirklichkeit als solche zu präsentieren und gegenüber der Realität zu isolieren, so verselbständigt die Inszenierung von jemandem oder von etwas dessen Erscheinungscharakter gegenüber seiner dinglichen Existenz. Inszenierungen schaffen eine Welt und schaffen den Dingen einen besonderen Wert, den ich in der Einleitung den Inszenierungswert genannt hatte. Bei Personen kann man hier vom *Image* reden. Das, was man so allgemein die Ästhetisierung der Realität nennt, eine Entwicklung, die ich in der Einleitung als eines der Hauptmotive für eine neue Ästhetik genannt habe, erweist sich jetzt als Inszenierung der Realität. Diese ist ein Grundzug unserer gesellschaftlichen Wirklichkeit und stellt einen bedeutenden Teil der Ökonomie dar. Ich nenne nur die Hauptgebiete, um die Breite des Feldes sichtbar zu machen.

Neben dem eigentlichen Bereich der Inszenierungen, also der Bühne, dem Film und dem Fernsehen, ist der Bereich der Werbung zu nennen. Walter Benjamin hat in seinem *Passagen-Werk*, den Forschungen zum Paris des 19. Jahrhunderts, festgestellt, daß hier Waren inszeniert wurden, gewissermaßen auf der Bühne oder einem Altar präsentiert wurden. *Wir* müssen allerdings an der älteren Werbung feststellen, daß sie das Wesen der Inszenierung von Waren noch nicht voll entfaltet hatte. Bei der guten alten Werbung ging es noch immer um die Herausarbeitung – sicherlich um die deutliche und repräsentative – von Gebrauchswerten. Bei jeder Inszenierung geschieht das nach unserer Analyse durch Konstruktion eines korrespondierenden Rahmens. Das findet statt, durch Abhebung und Kontrastgeschehen, aber auch durch Entfaltung des Erscheinungswesens der Ware durch und in der Szene, in der sie erscheint. Diese Art der werbenden Präsentation von Ware hat in der jüngeren Vergangenheit allerdings eine neue Wende genommen. Die neuere Werbung zielt auf die Herausarbeitung des eigenen Inszenierungswertes der Ware. Hier geht es also nicht darum, etwa ein Messer im „Zeugzusammenhang“ – wie Heidegger sagen würde –, dem Zeugzusammenhang einer Küche zu zeigen und seinen Gebrauchswert durch die Insignien einer Salatzubereitung zu inszenieren. Vielmehr geht es um den Inszenierungswert der Ware als solcher. D.h. es geht darum, was sie ästhetisch zu einer Küchenszenerie beizutragen hat und somit zur Inszenierung, beispielsweise eines Singles, der sich als Hobbykoch ein Image gibt. Die Waren werden deshalb in solcher Werbung häufig überhaupt nicht mehr als solche präsentiert, d.h. hervorgehoben, nicht *sie* werden inszeniert, vielmehr werden sie selbst zu Bestandsstücken einer Szene. Inszeniert wird der erfolgreiche Jungbörsianer, die elegante Sekretärin und der tüchtige Hobbywerker. Die Ware, um die es geht – ein Telephon, eine Olivetti, eine Handbohrmaschine -, tritt dann nur beiläufig auf als Bestandsstück der Szene. Ohne den Text, oder das Signet und dergleichen ist auf sehr vielen Werbebildern heute nicht mehr zu erkennen, um welche Ware es eigentlich geht.

Ein weiteres wichtiges Feld ist die Inszenierung im Bereich der Politik. Ich habe schon darauf hingewiesen, daß im Zeitalter des Barock das staatliche Leben weitgehend unter der Ägide des Theaters, d.h. weitgehend als Inszenierung des Königs oder Landesfürsten stattfand. Wie auf anderen Gebieten erleben wir auch in der Politik heute ein neues Barock. In seinem berühmten Aufsatz *Das Kunstwerk im Zeitalter seiner technischen Reproduzierbarkeit* hat Walter Benjamin dem Faschismus eine Ästhetisierung der Politik angelastet. Sie bestand seiner Meinung nach vor allem darin, daß der Faschismus den Massen zu ihrem Ausdruck, nicht aber zu ihrem Recht verhalf (Benjamin 1979, 42). Wir können nachdrücklich hinzufügen, daß er über Parteitage, Aufmärsche, Lagerfeuer, Ämter, Abzeichen, Uniformen emotionale und durch ein gekränktes Selbstbewußtsein bestimmte Bedürfnisse befriedigte, nicht aber die elementaren Bedürfnisse nach politischer und gesellschaftlicher Selbstgestaltung. In der Demokratie, die eher durch politische Zurückhaltung und self-understatement geprägt ist, glauben wir über eine Ästhetisierung der Politik hinaus zu sein. Das ist aber keineswegs der Fall. Vielmehr verlangt die bloße Tatsache, daß die politische Öffentlichkeit eine medienvermittelte ist, jedes politische Handeln mediengerecht zu inszenieren. Das hat zur Folge, daß auch hier phänomenale Wirklichkeit von der Realität sich abzulösen Gefahr läuft und Politik selbst als Inszenierungshandeln verstanden oder mißverstanden wird.

Ein weiteres Feld ist die Stadtplanung. Hier hat Werner Durth schon früh von der *Inszenierung der Alltagswelt* (Durth, 1988) gesprochen. Der Kritik an der *Unwirtlichkeit unserer Städte* (Mitscherlich 1966) werde durch einen

Bruch mit dem Funktionalismus begegnet und die Stadt als Erlebnisraum gestaltet. Der Planer werde dadurch zum „Bühnenbildner“ (Durth, 1988, 39). In der zweiten Auflage seines Buches stellt Durth resigniert fest, daß seine Thesen, die als Kritik gemeint waren, nämlich als Kritik daran, daß durch die Inszenierungen die wahre Wirklichkeit der sozialen Realität verkleidet würde (a.a.O., 227), – daß seine Thesen inzwischen ins Positive gewendet wurden und so die Entwicklung noch verstärkt haben. „Stadtplanung (wird) nun vorgetragen in der Sprache der Werbetexter, Architektur als gebautes Plakat: auf Bildwirkung und Hochglanzcolor kalkuliert, Vorlage für unzählige Poster im Kopf“ (a.a.O., 241). Diese Entwicklung ist Ausdruck einer verstärkten Stadtkonkurrenz, der Notwendigkeit einer sogenannten Stadtidentität und der Pflege des jeweiligen städtischen Images.

Nach Bühne, Werbung, Politik, Stadtplanung komme ich schließlich zu dem wichtigen Feld der Selbstinszenierung. Dabei ist natürlich an Kosmetik und Mode oder auch Abweichung von der Mode zu denken, ebenso wie an das Auto, das man fährt, heute auch das Fahrrad, Ausrüstungen aller Art und insbesondere die Gestaltung der eigenen Wohnung, wenn möglich des Arbeitsplatzes. Diese Selbstinszenierung wird häufig als Selbstverwirklichung ausgegeben oder mißverstanden. Durch unsere Analyse belehrt wissen wir aber, daß es für eine Inszenierung überhaupt gar keines Selbstes bedarf, keiner Innerlichkeit, keines seelischen Tiefganges, keines ausgeprägten Charakters oder einer Entelechie. Es geht wie auf der Bühne nicht um Charakter, sondern um Charakter in der Erscheinung. Es geht auch nicht um Individualität, sondern um Individualität in der Erscheinung. Je mehr gerade Arbeits- und Verkehrsformen Individualität verweigern und einen persönlichen Charakter überflüssig machen, desto mehr wird das Bedürfnis nach Individualität in der Erscheinung, sprich: durch Inszenierung befriedigt. Der Dichter Gottfried Benn hat die Verhältnisse hier bereits 1918 in einer kleinen Erzählung mit dem Titel *Diesterweg* auf den Punkt gebracht: Diesterweg, ein Militärarzt, stellt an sich selbst den gänzlichen Mangel an Individualität fest. Um bei den Casinogesprächen mithalten zu können, wo, wie er glaubt „jeder rückhaltslos das ganz Persönliche“ gibt, denkt er auf Abhilfe. Tut es ein Anzug? Eine Sammlerleidenschaft? Schließlich kommt ihm die rettende Idee: „Diesterweg sah an sich herunter. Längst wollte er etwas an sich haben. Er überlegte. Vielleicht ginge es mit einem Tick, etwa einer bestimmten Bewegung mit der Hand; etwa ein kurzes, rasches Wischen mit dem Zeigefinger an der Backe, ein nervöses Wischen – jawohl, das, das war es...“ (Benn 1962, 65).

3. Die Erfahrung und die Erzeugung von Szenen

Wir haben uns dem Thema *Szene* von der Inszenierung her genähert. Etwas oder jemanden in Szene setzen, bedeutet, ihm einen Erscheinungsraum schaffen. Es hat sich gezeigt, daß das für das Inszenierte – sei es nun Ding oder Person – eine Veräußerlichung seines Wesens bedeutet und daß der Raum der Inszenierung selbst zur Artikulation des Inszenierten beiträgt. Soweit ging es nur um die Verhältnisse in der Szene selbst. Es gilt jetzt gewissermaßen aus der Szene herauszutreten und danach zu fragen, worin die Erfahrung von Szenen als solchen besteht und wie andererseits Szenen erzeugt werden. Um dem nachzugehen, eignet sich besonders eine experimentelle Situation wie sie im Schloßtheater Schwetzingen besteht. Hier läuft für die touristischen Besucher auf der Bühne quasi ein Drama ohne Akteure ab, d.h. ein automatisches Bühnenbild mit Lichtwechsel, Veränderung der Raumtiefe, der Stimmungs- und Witterungslage: In der Mitte eines fürstlichen Raumes steht ein Sessel, über dessen Rückenlehne nachlässig ein Mantel liegt, als hätte jemand den Raum gerade eilig verlassen. Es wird dämmrig, es wird Tag, der Blick öffnet sich in einen Barockgarten, in dem Springbrunnen plätschern, der heiße Mittag dringt in den Raum und erfüllt ihn, es zieht sich ein Wetter zusammen, ein Gewitter entlädt sich usw. Der Betrachter dieses Schauspiels kann an sich selbst studieren, wie er stimmungsmäßig mit dem Bühnenbild mitgeht. Nicht abgelenkt durch Worte, Handlungen und ihren Sinn kann er darauf achten, wodurch die jeweilige Stimmungsveränderung erzeugt wird. Natürlich ist es primär die Wirkung des Lichtes und seiner Farbigkeit, sehr wichtig ist aber auch die jeweilige Erweiterung und Verengung des Raumes, ferner die Belebtheit oder Unbelebtheit der Szene, wobei Belebtheit beispielsweise durch das Plätschern des Wassers erzeugt wird. Das ganze wird natürlich in seiner Wirkung sehr verstärkt durch eine entsprechende musikalische Untermalung. Ferner spielen Insignien und Symbole hinein: der einzeln in der Mitte stehende Sessel wirkt wie ein Thron, Säulen, Spiegel, goldener Stuck führen in ein fürstliches Milieu und das Gestische des hingeworfenen Mantels erzeugt als Lebensspur eine Erwartungshaltung, die den ganzen Ablauf des szenischen Dramas zur Geschichte einer Abwesenheit zusammenfaßt.

Dieser kurze Bericht zeigt schon, daß in die Erfahrung von Szenen alle Arten von atmosphärischen Charakteren hineinspielen und alle Typen von Erzeugenden: Synästhetische Charaktere, Stimmungen, gesellschaftliche

Charaktere, Physiognomien usw. Ich möchte aber doch aus dem ganzen Komplex die Szenen als einen *bestimmten* Typ von Erzeugenden herausheben, die einem bestimmten Typ von Charakteren zugeordnet sind: Szenen erzeugen Stimmungen. Dabei lasse ich für jetzt die für das Bühnenbild ebenso wichtige Erzeugung von gesellschaftlichen Charakteren beiseite. *Letztere* können gefaßt werden als Szenen, die ein bestimmtes Milieu oder einen Zeitgeist erzeugen. Die Erzeugenden werden dabei vornehmlich Insignien und Symbole sein bzw. natürlich auch Farben und Lichtverhältnisse, sofern sie symbolisch wirken, d.h. also für ein bestimmtes Milieu charakteristisch sind oder einen Zeitgeist oder gar ein bestimmtes politisches Klima signalisieren. Ich verweise bei dieser Gelegenheit nur auf die unterschiedlichen Farben, in denen sich noch bis vor kurzem Kapitalismus und realer Sozialismus szenisch präsentierten.

Aber zurück zum Verhältnis von Szenen und Stimmungen. Wir bewegen uns im Verfolg dieser Frage einen weiteren Schritt auf den Gegenstandspol der Wahrnehmung zu. Die Betrachtung der Praxis des Bühnenbildes führt darauf, daß es möglich ist, durch bestimmte dingliche Arrangements Atmosphären zu erzeugen. Szenen können wir als solche dinglichen Arrangements definieren. Es wäre nun zu erwarten, daß man weiteres über das Verhältnis von Szenen und Stimmungen von jenen erfährt, die durch ihre Praxis ein Wissen über dieses Verhältnis demonstrieren, also den Bühnenbildnern, Werbeleuten u.a. Das heißt aber leider nicht, daß sie explizit und verbal darüber Auskunft geben könnten. Es handelt sich nämlich um einen Typ von *tacit knowledge*, um ein in der Praxis impliziertes Wissen, das weniger über Theorie und Bücher als über Vorbild und Nachahmung weitergegeben wird. Um so wichtiger ist es, wenn man gelegentlich doch auf eine Explikation dieses Wissens stößt. Ich möchte deshalb ein längeres Stück aus der Arbeit Robert Kümmerlens *Zur Aesthetik bühnenräumlicher Prinzipien* (1929) mitteilen. Ich tue das um so lieber, als hier ganz unabhängig von der philosophischen Entwicklung des Atmosphärenbegriffs die Verhältnisse mit eben diesem Begriff beschrieben werden:

> „Der zu betrachtende Raum erhält durch die Beleuchtung seine Helligkeit; die Darstellungen der Bühne werden durch Licht erst sichtbar gemacht. In der ersten Funktion der Beleuchtung, einer reinen Lichtgebung, wird mit der Helligkeit gleichsam die Atmosphäre, in der der Raum steht, geschaffen. Die in mannigfaltiger Weise zu erreichende Lichtatmosphäre variiert den Raum; die Darstellungen erhalten durch die Beleuchtung eine charakteristische Stimmung. Der Raum ist in seiner Ganzheit wirkungsvoll, die Lichter der Raumdarstellung bilden eine

> Geschlossenheit des Eindrucks, der Raum steht in einem einheitlichen Licht. Mit der Erhellung des ganzen Bildes ist ein *einheitlicher Zug* geschaffen; aus dem Raum strömt eine gleichmäßige Stimmung aus, die ganze Raumdarstellung steht etwa unter einem *gedämpften* Licht. Wir finden, daß die Raumgegenstände in regelmäßigem Licht *erstrahlen*; der Raum erscheint etwa *lieblich* oder *düster*. Die reine Beleuchtung erzeugt ein Fluidum zwischen den einzelnen Darstellungsgebilden. In dem in ätherischer Helligkeitswirkung dargestellten Raume ist ein bestimmter Stimmungsgehalt eingeschlossen." (Kümmerlen, 1929,36)

Der Autor teilt einem hier immer noch nicht mit, was man gerne wissen möchte, nämlich durch welche Arrangements welche Stimmungen erzeugt werden. Im folgenden versucht er dann allerdings, dieser Frage noch etwas näherzukommen, indem er über Helligkeit, Lichteinfall, Farbigkeit und deren Wirkung etwas sagt. Immerhin ist das zitierte Textstück ein deutliches Zeugnis für das Bewußtsein, durch Arrangements Stimmungen erzeugen zu können. Dabei wird der Ausdruck *Stimmung* explizit im quasi objektiven Sinne verwendet, indem nämlich davon geredet wird, daß der *Raum* lieblich oder düster erscheint. Dieser gestimmte Raum wird als Atmosphäre oder als Fluidum bezeichnet. Durch den Terminus *einheitlicher Zug* des Bildes verweist der Autor zugleich auf die Tradition der Physiognomik. Implizit sind die Ausführungen von Kümmerlen natürlich auch ein Zeugnis für das Bewußtsein des Bühnenbildners, Stimmungen als etwas Intersubjektives erzeugen zu können. Denn die Ausführungen nehmen auf einen individuellen Betrachter keinerlei Bezug.

Wenn man nun versuchen würde, in der Praxis des Bühnenbildners sich noch weiter dem Gegenstandspol zu nähern, d.h. nach den gegenständlichen Erzeugenden von Atmosphären zu fragen, so würde man sehr schnell in den Bereich der Insignien und Symbole, d.h. entsprechend der gesellschaftlichen Charaktere geraten. Ich möchte deshalb zum Abschluß noch zu einem anderen Bereich übergehen, nämlich der Ästhetik des Landschaftsgartens, die, wie man gleich sehen wird, der Bühnenästhetik äußerst nahe steht. Zugleich wird auch umgekehrt der Einfluß der Gartenästhetik auf die spätere bei Alexander von Humboldt entwickelte Landschaftsphysiognomik deutlich.

Ich beziehe mich im folgenden auf C.C.L. Hirschfelds *Theorie der Gartenkunst*, die er in fünf Bänden (1779-85) niedergelegt hat. Diese Theorie ist genauer eine Theorie des englischen Gartens, die als solche ausdrücklich und polemisch gegen die Ästhetik des französischen Gartens abgesetzt wird. Der englische Garten wird ja auch als Landschaftspark bezeichnet, und Hirschfeld versteht ihn als ein Arrangement von Naturszenen, wie sie sich auch in der freien Natur finden. Er geht deshalb in seiner Theorie „Von den verschiedenen Charakteren der Landschaft und ihren Wirkungen" (Bd. 1, Hauptteil, 2. Abschnitt) aus. Ich zitiere den Anfang des entsprechenden Abschnitts.

> „Die Natur, die in allen ihren Werken eine schöne Mannigfaltigkeit und Abänderung herrschen läßt, hat auch über die Oberfläche der Erde diesen Reiz ausgebreitet. Sie hat den Landschaften eine so unterschiedliche Verschiedenheit von Lage und Bildung eingeprägt, daß zwo ganz gleichförmige Gegenden eine ebenso seltene Erscheinung seyn würden, als eine vollkommene Uebereinstimmung von zwey Menschengesichtern in Umriß und Zügen.
> Nicht so allgemein, als die bloße Wahrnehmung dieser Mannigfaltigkeit, ist bey den Menschen die Empfindung der Eindrücke, welche die verschiedenen Lagen in der Landschaft auf die Seele machen." (Hirschfeld 1779, Bd. I, 186)

Man sieht hier schon, daß er Landschaften in Hinblick auf ihren Empfindungscharakter betrachtet und auf eine Typologie von Landschaften abzielt, die er dann unter dem Begriff der Charaktere faßt. Es zeigt sich sogleich, daß er sich dabei von der Praxis und Denkweise des Bühnenbildes leiten läßt. Ich zitiere ein Stück weiter unten:

> „Jedes ruhige und aufmerksame Umherwandeln unter abwechselnden Scenen des Landes wird diese Erfahrung wiederholen.
> Der Mensch steht also in einem so nahen Verhältnis mit der Natur, daß er ihre Einwirkungen auf seine Seele nicht verläugnen kann. Er wird von dem Schönen, Lieblichen, Neuen, Großen und Wunderbaren, das sie ihm aufstellt, zu mannigfaltigen Bewegungen hingerissen. Sie hat Gegenden, die bald zur lebhaften Freude, bald zur ruhigen Ergötzung, bald zur sanften Melancholie, bald zur Ehrfurcht, Bewunderung und einer feyerlichen Erhebung der Seele, die nahe an die Andacht gränzt, einladen; aber auch Gegenden, die ein niederschlagendes Gefühl unsrer Bedürfnisse und Schwäche, Traurigkeit, Furcht, Schauder und Entsetzen einflößen." (a.a.O., 186)

Für die Einrichtung eines Parks englischen Typs empfiehlt er nun den Wechsel verschiedener landschaftlicher Szenen, von denen er im folgenden bestimmte charakteristische unter den Titeln *sanftmelancholisch, heiter, ernst heroisch, romantisch* angibt. Ich zitiere als Beispiel die Partie, in der Hirschfeld die sanftmelancholische Szene beschreibt und folge ihm dann darin, für die Erzeugung des sanftmelancholischen Charakters einzelne Elemente als Erzeugende zu benennen.

„Die sanftmelancholische Gegend bildet sich durch Versperrung aller Aussicht; durch Tiefen und Niedrigungen; durch dickes Gebüsch und Gehölz, oft schon durch bloße Gruppen von hohen starkbelaubten nahe an einander gedrängten Bäumen, in deren Wipfeln ein hohles Geräusch schwebt; durch stillstehendes oder dumpfmurmelndes Gewässer, dessen Anblick versteckt ist; durch Laubwerk von einem dunklen und schwärzlichen Grün, durch tiefherabhängende Blätter und überall verbreitete Schatten; durch die Abwesenheit alles dessen, was Leben und Wirksamkeit ankündigen kann. In einer solchen Gegend fallen sparsame Lichter nur durch, um den Einfluß der Dunkelheit vor dem Traurigen oder Fürchterlichen zu beschützen. Die Stille und die Einsamkeit haben hier ihre Heimath. Ein Vogel, der ungesellig umherflattert, ein unverständliches Geschwirre unbekannter Geschöpfe, eine Holztaube, die in dem hohlen Gipfel einer entlaubten Eiche girrt, oder eine verirrte Nachtigall, die ihre Leiden der Einöde klagt – ist zur Ausstaffirung der Scene schon hinreichend" (Hirschfeld 1779, Bd I, 211f.).

Hirschfeld gibt hier ziemlich klar verschiedene Elemente an, durch deren Zusammenspiel offenbar die sanftmelancholische Atmosphäre zustande kommt: Abgeschlossenheit und Stille; wenn Wasser da ist, muß es träge oder fast unbewegt sein; die Gegend muß schattig sein, Licht nur sparsam, um ein völliges Ausgleiten der Stimmung zu verhindern; die Farben dunkel – Hirschfeld spricht von schwärzlichem Grün. Andere Stellen seines Werkes, die mehr von den Mitteln ausgehen, sind noch deutlicher. So heißt es etwa im Kapitel *Wasser*:

„Die Dunkelheit hingegen, die auf Teichen und andern stillstehenden Gewässern ruhet, verbreitet Melancholie und Traurigkeit. Ein tiefes schweigendes, von Schilf und überhangendem Gesträuch verdunkeltes Wasser, das selbst das Licht der Sonne nicht erhellt, schickt sich sehr wohl für Sitze, die diesen Empfindungen gewidmet sind, für Einsiedeleyen, für Urnen und Denkmäler, welche die Freundschaft abgeschiedenen Geistern heiligt" (1779, Bd.I, 200 f.).

Entsprechend im Abschnitt über Gehölz:

„Besteht er (der Wald) dabey aus bejahrten an die Wolken ragenden Bäumen, und aus einem dichten und sehr dunkeln Laubwerk, so wird sein Charakter Ernst und eine gewisse feyerliche Würde seyn, der eine Art von Ehrfurcht einflößt. Gefühle der Ruhe durchschauern die Seele, und lassen sie, ohne eine vorsetzliche Entschließung, in ein gelassenes Nachsinnen, in ein holdes Staunen dahinschweben" (1779, Bd. I,198f.).

Die Kenntnis des Landschaftsgärtners besteht also nach Hirschfeld darin, zu wissen, durch welche Elemente der Charakter einer Gegend hervorgebracht wird. Solche Elemente sind Wasser, Licht und Schatten, Farbe, Gehölze, Hügel, Steine und Felsen, und schließlich auch Bauwerke. So empfiehlt Hirschfeld für die sanftmelancholische Gegend die Aufstellung von Urnen, Denkmälern oder Einsiedeleien. Mit diesen Texten von Hirschfeld haben wir ein Zeugnis dafür, daß die szenische Kunst, Atmosphären zu erzeugen, expliziert werden kann.

IX. Ekstasen

1. Eigenschaften und Ekstasen

Der Weg von den Atmosphären über die Physiognomie und Szenen führt schrittweise auf den Gegenstandspol der Wahrnehmung zu. Die Rede von den Erzeugenden von Atmosphären trug bereits der Erfahrung Rechnung, daß man durch Arrangements von Dingen und Setzen von Eigenschaften, d.h. durch Operieren mit Objekten, Atmosphären erzeugen kann. Könnte man nicht von hieraus gleich zu den Dingen – und freilich zu den Personen – übergehen? Wir nehmen Dinge und Personen wahr. Das ist richtig. Aber einerseits bezieht sich eine solche Aussage auf eine bestimmte Wahrnehmung, die nach unserer Analyse einen abgeleiteten Status hat, und andererseits würde ein solcher schneller Vorgriff auf das Ding oder die Personen die Frage erzwingen: Wodurch nehmen wir Dinge und Personen wahr? Wodurch werden sie in unserer Wahrnehmung spürbar? Wodurch machen sie sich als anwesend bemerkbar? Wir nennen dieses, wodurch Dinge in ihrer Anwesenheit spürbar werden, ihre *Ekstasen*.

Der Ausdruck *Ekstase* ist terminologisch zu verstehen, d.h. er wird eigens eingeführt für das, was er bezeichnen soll, nämlich für das, wodurch sich Dinge als anwesend bemerkbar machen. Dem Wortlaut des griechischen ἔκστασις entsprechend soll der Terminus dieses *Aus-sich-Heraustreten* des Dinges anzeigen. Dabei ist *Aus-sich-Heraustreten* durchaus räumlich gemeint. Es handelt sich um die Art und Weise, in der ein Ding in den Raum seiner Anwesenheit, seiner *sphaera activitatis* hinaustritt und so dort als anwesend spürbar wird.

Nun hätte man allerdings, wovon hier die Rede sein soll, auch gleich mit dem traditionellen Ausdruck *Eigenschaften* bezeichnen können. Man nimmt die Dinge wahr aufgrund ihrer *Eigenschaften* – das ist eine traditionelle und irgendwie selbstverständliche Auffassung. Aber der Eigenschaftsbegriff ist aus vielen Gründen unbrauchbar für das, was ich mit Ekstasen meine. Es wird sich die Aufgabe ergeben, zum Zwecke der Ästhetik Eigenschaften als Ekstasen umzudenken. Dabei wird sich allerdings zeigen, daß nicht alle Eigenschaften eines Dinges als Ekstasen gedacht werden können, d.h. als Weisen der Artikulation von Anwesenheit. Ich zähle einige Gründe dafür auf, den Eigenschaftsbegriff nicht zu benutzen.

a) Eigenschaften sind etwas, was die Dinge *haben*: Eigenschaften sind Bestimmungen, d.h. sie unterscheiden einerseits ein Ding von anderen und andererseits grenzen sie es ein. Beides ist aber für das, was mit Ekstasen gemeint ist, irrelevant. Wenn uns ein Ding in der Wahrnehmung erscheint, dann ist die Weise seiner Erscheinung nicht eine Bestimmung, d.h. eine Abgrenzung gegen andere Dinge oder ein Hinweis darauf, daß es ein *bestimmtes* Ding ist. So ist das Blau einer Tasse beispielsweise eine Artikulation ihrer Weise, für uns da zu sein, nicht eine Bestimmung, die sie von anderen Tassen unterscheidet.

b) Die Eigenschaften eines Dinges sind etwas, das dieses Ding hat, auch wenn es bloß gedacht wird. Dies ist eine ontologische Implikation, die im traditionellen Eigenschaftsbegriff steckt, auch wenn man das im alltäglichen Gebrauch nicht bemerkt. Wenn man beispielsweise sagt *der Ball ist rund*, dann wird dieser Satz logisch analysiert als Einheit von zwei Urteilen, nämlich einem Existenzurteil und einer Prädikation. Also: *der Ball ist rund* ist gleichbedeutend mit: *es gibt einen Ball* und *der ist rund*. Das Rundsein des Balles impliziert nach dieser Auffassung nicht, daß der Ball auch existiert. Diese Auffassung kulminiert in der Feststellung, die Kant gegen den ontologischen Gottesbeweis getroffen hat, nämlich daß Dasein kein Prädikat sei. Wenn Gott als das vollkommenste Wesen gedacht würde, dann müßte zu allem, was man ihm aufgrund seiner Vollkommenheit zuspricht, auch die Existenz gehören: das war das traditionelle Argument. Demgegenüber stellte Kant fest, daß man einem Etwas alle möglichen Prädikate zuschreiben kann und dann immer noch fragen, ob es als solches auch existiere. Wegen dieser im Eigenschaftsbegriff implizierten Ontologie kann Eigenschaft nicht gleich *Ekstase* gesetzt werden. Denn als Ekstasen sollen ja die *Artikulationen der Anwesenheit* eines Dinges bezeichnet werden, d.h. etwas, das ihm nur zukommt, insofern es auch existiert. Hier zeigt sich erneut, daß die Ästhetik im strikten Sinne Erscheinungslehre ist. Von Ekstasen der Dinge kann man nur reden, insofern man sich der Anwesenheit der Dinge aussetzt, d.h. genaugenommen nur aus der Erfahrung ihrer Anwesenheit heraus -, dann freilich auch in Erinnerung daran und möglicherweise auch im Vorgriff darauf. Aber wichtig bleibt, daß von Ekstasen zu reden nur Sinn hat, insofern Dinge in der Wahrnehmung gegeben sind und nicht bloß gedacht werden.

c) Daß es bei den Ekstasen um Dinge geht, insofern sie in der Wahrnehmung gegeben sind, schränkt die Verwendbarkeit des Eigenschaftsbegriffs noch weiter ein, denn Dinge sind nicht nur in der Wahrnehmung gegeben, sondern beispielsweise auch in Handlungskontexten. In Handlungskontexten haben sie aber Eigenschaften, die unter Umständen durchaus von denen verschieden sind, die man ihnen aufgrund der Wahrnehmung zusprechen würde. Martin Heidegger nennt Dinge im Handlungskontext Zeug und nennt die Eigenschaften, die sie qua Zeug haben, Bedeutsamkeit bzw. Dienlichkeiten. Nun ist, ob Dienlichkeit von etwas in die Wahrnehmung fällt oder, deutlicher gesagt: *in die Augen springt*, durchaus eine offene Frage. Man braucht einem Ding nicht anzusehen, wozu es gut ist. Dem Designer ist klar, daß es sich hier im Prinzip um zwei verschiedene Dimensionen handelt und daß die Forderung der Einheit von Ästhetik und Funktion einen besonderen Stil, nämlich etwa den des Bauhauses, ausmacht. Die Dienlichkeit eines Dinges kann durchaus unauffällig sein bzw. unter dem Dekor verschwinden. Zeigt sich hier, daß es Eigenschaften, beispielsweise die Dienlichkeit von etwas, gibt, die nicht als Ekstasen zu bezeichnen sind, so muß man ferner sagen, daß es auch bestimmte Wahrnehmungen von Dingen gibt, die man erst im Umgang mit ihnen macht. Die Wahrnehmungen von Härte, Biegsamkeit und dergleichen sind von dieser Art. Man redet hier traditionell von Dispositionsprädikaten, d.h. von Eigenschaften, die nur Dispositionen sind und erst bei entsprechenden Handlungen manifest werden. Hier ist also ein weiterer Eigenschaftstyp, den wir nicht als Ekstasen bezeichnen wollen. Zwar handelt es sich hier durchaus um Eigenschaften, die in die Wahrnehmung fallen. Aber wir wollen sie doch nicht Ekstasen nennen, weil es sich hier nicht um Artikulationen der Anwesenheit des Dinges, sondern eher des *Wesens* der Dinge, d.h. seiner Möglichkeiten handelt. Freilich ist diese Unterscheidung wohl nicht in jedem Einzelfall durchzuhalten.

Streng ist die Abgrenzung aber jedenfalls da, wo Dispositionsprädikate nicht relativ auf einen handelnden Menschen, der immer auch zugleich wahrnehmender ist, gedacht werden, sondern relativ auf ein anderes Ding. Dann nämlich sind Dispositionen lediglich die Möglichkeiten eines Dinges zur Wechselwirkung.

Diese letzte Möglichkeit darf man für den herrschenden Dingbegriff nicht unterschätzen. Unter der Dominanz naturwissenschaftlichen Wissens über alle anderen Wissensformen werden auch im Alltag die Dinge häufig so gedacht, wie sie als potentielle Wechselwirkungspartner zu bestimmen sind, auch dann, wenn sie faktisch nur in der Wahrnehmung gegeben sind. Wenn man beispielsweise von etwas sagt, es sei heiß, also etwa *das Wasser ist heiß*, dann meint man damit gewöhnlich seine Temperatur, d.h. eine Eigenschaft, die relativ zu einem Thermometer definiert ist, nicht etwa die spürbare Hitze, die physikalisch gesehen eher durch die Wärmeleitfähigkeit als durch die Temperatur bestimmt ist. Entsprechend bei Eigenschaften wie *schwer sein* oder *groß sein*. Mit beiden Prädikaten werden auch in der Alltagssprache meistens die Bestimmungen relativ zu bestimmten Meßoperationen verstanden, nicht relativ zur Wahrnehmung.

Demgegenüber soll es jetzt um das Ding gehen, strikt so, wie es in der Wahrnehmung gegeben ist, und als Ekstasen sollen diejenigen Eigenschaften bezeichnet werden, die und insofern sie die Anwesenheit des Dinges artikulieren.

2. Das Beispiel des Aristoteles

Für dieses Vorgehen gibt es ein historisches Vorbild in der Elementenlehre des Aristoteles. Aristoteles' Lehre von den vier Elementen – Feuer, Wasser, Erde, Luft – hat für das moderne Verständnis etwas Befremdliches, aber gerade für unser Unternehmen etwas Lehrreiches, weil er die Elemente durch Sinnesqualitäten definiert. Das wäre noch nicht anstößig, wenn er mit den Elementen gewissermaßen das Elementische, also etwas Atmosphärisches meinte, also das Feurige, das Wäßrige, das Erdige, das Luftige. Allerdings meint er das auch. Aber entscheidend ist, daß für ihn die Elemente durchaus Körper sind und durchaus Bausteine der übrigen physischen Welt. Feuer, Wasser, Erde, Luft werden von Aristoteles als die ἅπλα σώματα, die einfachen Körper, oder die πρώτα σώματα, die ersten Körper, bezeichnet. Die physische Welt, also die Natur, baut sich nach Aristoteles hierarchisch auf. Zuunterst und als solche noch nicht faßbar, setzt er die πρώτη ὕλη, die erste Materie, an. Sie tritt aber nur jeweils in Gestalt eines der vier Elemente in Erscheinung. Die vier Elemente bilden dann die Ebene der einfachsten Körper, die einfach sind, insofern sie nicht in andere zerlegt werden können. Dieser Elementbegriff ist bis heute für das landläufige Verständnis von *Element* maßgebend. Mit den Worten des Aristoteles:

> „Als Element sollen die Körper bezeichnet werden, in die die anderen Körper zerlegt werden, und die in ihnen der Möglichkeit nach oder der Wirklichkeit nach vorliegen. ... Selbst aber ist ein Element in anderes der Art nach nicht zu zerlegen“ (Über den Himmel, 3. Buch, 3, 302a 15-18).

Aus den Elementen bilden sich – das ist dann die nächste Schicht des natürlich Seienden – die homogenen Stoffe als Verbindungen. Als solche sieht er Fleisch, Blut und derartiges an. Danach kommen dann die Organe und schließlich die Lebewesen als höchste Form des natürlich Seienden.

Für uns nun ist, wie gesagt, interessant, daß Aristoteles die vier Elemente durch Sinnesqualitäten definiert. Und zwar jeweils kombinatorisch durch die beiden Paare warm/kalt und feucht/trocken. Danach ist das Feuer warm und trocken, die Luft warm und feucht, das Wasser kalt und feucht und die Erde kalt und trocken. Das Anstößige an dieser Definition der vier Elemente wird noch dadurch verstärkt, daß es sich bei diesen Bestimmungen nicht nur überhaupt um Qualitäten handelt, sondern zudem noch – nach modernem Verständnis – um sekundäre Sinnesqualitäten. Unter sekundären Sinnesqualitäten versteht man seit etwa Locke, d.h. also dem späten 17. Jahrhundert, solche Qualitäten, die Dingen nur relativ zur menschlichen Wahrnehmung zukommen. Solcher Art sind dann beispielsweise Farben, Wärme und natürlich auch Feuchtigkeit. Davon unterschied man die primären Qualitäten, die den Dingen *an sich* zukämen – und das waren in der Regel mathematische, d.h. das Volumen, dann aber auch Gewicht und ähnliches. Nach den in dieser Vorlesung getroffenen Unterscheidungen könnte man die Einteilung von primären und sekundären Qualitäten auch reproduzieren, indem man als die primären diejenigen bezeichnet, die sich durch Wechselwirkung mit anderen Dingen, insbesondere Meßapparaten, manifestieren, dagegen als die sekundären diejenigen, die Dingen nur als wahrgenommenen zugeschrieben werden können. Die Qualitäten, die nach Aristoteles die vier Elemente definieren, warm/kalt, feucht/trocken, sind in diesem Sinne sekundäre Qualitäten, strikt solche, die Dingen zukommen, insofern sie sinnlich wahrgenommen werden. Und damit haben wir natürlich auch die Pointe erreicht, die für uns das Beispiel des Aristoteles darstellt. Für ihn ist die Natur die Welt des *Wahrnehmbaren*, sie ist das *Aistheton*. Wahrnehmbarkeit gehört zu ihrem Wesen, gehört also auch zu allem einzelnen in der Natur und unterscheidet es von demjenigen, was bloß denkbar ist.

Die vier Qualitäten warm/kalt, feucht/trocken bestimmen nun die Elemente sogar spezifisch in ihrer *Körperlichkeit*. Sie seien nämlich diejenigen

Qualitäten, die dem Tastsinn entsprächen. Ich zitiere aus Aristoteles' Schrift *Über Entstehen und Vergehen* (2. Buch, 2, 329b 7-10):

> „Da wir die Prinzipien des sinnlich-wahrnehmbaren Körpers suchen und da dieser tastbar ist, und wiederum dasjenige ist, von dem die sinnliche Wahrnehmung Berührung (ἁφή) ist, so ist klar, daß nicht alle Gegensätze des Körpers eine Klassifikation und Prinzipien abgeben, sondern nur diejenigen, die sich auf den Tastsinn beziehen."

Nun würden wir Aristoteles allerdings zugeben, daß warm und kalt, feucht und trocken mit dem Tastsinn, d.h. durch Berührung gespürt werden. Allerdings würden wir als nachcartesische Menschen eher so etwas wie Druck und Stoß als definierende Eigenschaften von Körpern erwarten. Auch hier wieder sieht man, daß wir solche Qualitäten bevorzugen, die den Dingen als Körpern unter Körpern zukommen, d.h. aufgrund physischer Wechselwirkung manifest werden und nicht aufgrund von Wahrnehmungen. Die eher cartesische Definition von Körpern durch den Widerstand gegen Eindringen oder dann mehr newtonisch durch Masse, d.h. Widerstand gegen Beschleunigung, ist von der Art, daß, wenn wir sie als sinnliche Erfahrung fassen würden, wir uns selbst auch als *Körper* verstünden.[1]

Wir haben mit Aristoteles' Theorie der vier Elemente ein Beispiel vor Augen, wie Grundeigenschaften der Körperlichkeit als Ekstasen begriffen werden können. Der Grund für diese Theorie liegt natürlich darin, daß Aristoteles überhaupt die Natur als den Bereich des Wahrnehmbaren konzipiert. Auch uns scheint es zwar selbstverständlich, daß die Dinge der Natur wahrnehmbar sein müssen – wie sollten wir sonst von ihnen Kenntnis erhalten? Aber trotzdem würden wir die Wahrnehmbarkeit nicht zum Wesen der Dinge zählen. Wahrnehmbarkeit scheint uns den Dingen eher äußerlich zuzukommen aufgrund gewisser Konstellationen. *Was* ein Ding ist, so unterstellen wir, müßte es an sich sein und nicht bloß relativ zu anderem, insbesondere nicht zu uns als Wahrnehmenden. Wie täuschend dieses tiefliegende ontologische Vorurteil ist, sieht man an Beispielen wie dem Gewicht. Das Gewicht von etwas wird wie eine Eigenschaft behandelt, die ihm an sich zukommt. Faktisch sind Dinge natürlich nur schwer als Massen relativ zu anderen Massen. Natürlich bewegt sich dieses Beispiel ganz und gar im Feld jener Attribute, die wir den Dingen innerhalb der Dingwelt selbst zuschreiben, d.h. der objektiven. Wir sind damit immer noch weit entfernt davon, es für Dinge als wesentlich anzusehen, daß sie wahr-

1 Für Einzelheiten der Aristotelischen Vier-Elementen-Lehre siehe meinen Aufsatz *Aristoteles' Chemie eine Stoffwechselchemie,* in: Böhme 1993

genommen werden können. Um so erstaunlicher ist, daß man wenigstens bei einem neuzeitlichen Wissenschaftler, nämlich Isaac Newton, auf eine solche Auffassung trifft. In seiner Auseinandersetzung mit Descartes sagt Newton einmal: Man könne von allen Bestimmungen eines Körpers abstrahieren, ohne daß ihm genommen würde, was er ist, nämlich Körper zu sein, von allen Bestimmungen *außer* der Ausdehnung und der Wahrnehmbarkeit (Newton 1988, 57). Eine solche Feststellung von seiten eines Physikers zu hören, ist erstaunlich, denn es ist fraglich, ob Wahrnehmbarkeit für einen physikalischen Begriff vom Ding bzw. vom Körper notwendig ist. Uns aber geht es um einen ästhetischen Begriff des Dinges. Und von daher können wir sagen, jedenfalls fürs ästhetische Interesse, daß die Attribute von Dingen nicht als Eigenschaften konzipiert werden können, sondern vielmehr als Ekstasen konzipiert werden müssen.

3. Eigenschaften als Ekstasen

Wir kennen die Dinge durch ihre Eigenschaften und wir sind gewohnt, mittels ihrer Eigenschaften über sie zu sprechen. Die Dinge sind schwer, sie haben eine Form, sie haben eine Gestalt, sie haben eine Farbe, eine Oberfläche und eine Oberflächengestalt. Ein Sektor der ästhetischen Arbeit, Gestaltung genannt oder Design, versteht sich als eine Disziplin, Dingen solche Eigenschaften zu verleihen. Die Frage ist nur, worauf es dabei ankommt. Ich habe schon darauf hingewiesen, daß es eine prinzipielle Differenz von Funktion und ästhetischer Gestalt gibt. Natürlich sind beides Themen des Design, und ihre Einheit bzw. Differenz ist ein Hauptproblem des Design. Gleichwohl tut man so, als ob die Intention in beiden Dimensionen der Gestaltung dieselbe wäre: eben den Dingen Eigenschaften zu verleihen. In der ästhetischen Gestaltung geht es aber genaugenommen gar nicht um Eigenschaften, also um etwas, was die Dinge an sich haben und was sich in ihrem Gebrauch auswirken kann, etwas, das zweckmäßig sein und unzweckmäßig sein kann, sondern es geht um Ekstasen, d.h. um die Weise, wie Dinge aus sich heraustreten und wie sie sich im Raum präsentieren. Natürlich muß das Ekstatischsein den Dingen auch verliehen werden, indem man ihnen gewisse objektive Eigenschaften gibt. Daß diese Eigenschaften aber nicht als solche die Ekstasen sind, sieht man daran, daß es auch ganz unauffällige Eigenschaften gibt. Ferner kann es sein, daß Dinge sich quasi mit Eigenschaften präsentieren, die sie *an sich* gar nicht haben. Freilich werden dann Ekstasen und Eigenschaften äquivok in solcher Rede bezeichnet. Als Beispiel für beides denke man an die Schwere. Schwere ist an sich eine unauffällige Eigenschaft. Aber man kann sie einem Ding auch durchaus ansehen, und umgekehrt kann es auch schwer aussehen, ohne es zu sein. Es ergibt sich für uns deshalb die doppelte Aufgabe, einerseits Eigenschaften als Ekstasen zu denken und andererseits herauszufinden, wodurch eine Eigenschaft überhaupt zur Ekstase wird, d.h. also nicht unauffällig das Ding bestimmt, sondern aus sich heraustritt und sich bemerkbar macht.

Beginnen wir noch einmal mit den Farben, und zwar als Farben der Dinge oder Oberflächenfarben. Sie sind prototypisch für Ekstasen. Genaugenommen sind sie ja überhaupt keine Eigenschaften der Dinge an sich, sondern charakterisieren die Dinge nur insofern sie wahrgenommen werden. Physikalisch gesehen haben die Dinge keine Farben, sondern allenfalls gewisse Oberflächenstrukturen und bestimmte Resorptions- und Dispersionseigenschaften gegenüber dem Licht. Natürlich wissen wir auch, daß die Dinge nicht etwa selbst farbiges Licht ausstrahlen bzw., genaugenommen, Licht bestimmter Frequenz oder bestimmter Frequenzzusammensetzung, sondern nur einfallendes Licht in bestimmter Weise zurückstrahlen. Die Wahrnehmungserfahrung ist aber nicht von dieser Art, dieses physikalische Wissen spielt in der Wahrnehmung selbst keine Rolle. Vielmehr *scheinen* die Dinge in bestimmten Farben, sie sprechen uns mittels ihrer Farben an, kommen gewissermaßen farbig auf uns zu. Wenn diese Erfahrung besonders deutlich ist, sprechen wir auch von *strahlenden* Farben. Strahlende Farben sind solche, bei denen das Ekstatischsein der Farben besonders deutlich, ja aufdringlich wird. Die Erfahrung ist dann offenbar so, als seien die farbigen Dinge selbst Leuchten.

Halten wir zunächst fest: Farben leuchten, Farben scheinen. Dieses Leuchten und Scheinen der Farben ist natürlich noch genauer zu untersuchen. Zunächst müssen wir aber etwas Wichtiges feststellen, nämlich daß die Dinge nicht immer farbig heraustreten, sondern daß es dafür eine bestimmte Bedingung gibt, nämlich die Helligkeit. Ich sage mit Absicht nicht *Licht*, weil unser Vorverständnis von Licht ein verdinglichendes ist[2]: Licht als ein Etwas, das von der Quelle ausgeht und sich strahlenförmig oder wellenförmig durch den Raum verbreitet. Davon ist natürlich in der Farbwahrnehmung keine Rede. Wohl aber ist es eine Wahrnehmung, daß

2 Zu dieser Unterscheidung siehe meinen Aufsatz *Licht als Atmosphäre*, in: Böhme 1998b.

die Dinge im Dunkeln nicht farbig sind, wohl aber im Hellen. Das Helle ist das Medium für Farbigkeit, gewissermaßen die szenische Voraussetzung, damit die Dinge sich farbig zeigen können.

Diese Verhältnisse sind in der aristotelischen Wahrnehmungslehre sehr schön dargestellt. Die Helligkeit bezeichnet er in *de anima* als die Parousie des Feuers im Durchscheinenden. Das Durchscheinende ist eine bestimmte Natur in Wasser oder Luft. Diese Natur wird durch die Anwesenheit des Feuers angeregt. Die Farbigkeit, durch die die Dinge sichtbar werden, ist dann eine Modifikation der Helligkeit.

Gehen wir nach dieser historischen Abschweifung zu unserer Konzeption der Farben als Ekstasen zurück: Farben können nur erscheinen in einem Medium bzw. einer szenischen Voraussetzung, nämlich der Helligkeit. Das heißt, daß die Farben Wirklichkeiten im strengen Sinne sind, nämlich Aktualitätszustände. Das zeigt einmal mehr, daß sie keine Eigenschaften der Dinge sein können. Sie sind eben vielmehr eine bestimmte Wirklichkeit. Wenn man weiter danach fragt, welcher Art diese Wirklichkeit ist, dann werden wir zu der Untersuchung über Synästhesien zurückgeführt (VI.): Farben sind Erzeugende für Atmosphären vom Charakter der Synästhesien.

Sind Farben durchweg als Ekstasen anzusehen, d.h. als Weisen, in der die Dinge ihre Anwesenheit artikulieren? Gibt es nicht auch unauffällige Farben und ist es nicht notwendig, daß im Gegenstandsgedränge Dinge trotz ihrer Farben in die Unauffälligkeit gedrängt werden? Dazu muß man zunächst feststellen, daß Farben als Ekstasen den ganzen Raum modifizieren. Gerade weil sie nicht Eigenschaften von Dingen sind, sind sie auch nicht räumlich auf den Ort des Dinges beschränkt, sondern sie strahlen in den ganzen Raum aus. Das bedeutet natürlich, daß es in der Farbigkeit der Dinge eine Konkurrenz gibt, d.h. Verdrängung und Unterdrückung, aber andererseits durchaus Verbindung bzw. gegenseitige Steigerung. Ist Farbigkeit als solche ekstatisch, so gibt es offenbar gewissermaßen ein Heraustreten auf der zweiten Ebene, nämlich innerhalb des Konzertes der Farben. Damit werden wir auf den wichtigen Punkt geführt, daß das Ekstatischsein der Dinge häufig nicht in den Farben selbst liegt, sondern in deren Artikulation. Das heißt in Kontrast, in Konkurrenz, in Punktualität, Grenze usw. Ich verlasse dieses Gebiet, das weiter auszuführen wieder eine Explikation von Praxiswissen voraussetzen würde. Nur zweierlei noch: Erstens sind verschiedene Farben, gesehen als Ekstasen, nicht gleichwertig. Vielmehr sind sie als Weisen des Hervortretens von unterschiedlicher

Intensität. Ferner gibt es auch bei der einzelnen Farbe noch innere Dimensionen der Steigerung, von denen eine das Scheinen selbst ist, nämlich der Glanz oder der Schimmer. Es ist charakteristisch für die kapitalistische Entwicklung der jüngsten Zeit, daß trotz aller Schwankungen in anderen Dimensionen jedenfalls in dieser ein deutliches Wachstum zu verzeichnen ist: die Farben sind immer glänzender geworden.

Für die weiteren Eigenschaften von Dingen muß ich mich kurz fassen, obgleich hier noch wichtige Rekonzeptualisierungsarbeit zu leisten ist. Diese Arbeit entspricht in etwa dem, was unter dem Stichwort Physiognomie durchgeführt wurde, nämlich daß es darauf ankommt, Charakter nicht mehr als inneres Wesen, sondern als Wesen in der Erscheinung zu lesen. Hier geht es darum, allgemein Eigenschaften von Dingen nicht als Bestimmungen, d.h. als etwas, was die Dinge ein- und abgrenzt zu verstehen, sondern gerade umgekehrt als Ekstasen, als etwas, durch das sie aus sich heraustreten und sich zeigen. Für zwei Bereiche ist das wiederum recht einfach, weil es sich hier ohnehin um Äußerungsformen handelt, nämlich für die Bereiche des Geruchs und der Stimme. Unter Stimme sei dabei die charakteristische Weise zu tönen verstanden, durch die etwas oder jemand im Raum präsent ist. Geruch und Stimme werden im gewöhnlichen Verständnis der Dinge nicht als ihre Eigenschaften angesehen. Ein Ding ist, was es ist, und dann kann es sich gelegentlich auch noch äußern, indem es riecht oder tönt. Der Grund ist natürlich auch hier wieder darin zu sehen, daß man versucht, das, was etwas ist, durch das zu bestimmen, was es an sich ist, und ferner durch Eigenschaften, die es immer hat. Geruch und Stimme dagegen sind als Äußerungsformen wiederum nur in der Aktualität gegeben. Sie können auch ruhen oder latent sein. Für eine ästhetische Zugangsweise zur Welt und hier speziell zu den Dingen, sind sie aber außerordentlich wichtig. Geruch und Stimme sind als Äußerungsformen in einer Weise charakteristisch für Dinge wie übrigens auch für Tiere und Menschen, daß über sie eine Identifizierung bis zur absoluten Singularität möglich ist.

Das ist übrigens, nebenbei gesagt, ein interessanter Punkt. Allgemein gilt ja philosophisch der Satz *individuum est ineffabile*, d.h. das Individuum ist als solches unaussprechbar. Man kann nämlich, was immer man über es sagt, nur in allgemeinen Termini sagen. In objektiver Zugangsweise zu den Dingen ist deshalb eine Identifizierung von Individuen allenfalls über raumzeitliche Koordinaten möglich. In sinnlicher Gegebenheit dagegen, insbesondere in Gegebenheit durch Geruch und Stimme, kann ein

Individuum in schlechthinniger Singularität gegeben sein. Von dieser Möglichkeit wird bereits im Tierreich Gebrauch gemacht, insbesondere zur Wiedererkennung der Eltern- bzw. Kindindividuen.

Geruch und Stimme sind also charakteristische Weisen, in denen die Dinge ihre Anwesenheit markieren, und zwar als sie selbst bis zur schlechthinnigen Singularität. Sie sind deshalb unstrittig Beispiele für Ekstasen. Allerdings könnte man fragen, ob wir sie nicht mit den Dispositionsprädikaten ausgeschlossen haben. Insbesondere bei der Stimme oder dem Ton muß man ja sagen, daß es zu deren Aktualisierung des Anschlagens, gegebenenfalls des Anblasens oder Streichens bedarf. Hatten wir nicht als Dispositionsprädikate diejenigen Eigenschaften vom Bereich der Ekstasen ausgeschlossen, die sich nur in Wechselwirkung manifestieren? Nun ist Anschlagen oder Anblasen durchaus eine Wechselwirkung mit dem Gegenstand. Aber was sich als Ton manifestiert, liegt auf einer anderen Ebene als der Widerstand, den man beispielsweise im Anschlagen erfährt. Es ist schwer, die Differenz deutlich zu machen, ohne auf physikalische Begriffe zurückzugreifen. Deshalb sei dies hier ausnahmsweise erlaubt. In der Wechselwirkung geht es um einen energetischen Austausch, während es bei der Äußerungsform um Kommunikation, d.h. also um einen informationellen Austausch geht. Einer Schale wird beispielsweise durch einen Anschlag ein Kraftstoß versetzt, d.h. ein Impuls wird übermittelt. Dieser aber regt dann die Schale zu Eigenschwingungen an, und die Form dieser Eigenschwingungen, ihre Frequenz, besser gesagt, ihr Frequenzspektrum ist dann die Äußerungsform. Durch diese Erläuterung dürfte klar sein, daß Geruch und Stimme nicht Dispositionsprädikate, sondern Ekstasen sind. Man sieht aber insbesondere an dem Beispiel Stimme, daß es sein kann, daß ein Etwas häufig dafür, sich zu zeigen, auf anderes angewiesen sein kann. Wir dürfen das Sich-zeigen von etwas und sicher auch von jemandem nicht mit Spontaneität oder Selbsttätigkeit gleichsetzen.

Wenn wir Geruch und Stimme als wesentlich zum Ding gehörig verstehen, so handelt es sich natürlich um das Ding in der Wahrnehmung oder das Ding als phänomenale Wirklichkeit. Es könnte zweckmäßig sein, den Dingbegriff hier überhaupt zu vermeiden, weil er – schon vom Wortsinn her – eher zur Realität als zur phänomenalen Wirklichkeit gehört. Aber es fehlt ein geeigneter Terminus für das, was wir *Ding in der Erscheinung* nennen. Der Philosoph Alfred North Whitehead (1929/1957) spricht hier von *actual entities*. Das würde auch wieder der Terminologie entsprechen, die der Maler Albers verwendete, der bei Farben in der Erscheinung von *actual facts* sprach. Immerhin ist es interessant zu sehen, daß es in der europäischen Ideengeschichte wenigstens *ein* Dingmodell gibt, das den Bedürfnissen einer ästhetischen Theorie entspricht. Und zwar ist das das Dingmodell des Jacob Böhme[3]. Jacob Böhme begreift das Ding als ein Musikinstrument. Ein Ding hat ein Wesen oder eine Essenz. Diese ist aber nicht von sich aus und auch nicht als solche vernehmbar. Andererseits ist die ganze Struktur des Dinges auf Offenbarung des Wesens hin angelegt. Der Körper ist Resonanzboden, und er hat durch Schnitt, Bespannung oder Aushöhlungen eine *Stimmung*. Diese Stimmung bezeichnet Böhme als die Signatur. Die Signatur ist gewissermaßen Hemmung bzw. die Artikulationsform, durch die ein Ding sich äußern kann. Die Äußerung – dann *Ton* oder *Hall* genannt – kommt dadurch zustande, daß der „Geist" die Essenz anregt. Dieser Geist ist für das Ganze der Welt natürlich der Geist Gottes. Böhme verwendet für diese Anregung auch das Bild des Anschlagens einer Glocke. Natürlich sieht man, daß Böhme für sein Dingmodell die Differenz von innen und außen braucht. Entscheidend ist aber, daß er die Äußerungsform als wesentlich zum Dinge gehörig ansieht, er gibt ihr terminologisch den Namen *Ton* oder manchmal auch *Ruch*. Trotz der implizierten Schöpfungstheologie – die ganze Schöpfung ist Wort Gottes – und der Differenz von Sich-zeigen und Sich-Verbergen, muß man sagen, daß Jacob Böhme ein Dingmodell hat, das ganz wesentlich von der sinnlichen Erfahrung von Dingen her konzipiert ist.

Mit Geruch und Stimme haben wir neben den Farben wiederum Beispiele besprochen, bei denen es relativ leicht ist, von den Eigenschaften zu den Äußerungsformen überzugehen. Es seien deshalb zum Abschluß noch drei Beispiele besprochen, bei denen es schwerer fällt, den Übergang von Eigenschaft zu Äußerungsform zu vollziehen. Eines hatte ich zuvor schon genannt, nämlich das Beispiel *Schwere*. Schwere ist ebenso wie Volumen und Form für Design, Plastik und Architektur von großer Bedeutung. Hier geht es ja in besonderem Maße nicht um die Eigenschaften, die die Dinge haben bzw. die sich im interaktiven Umgang mit ihnen zeigen können, d.h. um die Dispositionsprädikate, sondern darum, wie sie *wirken*. Bei einer Plastik oder einem Gebäude beispielsweise ist es, ästhetisch gesehen, uninteressant, ob sie schwer sind, dagegen aber von größtem Interesse, ob sie gewichtig wirken, behäbig, massiv oder schwer usw. Schwere als Ekstase verstanden artikuliert sich über Weisen des Aufruhens, auch der

3 Siehe dazu meinen Artikel *Jacob Böhme*, in: Böhme 1989.

Volumengestalt, der Linienführung, entsprechend natürlich auch Leichtigkeit. So redet man beispielsweise von der Leichtigkeit einer Brücke. Diese hat am allerwenigsten mit ihrem realen Gewicht, vielmehr dagegen mit der Gestaltung der Aufruhpunkte, der Bogenführung und dergleichen zu tun. Ähnlich ist es mit dem Volumen. Das Volumen von etwas wird ja in besonderem Maße als eine objektive Eigenschaft, sogar als eine primäre Qualität, d.h. als etwas, das einem Ding unabhängig von der sinnlichen Wahrnehmung zukommt, angesehen. Es gibt aber eine entsprechende Ekstase, die man *Voluminösität* nennen könnte oder vielleicht auch *Mächtigkeit*. Wir haben am Anfang der Vorlesung mit dem Beispiel des Baumes, in dessen Schatten man tritt, schon eine entsprechende Erfahrung erwähnt. Voluminösität oder Mächtigkeit wird in besonderem Maße leiblich gespürt. Was da gespürt wird, ist nicht eigentlich der Raum, den das Ding real einnimmt, – der kann einem tatsächlich ganz gleichgültig sein, – sondern gewissermaßen der Raum, den es beansprucht. Die Ekstase der Voluminösität wird deshalb auch nicht oder jedenfalls nicht bloß durch das reale Volumen erzeugt, sondern auch durch die Stellung, die Konstellation zu anderen Dingen, durch Abstandsbildung und natürlich auch durch die Gestalt. Man kann das sehr gut studieren, wenn man quantitativ ein und dasselbe Volumen etwa als Kugel, als Quader, als Säule, als Pyramide präsentiert.

Schließlich und zum Abschluß die Gestalten. Dabei ist sowohl an Raumgestalten als auch an Linienführungen in der Ebene zu denken. Hier sind wir durch die Herrschaft der Geometrie gewohnt, sie als objektive Eigenschaften anzusehen. Ästhetisch gesehen geht es aber darum, wie sie *wirken*, d.h. was eine Linienführung ausstrahlt, wie sie einen Raum zur spürbaren Anwesenheit von etwas macht. Hier gibt es wie bei den Farben einerseits eine szenische Wirkung, d.h. eine Art Abfärben auf anderes, was mit da ist, beispielsweise auf andere Linien. Linien können so, als was sie erscheinen, sich gegenseitig beeinflussen bzw. zusammen ein Ganzes ausmachen. Die ekstatische Wirkung andererseits wird direkt dadurch erfahren, wie man die Linienführung spürt. Dafür haben wir bereits einen Begriff eingeführt, nämlich den der Bewegungsanmutung. Den Linien als Erzeugenden verstanden entsprechen die atmosphärischen Charaktere der Bewegungsanmutungen. Ihr Schwingen, ihr Aufstreben, ihr Geknicktsein werden dynamisch erfahren im virtuellen Mitvollzug. Das Gerade, das Runde, das Eckige sind charakteristische Weisen, in denen die Möglichkeit von Bewegung gespürt wird. Wenn wir hier ins einzelne gehen und die einfachen Grundformen der Linie verlassen, werden wir unmerklich in den

Bereich des Gestischen übergehen. Auch Gesten erzeugen natürlich Bewegungsanmutungen, aber sie haben auch eine Bedeutung und sind deshalb von Konventionen abhängig. Sie gehören durchaus zu den Ekstasen, aber gleichzeitig auch zu den Zeichen – und das ist ein anderes Thema, das Thema der nächsten Vorlesung.

X. Zeichen und Symbole

1. Semiotik und Hermeneutik

In der Einleitung zu dieser Vorlesung wurde bereits erwähnt, daß die neue Ästhetik, herausgefordert durch die Probleme der Naturästhetik und der Ästhetisierung des Realen, die Verengung der Ästhetik auf Semiotik und Hermeneutik überwinden müsse. Semiotik ist die Lehre von den Zeichen, Hermeneutik die Kunstlehre des Verstehens. Daß diese Disziplinen die Ästhetik dominieren, hat natürlich auch damit zu tun, daß Ästhetik wesentlich Theorie des Kunstwerks war. Hier schien es gewissermaßen der Königsweg zu sein, Kunstwerke als Zeichen oder Zeichenkomplexe aufzufassen und die eigentliche Leistung der Ästhetik darin zu sehen, das Verstehen von Kunstwerken zu befördern. Sind nicht Kunstwerke Darstellungen von etwas, sei es nun im Sinne von Abbildung oder auch im Sinne von Zur-Erscheinung-bringen von etwas bloß Gedachtem oder Gefühltem? Sind Kunstwerke nicht Ausdruck von etwas? Ist es deshalb nicht plausibel, die Ästhetik als Theorie des Kunstwerks durch die Relation von Zeichen und Bedeutung, Signifikant und Signifikat zu konzipieren? Und ist nicht, was man von der ästhetischen Theorie erwartet, eine Verstehenshilfe angesichts der oft befremdlichen und schockierenden Konfrontation mit moderner Kunst? Aber es sind bereits die modernen Künstler selbst, die sich – zum Teil mit Vehemenz – gegen derartige Vermittlungsangebote gewehrt haben. Das Kunstwerk sei ein Ding wie andere auch, das Bild sei eine gestaltete Leinwand, das Kunstwerk, gerade es, verweise auf nichts und sei nur es selbst. Es ist bemerkenswert, eine verwandte Abwehr selbst dort zu vernehmen, wo es sich um sprachliche Kunstwerke handelt. Walter Benjamin schreibt in seinem Essay *Die Aufgabe des Übersetzers*, der seinen Baudelaire-Übersetzungen vorangestellt ist:

> „Was ‚sagt' denn eine Dichtung? Was teilt sie mit? Sehr wenig dem, der sie versteht. Ihr Wesentliches ist nicht Mitteilung, nicht Aussage" (Benjamin 1991, Bd. IV, 1,9).

Erweist sich der semiotische und hermeneutische Zugang bereits angesichts vieler Beispiele moderner Kunst als inadäquat, wieviel mehr gilt das für eine allgemeine Ästhetik, die auch Ästhetik der Natur sein soll und Theorie einer ästhetisierten Realität. Was die Ästhetik der Natur angeht, so fällt bereits bei dem ersten systematisch ausgearbeiteten Beispiel einer Naturästhetik, nämlich der von Martin Seel (1991), auf, daß sie weder Hermeneutik noch Semiotik ist. Ihre Grundbegriffe sind: Kontemplation, Korrespondenz und Imagination. Alle drei beziehen sich auf *Erfahrungsweisen* des ästhetischen Subjektes angesichts der Natur.

Galt es nun, durch den hier verfolgten Ansatz die Ästhetik ausdrücklich aus der Verengung auf Semiotik und Hermeneutik zu befreien, und war es auch über lange Strecken möglich, von diesen Disziplinen abzusehen oder sie gewissermaßen als komplementäre Theorien auf sich beruhen zu lassen, so drängen sich doch Zeichen und Symbole auch quasi aus dem Innern unseres Neuansatzes der Ästhetik auf.

Es sei deshalb zunächst an die einschlägigen Stellen erinnert. Bei den Synästhesien zeigte sich, daß die „sinnlich-sittliche Wirkung" von Farben zum Teil auf Konventionen beruht. Ob das dazu zwingt, sie in solchen Fällen als Zeichen oder Anzeichen zu deuten, ist nicht ausgemacht. Jedenfalls *kann* man etwa die Trauerfarbe Schwarz als *Anzeichen* von Trauer lesen. Beim Thema Physiognomie war es nicht leicht, Begriffe wie Zeichen und Verstehen fernzuhalten. Selbst mit der Neudeutung der Physiognomie als Eindruckspotential läßt sich das alltägliche Physiognomieren, d.h. das Verstehen von Gesichtszügen als Anzeichen von etwas, nicht abhalten. Unzweifelhaft ist, daß das Mienenspiel als Symptom von Gemütsbewegungen verstanden werden kann. Aber ob der hier adäquate Verstehensbegriff ein Verstehen von *Zeichen* sein muß, bleibt noch dahingestellt.

Bei den Szenen haben wir uns zwar konzentriert auf Szenen, die Stimmungen erzeugen. Gleichwohl war deutlich, daß es auch Szenen gibt, deren Charakter gesellschaftlich ist. Beispiele waren die *kleinbürgerliche Atmosphäre* oder die *Atmosphäre der zwanziger Jahre*. Die Frage, wie solche Charaktere erzeugt werden, führte auf Insignien und Symbole als Bestandsstücke der zugehörigen szenischen Arrangements. Und schließlich die Ekstasen: Schon die Durchsicht von Eigenschaften des Dinges erbrachte solche, die *verstanden* werden müssen, nämlich Bedeutsamkeiten und Dienlichkeiten. Aber auch unter den Ekstasen selbst gab es solche mit Zeichencharakter, nämlich die Gesten und die Gebärden. Und schließlich war jenes Grundbeispiel von Aus-sich-Heraustreten und atmosphärischer Präsenz, die Stimme, nur eingeschränkt ohne Zuhilfenahme des Zeichenbegriffs zu behandeln. Denn die Artikulation der Stimme wird unweigerlich zur Sprache, und diese ist das Grundmodell für jede semiotische und hermeneutische Betrachtung.

Es ist nun die Frage, auf welche Weise der Zeichenbegriff und damit Semiotik und Hermeneutik in die neue Ästhetik einzuführen sind. Wenn der Maler René Magritte (1985, 44) feststellt, daß es je eine fundamental andere Art sei, wie wir Bilder sehen und wie wir Schrift lesen, so dürfte der Unterschied zwischen dem Spüren von Atmosphären und dem Deuten von Zeichen noch radikaler sein. Es ist auch damit zu rechnen, daß von einem Ansatz der Ästhetik als einer Theorie sinnlicher Wahrnehmung die Hermeneutik und die Semiotik nicht vollständig eingeholt werden können. Das Deuten von Zeichen und das Verstehen von Sinn sind immer auch intellektuelle Prozesse und überschreiten als solche die Sinnlichkeit. Man sollte deshalb nicht in den analogen Fehler verfallen, den etwa die Semiotik begeht, indem sie etwas, was jenseits ihrer Reichweite liegt, durch hybride Begriffsbildung einzuholen bestrebt ist, etwa durch den Begriff des ikonischen Zeichens, durch den Bilder als Zeichentypen subsumiert werden sollen. An irgendeiner Stelle ist mit einem Umschlagen der Wahrnehmungsweise, nämlich von einem Spüren der Atmosphären zum Lesen von Zeichen, zu rechnen. Um so wichtiger ist es, die Analyse bis an die Punkte heranzuführen, an denen dieses Umschlagen geschieht. Wir sollten also die Analyse an solchen Phänomenen ansetzen, die auf beide Weise wahrgenommen werden können. Dies werden natürlich gerade Phänomene sein, die von seiten der Semiotik wiederum nur mit hybriden Zeichenbegriffen konzipiert werden können. Eine entsprechende Untersuchung wäre nach dem Hinweis von Magritte die Frage nach dem Bild. Da diese aber für den gegenwärtigen Kontext zu komplex ist[1], soll das Symbol den Ausgangspunkt der Überlegungen bilden.

2. Symbol

Der Ausdruck *Symbol* wird natürlich in sehr verschiedenen Bedeutungen gebraucht, und er taucht auch innerhalb der Semiotik terminologisch als ein bestimmter Zeichentyp auf. Für unseren Zusammenhang soll mit *Symbol* ein besonderes zeichentheoretisch relevantes Phänomen bezeich-

1 Siehe aber: Böhme 1999e.

net werden, nämlich ein Zeichen, das *ist*, was es bedeutet. Dazu muß zunächst unterstrichen werden, daß für die Semiotik die Differenz von Zeichen und Bedeutung konstitutiv ist. Sie lebt gewissermaßen von dieser Differenz. Das Phänomen des Zeichens ist überhaupt nur ein Phänomen eigener Art, weil es gewissermaßen das schlichte Sein aufbricht. Wir haben es hier mit einem Etwas zu tun, das nicht in dem aufgeht, was es ist, sondern auf etwas anderes verweist. Für solche Zeichentheoretiker, die darauf bestehen, daß alle Zeichen konventionell sind bzw., genauer gesagt, daß die Zuordnung von Zeichen und Bezeichnetem konventionell ist, also für solche Theoretiker wie zum Beispiel Umberto Eco (1977), wird das Symbol im soeben definierten Sinne noch kritischer, insofern es für sie keine „natürliche" Beziehung zwischen dem Zeichen und dem Bezeichneten geben darf – etwa durch strukturelle Verwandtschaft.

Ich wähle als Typ jener hybriden Zeichen, die sind, was sie bedeuten, die sogenannten Insignien. Im Wort steckt auch das lateinische Signum, Zeichen. Die Insignien sind Zeichen staatlicher, ständischer oder kirchlicher Macht und Würde. Bekannt ist der Reichsapfel als Insignium der Königs- oder Kaiserwürde. Natürlich sind solche Insignien einerseits Kennzeichen – der Träger des Reichsapfels ist der König -, andererseits Bedeutungsträger – der Reichsapfel bedeutet das Reich. Aber entscheidend ist nun, daß sie in gewisser Weise das, worauf sie verweisen, also etwa Würde und Herrschaft, selbst sind. „Im Mittelalter erbten sich bestimmte Insignien fort; erst ihr tatsächlicher Besitz sicherte die Herrschaft", schreibt der Brockhaus zum Stichwort *Insignien* (1986, Bd. 10, 539). Es ist klar: Als natürliche Person ist niemand König. Das König-sein ist, würden *wir* sagen, eine gesellschaftlich definierte Position, in die eine natürliche Person eintreten kann. Ein solcher Eintritt wird gewöhnlich durch gewisse Zeremonien vollzogen, beispielsweise die Krönung oder eben die Übergabe der Reichsinsignien. Diese Verhältnisse kann man nun offenbar auch so auffassen, daß man die Position des Königs in den Reichsinsignien *symbolisiert* sieht und die Königswürde der natürlichen Person durch Übergabe der Insignien *symbolisch* verliehen wird. Wenn die gesellschaftliche Konvention nun so ist, daß man nur durch den tatsächlichen Besitz der Insignien zum König wird, wird *in* den Insignien die Würde selbst übergeben. Diese Zeichen sind also in gewisser Weise das, was sie bedeuten.

Die eigentümliche Zwitterstellung der Insignien, zugleich Zeichen und Wirklichkeit des Bezeichneten zu sein, hat in der gesellschaftlichen Praxis dazu geführt, daß die Achtung, die den Zeichenträgern gebührte, auch den

Zeichen selbst zukam. Denn den Zeichenträgern gebührte sie ja nur, insofern sie Träger der *Zeichen* waren. Solche Verhältnisse finden sich natürlich nicht nur im politisch-juristischen Bereich, sondern auch im kirchlich-religiösen. Hier wird das Kreuz gegrüßt und die Marienstatue verehrt. Damit haben wir ein erstes Beispiel dafür, daß auch Bilder *sein* können, was sie bedeuten. Im höfischen Zeremoniell wurde dem Bildnis des Fürsten häufig die Achtung erwiesen, die dem Fürsten gebührte. Im Gerichtswesen war es möglich, jemanden *in effigie* zu verurteilen und sogar *in effigie* die Strafe zu vollstrecken, *in effigie*, d.h. soviel wie im Bild bzw. am Bild. Eine entsprechende Praxis im medizinischen Bereich, Heilung und Tötung *in effigie*, würden wir als illegitim ansehen. Sie zeugt aber davon, daß auch hier ein Bildgebrauch herrschte, der unserem Begriff von Symbol entspricht: Die Bilder sind, was sie darstellen.

Wir haben mit den Insignien und den Bildern, genauer genommen *manchen* Bildern, Beispiele vor Augen für das, was ich Symbol genannt habe, von der Semiotik her gesehen für Zeichen, die zugleich das sind, was sie bezeichnen. In unserem Zusammenhang sollten wir die Verhältnisse aber so betrachten, daß die Zeichenhaftigkeit gewissermaßen aus einer bestimmten Seinsweise geboren wird, ein Produkt der Ausdifferenzierung und der Ernüchterung darstellt. Dazu müssen wir die beiden Beispiele noch einmal genauer betrachten: sowohl das Beispiel *Insignien* als auch das der Bilder innerhalb einer bestimmten Bildpragmatik, in der Bildern Verehrung gezollt wird, in der es Gerichtsurteile mit und Bestrafung an Bildern gibt. Diesen Beispielen haftet ja für unser Verständnis etwas Magisches an. Da wir aus unserer nüchternen, nachaufklärerischen Weltsicht die Beispiele primär vom Zeichencharakter her deuten, scheinen sie uns eine magische Anwesenheit der Sache in seinem Zeichen oder eine Beschwörung der Sache durch das Zeichen zu enthalten. Ich möchte, um diesem Eindruck entgegenzutreten, ein Beispiel aus unserer Lebenswelt nehmen, und zwar das Geld. Auch das Geld ist ein Beispiel für die eigentümliche Doppelheit von Zeichen und Sache selbst. Ein Geldschein bezeichnet etwa den Wert von zehn Mark. Aber merkwürdigerweise *hat* der Geldschein auch den Wert von zehn Mark. Das sieht man daran, daß man diesen Wert, der einem durch den Geldschein zur Verfügung stand, durch Verbrennen des Scheines vernichten kann. Natürlich müßte das nicht so sein. Die Einheit von Zeichen und Wert war bei Geld zunächst durch die Goldwährung faktisch gegeben. Der Übergang zur Papierwährung bedeutete in der Tat zunächst nur den Übergang zu Zeichen, die einem die Berechtigung auf einen Wert, nämlich den Goldwert gaben.

Und diese Berechtigung war gesellschaftlich abgesichert. In dem Moment aber, wo man die Golddeckung für eine Währung aufgibt, ist das nicht mehr der Fall. In diesem Moment kann der Wert mit der Vernichtung des Geldscheins selbst vernichtet werden, d.h. der Wert, den der Geldschein anzeigt, ist der Wert dieses Geldscheins selbst. Natürlich könnte man sagen, daß der Wert damit etwas rein Imaginäres sei. Und das ist auch zutreffend, nur daß Gesellschaftliches überhaupt imaginär ist (Castoriadis, 1984). So etwas wie König sein, Würde haben und dergleichen liegt nicht auf der Ebene der Realität, sondern auf der Ebene der Vorstellung. Auch beim Geld verhält es sich nicht anders. Man glaubt, beim Übergang vom Gold zum Papiergeld eine Entmaterialisierung des Wertes festzustellen. Aber das ist im Grunde nicht der Fall. Denn auch das Gold ist ja nicht an sich etwas wert, sondern nur in seiner gesellschaftlichen Rolle und Einschätzung. Insofern kann man sagen, daß der Übergang zu Papiergeld eigentlich nur das Wesen des Geldes deutlicher herausgebracht hat. Beim Geld und den Insignien handelt es sich also um den Unterschied von Realität und gesellschaftlicher Wirklichkeit. Bei der gesellschaftlichen Wirklichkeit ist es ganz natürlich und in keiner Weise magisch, daß wir es hier mit Zeichen zu tun haben, die das, was sie bezeichnen, selbst sind. Sie ist eine symbolisch konstruierte Wirklichkeit.

Gehen wir nun zu den Beispielen der Bilder. Die von uns als magisch eingeschätzte Bildpragmatik enthält ja eine Bildauffassung, die wir in unserem Umgang mit Porträts durchaus auch heute noch reproduzieren. Wenn wir auf ein solches Bild zeigen und fragen, wer das sei, dann sagen wir beispielsweise „Herr Müller“. Natürlich können wir das Bild auch so auffassen, daß es ein Zeichen für Herrn Müller ist. So wird beispielsweise ein Fahndungsfoto verwendet. Anders ist die Bildpragmatik etwa bei Familienfotos, die man bei sich aufstellen mag. Es wäre ganz sinnlos, solche Fotos dann als Zeichen für die entsprechenden Personen zu verstehen. Vielmehr werden die Bilder verwendet, um diese Personen in gewissem Sinne anwesend sein zu lassen. Freilich ist das eine andere Art von Präsenz als die, die sie hätten, wenn sie konkret leiblich da wären. Entsprechend muß man natürlich sagen, daß wir etwas je anderes meinen, wenn wir einerseits auf ein Bild zeigen und sagen *das ist Herr Müller* und andererseits auf einen Menschen, der in der Nähe steht, zeigen und sagen *das ist Herr Müller*. Nach unseren Untersuchungen über Physiognomie dürfte es aber nicht schwer sein, diesen Unterschied klarzumachen: Es ist der Unterschied zwischen Wirklichkeit und Realität. Durch ein Porträt kann jemand durchaus anwesend sein, nämlich im Sinne seiner physiognomischen Ausstrahlung, nicht aber als konkret handelndes Subjekt und mit der Unbestimmtheit der Möglichkeiten, die ihm als solchem wie auch als Körper zukommen. Wenn wir also auch in unserer Bildpragmatik – jenseits jeder magischen Praxis – eine Einheit von Zeichen und Bezeichnetem vor Augen haben, so muß man die Verhältnisse genauer wie folgt auseinanderlegen: Erstens ist das Bild in der Tat die Sache selbst, und zwar im Sinne von Wirklichkeit, etwa im Falle des Porträts im Sinn der Wirklichkeit physiognomischer Ausstrahlung. Zweitens kann das Bild als Zeichen für diese Wirklichkeit selbst aufgefaßt werden, und in diesem Sinne wäre es ein Symbol. Drittens kann das Bild aber als Zeichen für den realen Menschen verstanden werden, dann ist es aber Zeichen im gewöhnlichen Sinne, indem sich nämlich eine Differenz zwischen Zeichen und Bezeichnetem auftut.

Ich möchte nun behaupten, daß Symbole ursprünglicher sind als Zeichen. Das scheint bereits im empirischen Sinne zu gelten, wenngleich das nicht leicht nachweisbar ist. Bekannt ist ja, daß kleine Kinder keinen Unterschied zwischen den Worten und den Sachen, die sie bezeichnen, machen. Ähnlich scheinen die ersten bildnerischen Werke des Menschen für sie die Sache selbst gewesen zu sein. Diese Einheit von Zeichen und Sache selbst beruht nach unserer Analyse darauf, daß in diesem Sinne mit *die Sache selbst* ihre Erscheinungswirklichkeit gemeint ist. Erst die Differenzierung von Sein und Schein läßt auch die Differenz von Zeichen und Bezeichneten entstehen. Das Bild wird dadurch zum bloßen Abbild, einem Zeichen für das, was nun die Sache selbst ist, nämlich das Original. Diese Differenzierung entwertet auch das Zeichen selbst. War es zunächst Wirklichkeit von etwas, im Sinne von Erscheinungswirklichkeit, so wird es nun bloßes Anzeichen, Kennzeichen, Symptom. Eine Station auf diesem Wege der Abwertung ist die Auffassung des Zeichens als Repräsentant der Sache. Hier wird das Zeichen in gewissen Kontexten für die Sache genommen, aber doch im Bewußtsein, daß es nicht die Sache selbst ist, sondern nur ihr Stellvertreter. Repräsentationen stehen deshalb in der Mitte zwischen Symbol und einfachem Zeichen.

Eine besondere Situation ist dann gegeben, wenn es zu einer phänomenalen Wirklichkeit keine dingliche Realität gibt. Hier bleibt das Symbol die Sache selbst; eine Differenzierung von Zeichen und Bezeichnetem kann nicht stattfinden. Dies ist etwa der Fall bei Bildern, die – sagen wir – Fantasiegeschöpfe oder mythologische Wesen darstellen. Freilich kann man hier versuchen, die Differenzierung von Zeichen und Bezeichnetem nachzumachen, indem man analog zur dinglichen Welt eine bloß gedachte, einen *mundus intelligiblis* konzipiert. Damit würden auch hier die Bilder zu bloßen Zeichen oder vielleicht Repräsentanten eben dieser gedachten Wesen, die dann als Bedeutungen dieser Zeichen fungieren würden.[2]

Für uns ist also *Zeichen* ein Abkömmling des Symbols, gewissermaßen ein Zerfallsprodukt. Natürlich kann man auch willkürlich ein Zeichen einem Bezeichneten zuordnen. So etwa, wenn man eine neue Maschine konstruiert und sie etwa *Pyrolator* nennt. Aber diese Benennung, d.h. die Relation zwischen Bezeichnetem und Zeichen, würde ganz sinnlos sein und immer wieder zerfallen, wenn sie nicht gesellschaftlich stabilisiert würde. Es könnte sein, daß diese gesellschaftliche Stabilisierung genau dadurch gelingt, daß eine gesellschaftliche Wirklichkeit – nicht unbedingt eine phänomenale Wirklichkeit – geschaffen wird, in der Zeichen und Bezeichnetes eins ist, d.h., daß der Pyrolator zu einem Symbol wird. Diese Frage nebenbei zu behandeln, dürfte zu schwer sein. Es gibt aber Beispiele für solche Prozesse, insbesondere in der Warenwelt. Hier kann das Zeichen für die Ware die Ware selbst sein, weil sie selbst auch nur in ihrem Symbolwert zählt. Das Bild einer Pfeife ist dann doch eine Pfeife, wenn Pfeifen selbst zu Symbolen geworden sind (Böhme 1999e, III).

Im Namen der Ästhetik nun muß man gegen die Abwertung von Symbolen zu Zeichen protestieren. Denn ihr geht es ja um die phänomenale Wirklichkeit als solche. Hier ist das Bild *Mona Lisa* die Mona Lisa selbst und nicht nur ein Zeichen für irgendeine historisch kaum ausmachbare Person, als deren Porträt das Bild einmal entstanden sein mag (Böhme, 1999e, II). Von ihm, dem Bild, geht die Ausstrahlung aus, die das Bild so bedeutsam macht, und in Auseinandersetzung mit ihm, dem Bild, vollzieht sich die Wirkungsgeschichte. Dabei ist natürlich mit Bild nicht das Stück Leinwand gemeint, also nicht das tableau, sondern die image. Also die phänomenale Wirklichkeit, die auf der Basis des Leinwanddinges erfahrbar ist. Im Deutschen könnte man diesen terminologischen Unterschied als den von Bild und Bildnis nachzumachen versuchen.

---

2 Es sei hier auf verwandte Überlegungen in Ernst Cassirers *Philosophie der symbolischen Formen* (Cassirer, 1973) verwiesen. Symbolische Formen sind die Weise, in der uns die Realität im kulturellen Zusammenhang repräsentiert ist. Cassirer verallgemeinert damit Heinrich Hertz (Cassirer 1973, Bd. 1, 17) folgend Kants Grundthese, daß Natur Erscheinung ist und folglich durch *Formen* unseres Erkenntnisvermögens geprägt. Deutlicher noch als bei Cassirer kommt bei Susanne K. Langer heraus, daß Symbole damit nicht auf Dinge verweisen, sondern sie vertreten: »They have been called *substitute signs*, for in our present experience they take the place of things...« (Langer 1957, 31)

C.D. Friedrich, Dorflandschaft bei Morgenbeleuchtung, 1822

Wir haben damit den Punkt bezeichnet, an dem die Ästhetik in Semiotik oder Hermeneutik übergehen kann, oder, sagen wir ruhig auch die Ästhetik im Sinne von Aisthetik zu einer hermeneutischen oder semiotischen Ästhetik. Es ist der Punkt, an dem eine Differenz von Zeichen und Bezeichnetem auftritt, sei es, daß gegenüber dem Zeichen sich die Bedeutung im Sinn von Realität, sei es im Sinne einer bloß gedachten Wirklichkeit ablöst. Der eigentliche Gegenstand einer semiotischen oder hermeneutischen Ästhetik wäre eine Welt von Zeichen und die eigentliche Arbeit der Ästhetik dann Überschreitung auf eine Welt von Bedeutungen hin. Bilder sind in einer solchen Ästhetik nicht etwas, an dem in leiblicher Präsenz Erfahrungen gemacht werden können, sondern Texte, die man lesen muß. Es geht nicht darum, ihre Wirklichkeit zu erfahren, sondern sie zu verstehen, d.h. herauszufinden, was sie bedeuten. Dieses Anliegen ist nicht unberechtigt, aber es führt aus unserem bisherigen Ansatz heraus. Wir wollen deshalb zum Abschluß noch einmal an eine der Stellen zurückkehren, an der Symbole für uns wichtig wurden, nämlich in der Gestaltung von Szenen. Ich wähle dazu C.D. Friedrichs Bild *Dorflandschaft bei Morgenbeleuchtung*.

3. „Der einsame Baum“

Caspar David Friedrichs Bild *Dorflandschaft bei Morgenbeleuchtung* von 1822 wird auch vielfach unter dem Titel *Der einsame Baum* zitiert. Es scheint, daß Friedrich selbst dem Bild keinen Titel gegeben hat, er lieferte es zugleich mit dem Bild *Mondaufgang am Meer* an den Konsul Wagener, der bei ihm ein Morgen- und ein Abendbild bestellt hatte. Daß man dem Bild bald den Titel *Der einsame Baum* gab, liegt natürlich an der alles beherrschenden Stellung der alten Eiche in der Mitte des Bildes. Um ihre szenische Wirkung bzw. Bedeutung soll es auch uns gehen.

Ein Landschaftsgemälde ist in der Regel nicht eine Abbildung, sondern die Gestaltung einer Szene. Das ist ganz besonders bei Caspar David Friedrich der Fall, der seine Landschaften aus vielen Elementen, die er an ganz verschiedenen Orten in der Natur studiert hatte, zusammensetzte. Kunsthistoriker haben nachgewiesen, daß in diesem Fall die Landschaft aus nicht weniger als sechs einzelnen Studien zusammengesetzt ist. Das Bild zeigt eine leicht sumpfige Hochebene im Gebirge mit nur durch winzige Figuren angedeuteten menschlichen Siedlungen – Dorf und Stadt. Der Mensch verschwindet in der übermächtigen Naturszene, so auch der Hirte mit seiner Herde im Vordergrund. Der Hirte ist aber alles andere als nur Staffage, vielmehr nimmt er wie andere Figuren bei Friedrich den Betrachter mit ins Bild hinein. Man erschließt die Szene quasi dem Blick des Hirten folgend. Er steht sinnend, abwartend, mit dem Rücken gegen den Baum gelehnt und richtet den Blick nach oben. Die Szene erhält dadurch etwas Dynamisches. Trotz der Ruhe, die das ganze Bild ausstrahlt, sieht man es hell werden. Aus dem verschatteten Vordergrund wandert der Blick über die schon im ersten Morgenlicht liegende Ebene hinauf in den Himmel mit seiner blendenden, fast übermächtigen Strahlkraft. Der Baum, um auch diesen schon zu erwähnen, führt durch seine Bewegungsanmutung den Blick denselben Weg, um uns in seiner kahlen Spitze noch ungeschützter und radikaler dem Licht auszusetzen.

Aber halten wir mit der Beschreibung ein und fragen wir: Was ist das für eine Szene, und welche Rolle spielt der Baum darin? Ich meine, der Titel *Der einsame Baum* ist ganz treffend. Es ist eine Szene der Einsamkeit mit Anteilen und Tendenzen in Richtung Melancholie und Schrecken. So freundlich auch die Landschaft in Linienführung und Bewaldung wirkt, um diese frühe Stunde ist der Mensch ganz verloren in ihr. Für den Hirten gilt: Alles schläft, einsam wacht nur er. In der Verlorenheit ist die Unbestimmtheit des Halbdunkel angenehm, zudem ist es wohltuend, sich an den mächtigen Baum anlehnen zu können. Der Tag wird nicht freudig, sondern eher bang erwartet, er breitet sich mit Notwendigkeit aus und wird im grellen Frühlicht jedes Ding vereinzeln.

Die Wirkung des Baumes in dieser Szene ist nun durchaus vielfältig und auch zwiespältig. Die Blickanweisung, die Friedrich durch den Hirten mitgegeben hat, erschließt auch den Baum zunächst von seinem mächtigen Stamm her und dem Dach, das sein unterer Teil bildet. Dunkel und widerständig bietet er Schutz gegen den einbrechenden Tag, er ist ein Bollwerk der Nacht. Aber es bleibt nicht bei dieser Betrachtungsweise. Indem der Blick nach oben geht, folgt der Betrachter einerseits der Bewegungsanmutung und wird von der Geste des Baumes angesprochen. Das Gestische, insbesondere der kahlen abgebrochenen Spitze – sie richtet sich wie eine offene, bittende, ja flehende Hand gen Himmel – durchbricht als erstes den reinen Stimmungscharakter des Bildes. Gesten sind – wie wir wissen – mehr als Bewegungsanmutungen, sie haben Bedeutung. Insofern ist die Baumgeste eine Einladung, das Bild auch zu *lesen*.

Mit der Aufnahme der Baumgeste hat der Betrachter ohnehin die Identifikation mit dem Hirten verlassen. Der Blick führt jetzt zu einer direkten Konfrontation mit dem Baum. Natürlich könnte man in der Betrachtung damit auch geradezu anfangen. Manch einer wird den Hirten erst relativ spät entdecken und sich zunächst und direkt dem Baum gegenübersehen und sich quasi an ihm messen. Für den Betrachter ist der Baum, aus welchen perspektivischen Gründen auch immer, kommensurabel. In dieser Betrachtungsweise erlangt der Baum erst seine zentrale Stellung, er wird das eigentliche Thema des Bildes. Diese zentrale Stellung des Baumes wird von den Kunsthistorikern übrigens als ein Bruch mit der kompositorischen Tradition bezeichnet. Sie findet sich eigentlich nur einerseits bei religiösen Bildern, in denen die Heilige oder Mutter Gottes zentral sind, oder bei Künstlern der Moderne wie Kenneth Noland, die damit gegen die Regeln der Komposition protestieren wollen. Die zentrale Stellung des Baumes wirkt auch heute noch riskant, macht ihn aber zu einem Individuum, demgegenüber alles andere zur bloßen Szene herabsinkt. Dieses Baumindividuum nun spricht einen physiognomisch an: ernst, standhaft, immer noch strebend, aber gleichwohl endgültig gescheitert. Den Zügen im einzelnen folgend, beginnen wir eine Lebensgeschichte zu lesen, durchaus zunächst des Baumes, aber damit ins Allgemeine weisend eine Lebensgeschichte überhaupt, eine Geschichte von Wachstum und Widerstand, von Streben, Kämpfen, von Unwettern, von einem Alter, in dem das lebende Individuum zwar immer noch gestisch nach oben weist, aber dem hereinbrechenden Tag nicht mehr gewachsen ist. – Man sieht, wie hier die Betrachtung vom physiognomischen Eindruck übergeht zum Symbol, das schließlich als Zeichen für Allgemeines gedeutet wird. Das Landschaftsbild wird auf diesem Wege zur Allegorie.

Das möchte ich abschließend noch illustrieren, indem ich einige Passagen zitiere aus der Interpretation, die Matthias Eberle diesem Bild in seinem Buch *Individuum und Landschaft* (Eberle, 1980) gewidmet hat.

„Man wird“, schreibt Eberle, „also der Bedeutung des Baumes als Zeichen für einen gemeinten Inhalt nachfragen müssen“ (a.a.O., 240).

> „Die Eiche wird seit altersher immer als Zeichen des menschlichen Lebens gedeutet. Das Leben des einzelnen wie das einer ganzen Nation wird von ihr verkörpert. So schrieb in den Kommentaren zu seinen ‚Idyllen‘ Wilhelm Tischbein über einen Eichbaum, man könne sich bei diesem leicht: ‚einen Mann denken, der mit Muth und Kraft den Stürmen des Schicksals widerstanden und sich bei allen harten Schlägen des Ungemachs, dennoch bis in das späte ehrwürdige Alter erhalten hat‘.[3]
> Erhalten hat sich der Baum bei Friedrich auch, doch in der Nähe und der Umgebung des Schäfers, weit ab von Dorf und Stadt. Deutet man nun den Baum als Symbol der deutschen Nation, wie das C.F. Schubert, ein Freund Friedrichs tat: ‚Freiheit! Freiheit! hörst du tönen/ Aus dem alten Eichenhain. Wandelst bald mit Teutschlands Söhnen/ wieder an den freien Main‘, dann kann dieselbe Deutung gelten. Denn mit dieser Eiche ist nicht mehr viel Staat zu machen. Und begreift man die Eiche schließlich als Vermittlung zwischen Mensch und Gott, Erde und Himmel, wie sie Kosegarten[4] in seinen ‚Poesien‘ von 1798 feierte: ‚Du Stolzer, du Starker/ Du thürmest dein Haupt/ Seit grauenden Altern (...) Baum Gottes, du stehst/ Baum Gottes es grüßt/ Dein Wipfel die Sterne‘, dann leistet der zerschlagene Wipfel des Baumriesen eben dieselbe Vermittlung gerade nicht. Börsch-Supan, streng auf eine religiöse Ausdeutung der Naturkörper bedacht, deutete daher den Baum als ‚eine heroische Lebenshaltung ohne Ausrichtung auf das Jenseits‘ und sieht demnach auch in dem Teich etwas, das ‚den Himmel im irdischen Bereich spiegelt‘,[5] ihn aber nicht hereinnimmt.“ (Eberle, 1980, 245)

---

3 J.H. Wilhelm Tischbein: Idylle I u. II, Text nach den Manuskripten zu den 44 Bildern im Schloß Oldenburg, hrsg. v. H. W. Keiser, München 1970, 50.

4 G.L. Kosegarten (1758-1818), Theologe und Dichter, wirkte auf Friedrich durch seine Gottesdienste am Meeresstrand. Siehe Katalog, Galerie der Romantik, Berlin: Nationalgalerie, 2. Aufl. 1986, 33.

5 Börsch-Supan, Helmut u. Karl Wilhelm Jähnig: Caspar David Friedrich – Gemälde, Druckgraphik und bildmäßige Zeichnungen, München 1973, 378.

Man sieht hier deutlich, wie der Baum zum Zeichen geworden ist, ein Zeichen, das durch Konventionen in seiner Bedeutung getragen wird: Die deutsche Eiche hat mit Männlichkeit und Staat zu tun. Da der Baum nun ein Zeichen ist, geht es in der Betrachtung des Bildes darum, es zu verstehen. Man sucht hermeneutisch konsequent dafür nach einem Horizont, und unser Autor interpretiert das Bild in Hinblick auf die Zeitgeschichte um 1822, die Geschichte einer gescheiterten deutschen Nation. – Wir wollen diese Linie nicht weiter verfolgen. Aber soviel dürfte deutlich geworden sein, daß durch den Übergang von Symbolen zu Zeichen sich ein anderes Feld, das Feld einer anderen, nämlich semiotischen und hermeneutischen Ästhetik öffnet.

XI. Das Ding

Es ist eine natürliche Forderung, in der Bewegung auf den Objektpol der Wahrnehmung zu irgendwann auch einmal beim Ding anzukommen. Wenn die Frage, *was* wahrgenommen wird, nur durch Atmosphären und das Atmosphärische, durch Physiognomien, Szenen und Ekstasen beantwortet würde, so bliebe, selbst wenn man Zeichen und Symbole hinzunimmt, ein Rest. Es mag zutreffend sein, wenn man zusammenfassend, wie Hermann Schmitz es getan hat, die Frage, was wahrgenommen wird, so beantwortet: „*Eindrücke* sind die natürlichen Einheiten der Wahrnehmung" (Schmitz 1994, 7, Hervorhebung von mir). Und doch gilt es, jene zunächst abgewerteten trivialen Beispiele von Wahrnehmung wie *Ich sehe ein Haus* wieder einzuholen. Der Alltag spielt sich zwar sehr wohl in atmosphärisch gestimmten Räumen ab, er verlangt eine Orientierung in Szenen und Situationen, aber er ist auch weitgehend ein Hantieren mit Dingen, und ebenso ist ein großer Teil der ästhetischen Arbeit auf die Gestaltung von Dingen gerichtet. Gemälde werden gemalt, Skulpturen gebildet, Objekte verfertigt, Gebrauchsgegenständen wird im Design eine Form gegeben, Häuser werden gebaut. Zwar ist die Intention dieser Bearbeitung und Herstellung von Dingen auf die Erzeugung von Erscheinungen gerichtet, doch auch die ästhetische Arbeit bleibt eine Arbeit am Ding. Dinge werden *wahrgenommen*, aber nicht nur. Im Gegenteil ist es für die Dinghaftigkeit der Dinge entscheidend, daß sie nicht vollständig in ihrem Wahrgenommensein aufgehen. Wir müssen uns deshalb noch einmal explizit mit der Unterscheidung von Realität und Wirklichkeit beschäftigen.

1. Realität und Wirklichkeit

Die Unterscheidung von Realität und Wirklichkeit ist in gewissem Sinne ein Notbehelf und gegenüber der Alltagssprache eine Härte. Die Ausdrücke werden umgangssprachlich so verwendet, als könnten sie sich jeweils vertreten. Natürlich ist das nicht durchweg der Fall. Das wird schon durch die unterschiedlichen Wortfelder verhindert und schließlich dadurch, daß das eine ein Fremdwort ist, das andere nicht. Realität, von lateinisch *res*, verweist schon von sich aus auf das Feld von Gegenständen und Sachen. Dieses Feld könnte abgegrenzt sein – wenn man den juristischen Bereich ins Auge faßt – gegen das Feld der Personen. Es ist sicherlich abgegrenzt gegen solches Seiende, das zu diffus und schwebend ist, um sich zum Gegenstand zu verdichten, d.h. also gegen das Atmosphärische. Wirklichkeit dagegen leitet sich von Wirken her, und der Terminus grenzt eher ab gegen das, was nicht wirkt, vielleicht bloß ruht oder bloße Potenz ist. Wirklichkeit bezeichnet deshalb eher das Seiende im Zustand der Aktualität.

Wir haben die in diesen unterschiedlichen Wortfeldern liegenden Möglichkeiten der Differenzierung von Bedeutung terminologisch verschärft. Das Ziel war dabei, das Wahrgenommene als solches festzuhalten und ihm eine eigenständige charakteristische Seinsweise zuzuschreiben. Dieses Interesse entspringt natürlich dem Interesse der Ästhetik, nämlich dem Interesse, das, worauf es ästhetisch ankommt, die Erscheinungswirklichkeit als solche zu rehabilitieren und ihren Status gegenüber möglichen Abwertungen als bloßer Erscheinung, bloßer *Ästhetik*, bloßem Anzeichen für anderes zu verteidigen. Aber die Differenzierung von Realität und Wirklichkeit entspricht auch dem gegenwärtigen Zustand unseres gesellschaftlichen Seins, nämlich der ästhetischen Ökonomie und einer ästhetisierten Politik. Bei der Unterscheidung von Realität und Wirklichkeit geht es nicht bloß darum, methodisch und analytisch einen Unterschied zu machen, der einer Disziplin, nämlich der Ästhetik, ihr eigenes Arbeitsfeld sichert, sondern auch darum, daß dieser Unterschied längst gemacht ist oder, besser gesagt, daß er gar nicht gemacht wurde, sondern daß wir ihn als Riß, als Kluft und Distanz erleiden. Die Wirklichkeit ist eben nicht bloß die Wirklichkeit des Realen, sondern hat sich gegenüber diesem verselbständigt, ist ein Feld von eigenem Gewicht. In der Ökonomie bedeutet das das Auftauchen eines Wertes eigener Art, eines Wertes, der gegenüber dem Gebrauchswert und dem Tauschwert von Waren zu unterscheiden ist. Es ist der Inszenierungswert von Waren: Was Aufmachung und *Ästhetik* im Sinne von Verschönerung gewesen sein mag und entweder dem Verkauf der Waren oder ihrem Gebrauch diente, verselbständigt sich nun, und es tauchen Waren auf, die keinen Gebrauchswert haben bzw. deren Gebrauchswert allein in ihrer Inszenierung bzw. ihrer Funktion in Inszenierungen besteht. Natürlich hat es solche Waren, sprich Nippes, schon immer gegeben. Insofern ist die Entwicklung vielleicht auch eher als eine quantitative Verschiebung in Richtung auf die Produktion von Inszenierungen zu sehen bzw. ein Dominantwerden des Inszenierungswertes gegenüber Gebrauchs- und Tauschwert. Für den Bereich der Politik und den Bezug zur Realität überhaupt ist der Grund für die Verselbständigung der Wirklichkeit gegenüber der Realität wohl in den Medien zu suchen. Gerade unser Ansatz in der Ästhetik hat ja gezeigt, daß das Reale nicht als solches, sondern in seiner medialen Wirklichkeit wahrgenommen wird. Die moderne Beherrschung der Medien hat dazu geführt, daß beständig Wirklichkeit ohne Realität produziert wird und mediale Wirklichkeit wahrgenommen wird, ohne sie auf Realität hin zu transzendieren. Das kann natürlich zum einen bedeuten, daß das Leben ohnehin im fiktionalen Raum stattfindet. Es bedeutet allerdings auf der anderen Seite auch, daß Wirklichkeit in den Medien für die Realität genommen wird. Eine Ästhetik, die sich radikal an das Wirkliche hält und dieses als ihren eigentlichen Bereich festhält, entspricht somit nur einer Differenzierung, die in unserem gesellschaftlichen Sein längst vollzogen ist.

Halten wir noch einmal fest, in welchen Differenzierungen uns die Unterscheidung von Realität und Wirklichkeit begegnete. Als erstes begegnete uns die Differenzierung von Realität und Wirklichkeit als die Unterscheidung, die der Maler Josef Albers zwischen *factual fact* und *actual fact* gemacht hat. Dabei ist *factual fact* die Farbe, die man auf die Leinwand auftragen kann und die dem Bildgegenstand als Eigenschaft verliehen wird. *Actual fact* dagegen ist dasjenige, was als Farbwirklichkeit gespürt und wahrgenommen wird. Dieser Differenzierung entspricht unsere Differenzierung zwischen Eigenschaften und Ekstasen. Eigenschaften gehören zur Realität, sie bestimmen ein Ding, sie können wahrnehmbar sein oder auch nicht, Ekstasen dagegen sind die Weisen, durch die das Ding sich bemerkbar macht und als wahrgenommenes Wirklichkeit erhält. Wir haben dann versucht, diese Differenzierung für den ästhetischen Gegenstand im ganzen vorzunehmen. So kann man beispielsweise dem französischen Sprachgebrauch, der zwischen *tableau* oder *toile* auf der einen Seite und *image* auf der anderen Seite unterscheidet, im Deutschen die Differenzierung von *Bild* und *Bildnis* entsprechen lassen. Damit wäre als Bild jener Gegenstand zu bezeichnen, mit dem man hantieren kann und der jeweils an einem bestimmten Orte ist, während Bildnis jene Erscheinungswirklichkeit, die man an ihm spürt, bezeichnet, man könnte auch sagen, die Wirklichkeit des Dargestellten. Letztere kann vom konkreten

Bildgegenstand abgelöst werden und durch technische Medien entweder als solche reproduziert oder in anderen oder an anderen materiellen Trägern reproduziert werden.

Wenn man diese Differenzierungen betrachtet, dann kann man sagen, daß die Wahrnehmungswirklichkeit grundsätzlich immateriell ist. Natürlich werden auch Stoffe wahrgenommen, aber insofern sie wahrgenommen sind, ist ihre faktische Existenz im Grunde gleichgültig, und es geht nur um ihre synästhetischen bzw. gesellschaftlichen Charaktere. Diese Feststellung, nämlich daß die Wahrnehmungswirklichkeit grundsätzlich immateriell ist, zwingt dazu, die Differenzierung von Realität und Wirklichkeit noch mit anderen zu konfrontieren, und zwar der Unterscheidung von *fact* und *fiction* und der Unterscheidung von Ernst und Spiel.

Die Unterscheidung von *fact* und *fiction* ist eine, die insbesondere in der Literatur gemacht wird. Sie entspricht im Deutschen etwa der Unterscheidung von Sachbuch und Belletristik. Das Entscheidende ist, daß hier unterstellt wird, daß man sich entweder auf die Sachen selbst, nämlich auf die Realität beziehen kann, oder eine davon im Prinzip unabhängige, fiktive Welt aufbaut, die Welt des Imaginären. Interessant ist, daß diese Unterscheidung traditionell auch der Unterscheidung von Wahrnehmung und Einbildungskraft entsprach. Dabei wurde unterstellt, daß man sich mit der Wahrnehmung auf die Realität beziehe, während die Einbildungskraft eine im Prinzip davon unabhängige Wirklichkeit der Vorstellungen produziere. Man sieht, daß unsere Unterscheidung zu dieser eigentlich quer liegt. Auf der einen Seite macht unsere Ästhetik die Abtrennung der Einbildungskraft von der Wahrnehmung nicht mit. Vielmehr wird Einbildungskraft verstanden als Bildkraft, die eben auch in der Organisation der Wahrnehmung tätig ist. Auf der anderen Seite mußten wir betonen, daß Wahrnehmung sich nicht primär auf Realität bezieht, sondern auf die – gegebenenfalls medienvermittelte – Wirklichkeit. Für uns ergibt sich als Problem, das uns am Ende zu bearbeiten bleibt, den Realitätsbezug der Wahrnehmung wiederherzustellen. Dabei ist aber, wie gesagt, damit zu rechnen, daß die Trennung von Wirklichkeit und Realität nicht bloß eine in der Theorie ist, sondern durch unser gesellschaftliches Sein vorgegeben.

Nun zum Unterschied von Ernst und Spiel. Diese Unterscheidung ist ein traditioneller Topos der Ästhetik. Die Ästhetik ist geradezu stolz darauf, mit einem Bereich zu tun zu haben bzw. ihn zu ermöglichen, in dem *es nicht ernst ist*, einem handlungsentlasteten Raum, in dem das Menschliche spielerisch, und das heißt ohne Folgen für das Alltagsleben durchlebt werden kann, und doch als psychische Wirklichkeit verarbeitet und angeeignet werden kann. Schiller hat deshalb den ästhetischen Bereich als den eigentlichen Bereich der Freiheit angesehen und ihm eine utopische Dimension für die Menschheitsentwicklung überhaupt gegeben (Schiller 1795). Die faktische, d.h. die medial stabilisierte Verselbständigung der Wirklichkeit gegenüber der Realität reproduziert nun in gewisser Weise auch die klassische Differenzierung von Ernst und Spiel. Das heißt aber auf der einen Seite, daß die medial vermittelte Realität zu einer abgehobenen Wirklichkeit wird, an der man ästhetisch partizipiert, ohne wirklich betroffen werden zu können. Auf der anderen Seite aber wird gerade durch die Verselbständigung die mediale Wirklichkeit zur Realität, nämlich zur gesellschaftlichen Realität. Das heißt aber, daß, was sich in den Medien abspielt, was dort verlautbart wird, öffentlich wird, was ans Licht der Medien gezerrt wird, keineswegs Spiel, sondern gesellschaftlich gesehen bitterernste *Realität* ist. In diesen beiden letzten Sätzen wird allerdings mit Realität nicht mehr der Bereich der Dinge bezeichnet, sondern eben das, was lebensweltlich Ernst ist. Und da das Gesellschaftliche ohnehin imaginär ist, d.h. im Geflecht der Vorstellungen besteht (Castoriades, 1984), fallen in diesem Sinne Wirklichkeit und Realität zusammen. Also noch einmal: Unsere Unterscheidung von Realität und Wirklichkeit entspricht durchaus der klassischen von Ernst und Spiel. Nur ist in vielen Fällen, vor allem durch die medienvermittelte Ablösung der Wirklichkeit von der Realität, dasjenige, worum es eigentlich geht, die Wirklichkeit geworden. Im gesellschaftlichen Bereich kann man deshalb die Unterscheidung von Wirklichkeit und Realität manchmal nicht machen. Manchmal – das heißt, dieser Satz wird noch zu modifizieren sein.

Aber was heißt Realität und inwiefern kann man behaupten, daß die Realität als solche nicht wahrgenommen wird? Diese Frage ist in gewisser Weise die Frage nach dem Ding und danach, inwiefern das Ding mehr ist als seine Erscheinung. Man kann diese Frage kurz folgendermaßen beantworten. Ein Ding ist immer auch Potenz, d.h. es ist nicht in allem, was es ist und was zu ihm gehört, jeweils manifest. Das, was das Ding ausmacht, das, was es materiell konstituiert, Materie überhaupt, chemische Verbindungen, Moleküle bis zu den Elementarteilchen fällt nicht in die Sinne, sondern wird bloß gedacht. Seine phänomenale Anwesenheit im Raume braucht zudem seine reale Plazierung zu anderen Dingen, d.h. die kräftemäßige Wechselwirkung in keiner Weise wiederzugeben, – in der Regel wird sie sie sogar verdecken. Sehen wir als Realität des Dinges an, was es als bloße

Kraft, als Potenz, als Möglichkeit ist und worin es in seiner Konstitution und Relation zu anderen Dingen bloß *gedacht* wird, so ergibt sich die merkwürdige Tatsache, daß es mit diesem bloß gedachten Ding viel ernster ist als mit seiner phänomenalen Wirklichkeit. Diese kann sich als bloße Imagination erweisen, man kann sie beiseite schieben, man kann sie durch Positionsverschiebung ändern, aber das Ding in seiner Realität bleibt, und als solches ist es ernst mit ihm. Fragen wir also noch einmal explizit nach dem Ding in der Erscheinung und danach, inwiefern diese Erscheinung eben doch die Erscheinung von Realität ist.

2. Das Ding in der Erscheinung

Wie nehmen wir Dinge wahr? Unsere bisherige Antwort müßte lauten, daß wir Dinge überhaupt nicht wahrnehmen, insofern Dinge den Bereich der bloßen Erscheinung überschreiten. Das sieht aus wie ein Rückfall in eine Wahrnehmungstheorie, wie wir sie historisch vor der Gestaltpsychologie finden. Dort, also sagen wir etwa bei Ernst Mach (1903), wurde behauptet, daß der Gegenstand der Wahrnehmung Sinnesdaten seien, spezifiziert nach den Sinnen oder Sinnesorganen. Dinge würden aus den Sinnesdaten konstruiert, beispielsweise als ihre denkökonomisch-praktische Zusammenfassung. Analog müssen wir sagen, daß Dinge zwar nicht konstruiert, aber *erschlossen* werden, und zwar erschlossen aus den Gegenständen der Wahrnehmung, die zur phänomenalen Wirklichkeit gehören. Dies sind Atmosphären, Atmosphärisches, Synästhesien, Physiognomien, Ekstasen, Szenen, schließlich Symbole und Zeichen. All diese Wirklichkeiten können jeweils als Erscheinungen von *etwas* gelesen werden. Erinnern wir uns an unser erstes Beispiel: *In der Bedrohlichkeit des Sirrens spüre ich die Anwesenheit einer Mücke*. Hier wird die gespürte Atmosphäre bereits überschritten auf ein Etwas hin, dessen Atmosphäre sie ist, nämlich die Mücke. Bei etwas rein Atmosphärischem wie etwa der Nacht oder dem Herbst dürfte das schwieriger sein. Anders ist es aber bei den Synästhesien oder den Ekstasen. Die Kälte eines Raumes wird zwar atmosphärisch erfahren, aber doch auf das dingliche Gehäuse bezogen, in dem man sich befindet. Bei Farben, Formen, Volumina wissen wir, daß sie ohnehin primär als Eigenschaften von Dingen verstanden werden, selbst wenn ihre Erfahrung eine andere ist. Eine Stimme, ein Ton werden nur allzuleicht auf einen Urheber bezogen. Die sichtbare Dienlichkeit eines Zeuges wird als

Zweckmäßigkeit eines Dinges gedeutet, das mir zur Hand ist. Und Zeichen werden nur allzuleicht als Anzeichen für Realitäten gedeutet, die sie vielleicht als Abbilder darstellen bzw. repräsentieren. Der Übergang von der phänomenalen Wirklichkeit zur Realität ist also trivial und mühelos. Aber worin besteht er eigentlich, und ist er wirklich ein *Schluß*?

Zunächst zur ersten Frage: Was bedeutet es eigentlich, daß wir, umgeben von phänomenaler Wirklichkeit, beständig mit Realität rechnen? Wählen wir dazu noch einmal das Beispiel des Porträts. Wir haben festgestellt, daß der auf dem Porträt dargestellte Mensch in seiner Wirklichkeit, also in seiner physiognomischen Ausstrahlung, d.h. etwa durch Liebreiz, Würde, Ernst, im Porträt ebenso präsent sein kann wie der reale Mensch. Mehr noch: Das Bild kann die Wirklichkeit eines Menschen steigern. Hans-Georg Gadamer hat Bild geradezu in diesem Sinne definiert (Gadamer, 1965, 128-137). Ein Bild ist ein gesteigertes Sein. Aus diesem Grunde hat er Spiegelbilder auch nicht als Bilder anerkannt. Freilich dürfte er sich darin geirrt haben, denn tatsächlich sind die Spiegelbilder keineswegs einfach eine Wiedergabe dessen, was man ohnehin sieht, vielmehr sind sie allein schon durch Rahmung, Tönung, Glanz, durch Verdopplung und vielleicht allein auch durch die Ablösung von der Realität die Steigerung der phänomenalen Wirklichkeit von jemandem. Aus diesem Grunde dürften die Spiegel in den Barockschlössern auch eine so große Rolle gespielt haben. Also: Das Bild von jemandem kann ihn selbst in der Intensität der Erscheinung, also an Wirklichkeit übertreffen. Aber gleichwohl ist die anwesende Person weit mehr als ihr Bild. Das läßt sich demonstrieren etwa an dem bekannten Beispiel, daß ein Verliebter angesichts des Bildnisses der Geliebten glücklich, hingegeben, begeistert ist und dann in der Begegnung mit dem konkreten Menschen, also mit dessen Realität konfrontiert, von Schrecken befallen ist und von Verlegenheit verwirrt, sich in sich verkriecht. Der Punkt der Differenz besteht darin, daß der reale Mensch natürlich voll von Unberechenbarkeiten ist – wie wird er reagieren, wird er mich achten oder auch nur beachten etc.? – und daß er überhaupt als ein Zentrum eigener Aktivität vorausgesetzt wird. Gemessen an der Realität bleibt der Eindruck, den uns das Bild machen kann, so tief auch das Gefühl ist, das es erregen mag, doch flach. Das, was den realen Menschen vom Bild unterscheidet, ist, daß wir in seiner Gegenwart mit dem Abgrund der Subjektivität rechnen. Wir müssen also sagen, daß wir den realen Menschen doch anders wahrnehmen als das Bild, was immer dann *wahrnehmen* heißen mag. In Wahrheit ist es so, daß wir in der Wahrnehmung des realen Menschen seine phänomenale Wirklichkeit so sehr überspringen können, daß wir sie kaum noch bemerken.

Nehmen wir als zweites Beispiel die Wahrnehmung gesellschaftlicher Wirklichkeit. Hier hatten wir bereits angedeutet, daß wegen des imaginären Charakters von Gesellschaftlichkeit überhaupt hier Wirklichkeit und Realität zusammenfallen könnten. Das ist aber nicht ganz der Fall. Vielmehr *droht* hinter der gesellschaftlichen Wirklichkeit auch eine physische Realität. Man mag das Gesellschaftliche als ein System von Symbolen ansehen, man mag sich vergegenwärtigen, daß alle gesellschaftlichen Bezüge einschließlich der Herrschaftsbezüge abhängig sind von Anerkennung und Konvention, gleichwohl kann man sie nicht – etwa im Sinne des radikalen Konstruktivismus – aushebeln. Wenn ich in Gedanken daran, daß das Gesellschaftliche imaginär ist, es zur Disposition stelle, mich also nicht an die Konventionen halte, Herrschaftsrelationen nicht beachte, werde ich sehr bald darauf gestoßen, daß die Basis dieses Gewebes von Vorstellungen – auch heute noch – die physische Gewalt ist: Ich werde verhaftet, eingesperrt, kriege notfalls den Polizeiknüppel zu spüren und in vielen Ländern droht Folter und Tod. Gesellschaftliches Dasein heißt, mit solchen Realitäten rechnen, es heißt, das Spiel der Signifikanten und Simulakren doch immer auf die Realitäten hin zu überschreiten, d.h. auf die potentielle physische Gewalt hin, die sie anzeigen oder verdecken.

Schließlich das Ding selbst. Ich mag die Mächtigkeit eines Baumes spüren, ich mag an der Physiognomie eines Gegenstandes erkennen, daß er ein Tisch ist, ich mag im Sirren die bedrohliche Anwesenheit einer Mücke spüren – das alles kann als phänomenale Wirklichkeit festgehalten werden, es könnte simuliert werden, es könnte ein reines Spiel bleiben. Aber indem sich mir die Dinge so in leiblicher Gegenwart zeigen, *rechne* ich mit mehr, nämlich mit ihrer Realität. Das heißt offenbar soviel, daß die Begegnung mit ihnen zum Ernstfall werden kann: Ich kann mich am Tisch stoßen, ich werde um den Baum herumgehen müssen, und die Mücke kann mich stechen. Da ihre Anwesenheit *leiblich* ohne das spürbar ist, muß meine Betroffenheit durch ihre Realität tiefer gehen. Dieses *Mehr*, durch das die Realität die Wirklichkeit übertrifft, besteht darin, daß ich von den Dingen physisch betroffen werden kann, nämlich daß ich an ihnen und mit ihnen selbst zum Körper werde. Da aber auch meine eigene Körperlichkeit leiblich gespürt wird, müssen wir hier mit Schmitz (1965) vom „körperlichen Leib" sprechen: Ich spüre mich leiblich, aber erfahre in der Begegnung mit den Dingen, daß ich auch nur ein Körper unter Körpern bin.

Ist diese Erfahrung der Realität der Dinge ein bloßer Schluß aus ihrer Erscheinung oder wird sie vielleicht durch die Einbildungskraft schon in ihre Erscheinung hineingelegt? In der Phänomenologie, wie sie von Husserl entwickelt wurde und von Schmitz auf neue Grundlagen gestellt wurde, redet man hier von *Protentionen*, d.h. von Erwartungen, die die Erscheinungen von etwas schon mitkonstituieren. Uns werden sich die Verhältnisse etwas anders darstellen, weil wir im Unterschied zu diesen Autoren mit unterschiedlichen Wahrnehmungsweisen und dem Umschlag aus einer Wahrnehmung in die andere rechnen. Wir müssen also danach fragen, wodurch eine Wahrnehmung überhaupt zur *Ding*wahrnehmung wird.

3. Die Dingwahrnehmung

Wenn wir uns zum Schluß der Dingwahrnehmung zuwenden, so dürfen wir uns nicht verhehlen, daß die bisherige Analyse uns in ein Paradox hineingeführt hat: Das, was uns affektiv angeht, was wir als bedrohlich empfinden, als niederdrückend, was uns zu Herzen gehen mag, uns aufregt, was uns anmutet und mitgehen läßt – ist die Welt der Erscheinungen. Sie ist aber für sich genommen auch die Welt der bloßen Erscheinung, die Welt des Spiels. Ernst wird es erst, wenn es um Realität geht – und diese wird als solche gerade nicht wahrgenommen. Dieses Paradox mag den Philosophen willkommen sein. Haben sie nicht seit je gepredigt, sich von den Erscheinungen abzuwenden, um das wahre Sein zu erkennen? Haben sie nicht seit je gelehrt, man müsse seine Affekte überwinden, um zu erkennen, worum es eigentlich geht? Hat nicht Sokrates schon bewiesen, daß erst der, der alle Furcht und Hoffnung hinter sich gelassen hat, der Wissende, erkennt, was eigentlich zu fürchten ist? Hat er nicht auch bewiesen, daß man erst wahrhaft handelt, wenn man nicht mehr affektiv betroffen ist? (Böhme 1998 c). Aber das Paradox stellt sich uns nicht aus höherer philosophischer Einsicht, sondern aus der Erfahrung eines progressiven gesellschaftlich bedingten Auseinanderlaufens von ästhetischer Erfahrung und objektivem Wissen, von Erscheinung und Realität. Für uns erst wird das Triviale zum Problem, nämlich daß die Erscheinung auch Erscheinung der Realität ist und daß sich die Realität in der Wahrnehmung selbst meldet. Genau dies müssen wir in der Dingwahrnehmung aufsuchen, nämlich daß sich in ihr etwas zeigt, was die Wahrnehmung transzendiert und womit die Wahrnehmung überhaupt Wahrnehmung von Dingen wird.

Sehen wir zu, wie aus der fundamentalen Wahrnehmung, nämlich der Wahrnehmung von Atmosphären Dingwahrnehmung wird. Dazu kehren wir zu unserem ursprünglichen Beispiel *In der Bedrohlichkeit des Sirrens spüre ich die Anwesenheit einer Mücke* zurück. In unserer ersten Analyse kam es uns darauf an herauszustellen, daß in dieser Wahrnehmung die Wahrnehmung der Mücke, genauer genommen des Mückendinges, nicht enthalten ist. In der Tat muß sich die Wahrnehmung, die zunächst in die unbestimmte bedrohende Anwesenheit der Mücke verloren ist, konzentrieren, um ein Mückending ausfindig zu machen. Indem das Spüren der Bedrohung zu einem suchenden Blick wird, verändert sich in der Tat die Wahrnehmung. Aber bereits in der ersten Wahrnehmung war die Mücke implizit mitgegeben, und zwar – wie wir nach unserer Analyse jetzt sagen würden – als Erzeugende der bedrohlichen Atmosphäre. Damit haben wir die erste Dingkategorie. Dinge werden aufgesucht, wahrgenommen und verstanden als *Erzeugende*. Man könnte versucht sein, diese Kategorien mit der traditionellen Kategorie der Ursache zu identifizieren. Das wäre aber nicht korrekt, insofern nämlich die Ursache-Wirkungs-Relation traditionell als eine Beziehung zwischen Dingen, nicht zwischen Objekt und Subjekt verstanden wird. Gleichwohl gibt es selbst bei Kant eine solche hybride Verwendung der Ursachenrelation, insofern er sagt, daß wir durch die Dinge-an-sich affiziert werden (Kant, 1781/1956, § 1). Wir bezeichnen die Dinge als Erzeugende, um den Unterschied zur Ursachenrelation nicht zu verwischen. Es geht darum, daß die Dinge primär aufgefunden werden und in der Wahrnehmung mitgegeben sind als dasjenige, von dem eine Anziehung oder Abstoßung ausgeht, was uns affektiv betrifft, uns bedroht und verlockt. Indem wir nun die Dinge als Erzeugende unserer affektiven Betroffenheit durch eine Atmosphäre, hier der Bedrohung, aufsuchen, verliert letztere ihre Unbestimmtheit, insbesondere ihre diffuse Ergossenheit in den Raum, d.h. den Charakter der Atmosphäre. Diese bricht gewissermaßen zusammen oder, besser, sie zieht sich zusammen auf das Ding, das nun im Raum lokalisiert wird. Die Lokalisierung eines erzeugenden Dinges kann man geradezu als das Gegenteil des atmosphärischen Spürens seiner Anwesenheit im Raum bezeichnen. Wenn ich die Mücke sehe, spüre ich keine unbestimmte Bedrohung mehr. Man kann zwar nicht sagen, daß damit die affektive Betroffenheit durch die Anwesenheit der Mücke vollständig verschwunden wäre, aber sie hat sich gewissermaßen im Mückending verdichtet. Wir halten zunächst als zweite Dingkategorie die *Lokalität* fest. Dinge sind an einem Ort, und das heißt relativ zu uns selbst und zu anderen Dingen plaziert. Wir sehen bei dieser Kategorie ebenso wie bei der Kategorie der Erzeugenden, daß sie von der Wahrnehmung her gesehen die Dinge indirekt bestimmen. Wahrgenommen wird die Atmosphäre und damit indirekt das Ding als deren Erzeugendes. Wahrgenommen wird der Raum, nämlich als Sphäre der Anwesenheit von etwas, das Ding dagegen in seiner Lokalität gerade als etwas, was *draußen* ist, außerhalb von mir und außerhalb von anderen Dingen, etwas, was als solches gerade nicht den ganzen Raum erfüllt.

Als nächste Kategorie der Dingwahrnehmung müssen wir die Verdichtung betrachten. Im Ding als Erzeugendem verdichtet sich, was wir zunächst ekstatisch und atmosphärisch erfahren haben. Verdichtung heißt, daß das Ding als in einem endlichen Raum konzentrierte Potenz verstanden wird. Dies könnte Hermann Schmitz veranlaßt haben, Dinge nach Analogie des Leibes zu denken bzw. als Zentren, denen man gewissermaßen abgespaltene Engungstendenzen des eigenen Spürens geliehen hat. Ich zitiere:

> „Dinge sind hiernach übernommene Enge des Leibes, Zentren der Einleibung, die mit der für solche Zentren bezeichnenden suggestiven Kraft wahrnehmende Subjekte in leiblicher Kommunikation ansprechen und auf sich einstellen ..." (Schmitz, 1978, 169).

Diese Quasi-Leiblichkeit der Dinge charakterisiert sie aber gerade nicht als Realitäten. Es scheint auch, daß Schmitz in dieser Beschreibung der Dinglichkeit nicht aus dem spürenden Wahrnehmen heraustritt und insofern eher das beschreibt, was wir *Voluminösität* genannt haben. Die eigentliche Dingkategorie ist deshalb auch nicht Verdichtung, sondern Körperlichkeit. Und es geht in der Dingwahrnehmung nicht darum, daß wir darin das Ding zum Leib machen, sondern eher umgekehrt, daß wir uns relativ zum Ding als Körper erfahren. Im Beispiel gesprochen: Im bedrohlichen Sirren spüren wir leiblich die Anwesenheit der Mücke. Wenn wir sie aber als Ding entdecken, verdichtet sich das Bedrohliche derart, daß wir die Mücke als einen Körper erkennen, von dem wir selbst körperlich getroffen, sprich: gestochen werden können. Deutlich ist das auch an dem Beispiel des Baumes. Wenn wir zunächst atmosphärisch seine Mächtigkeit *spüren*, so heißt, den Baum als Körperding *sehen*, ihn als ein Volumenstück erkennen, um das wir selbst uns als Körper herumbewegen müssen. Wir sehen auch hier wieder, daß Körperlichkeit nicht eigentlich wahrgenommen wird, sondern implizit in der lokalisierenden und verdichtenden Wahrnehmung mitgegeben ist, durch die wir Dinge identifizieren.

Mit dem Identifizieren oder, besser gesagt, mit *Identität* ist offenbar eine weitere Dingkategorie ausgesprochen. Auch die Identität von Dingen wird nicht als solche wahrgenommen, sondern gewissermaßen indirekt, nämlich durch den Wechsel der Wahrnehmungen. Hermann Schmitz hat Dinge von Halbdingen dadurch unterschieden, daß die Dinge ihren Charakter wechseln können – und dabei dieselben bleiben. Er führt dafür immer wieder ein von Wilhelm Schapp angegebenes Beispiel an. Es geht darum, daß jemand eine Speckschwarte liegen sieht, die sich dann aber als Tonscherbe erweist. Diese Erfahrung, daß etwas vollständig seinen Charakter wechseln kann, ist gleichzeitig die Erfahrung einer Identität, nämlich als dasjenige, was sich in diesem Wechsel durchhält. Gerade durch den Wechsel der Erscheinungswirklichkeit zeigt sich indirekt ein Ding, nämlich als das sich Durchhaltende, und die wechselnden Erscheinungswirklichkeiten sind dann bloß *Gesichter*, die uns die Dinge in bestimmtem Lichte zeigen mögen. Die Identität eines Dinges ist dasjenige, was seine mannigfaltigen Erscheinungen zur Einheit organisiert und damit eben zur Erscheinung eines Dinges macht. Es ist also auch dasjenige, was wir als das *Objektive* am Ding bezeichnen. *Objektiv* sind solche Bestimmungen des Dinges, die wir ihm zuschreiben, die uns aber jeweils nur in bestimmter Weise erscheinen. Identität ist also nicht nur die abstrakte Selbigkeit des Dinges im Wechsel der Erscheinungen, sondern wird jeweils spezifisch als Prinzip oder Gesetz der Vermittlung unterschiedlicher Erscheinungsweisen gedacht. Ich gebe dafür mit den Worten eines Gestaltpsychologen nur ein Beispiel: „Was wir die quadratische Form des Dings nennen, ist sicherlich nicht die quadratische Form seiner Erscheinung. Vielmehr verstehen wir unter der quadratischen Form des Dings den konstanten, an dem Ding zu konstatierenen Tatbestand, daß je nach ‚unserer Stellung zu dem Ding' bald eine, bald die andere jener Erscheinungsformen auftritt, und zwar nicht in willkürlicher, sondern in bestimmter gesetzmäßiger Folge bei bestimmter Änderung der Stellung des Dinges zu unserem Auge".[1] Mit *Objektivität* haben wir eine weitere Dingkategorie gewonnen. Sie besteht aus allen synthetischen Prinzipien, die die Dingidentität ermöglichen. Die objektiven Bestimmungen des Dinges werden durchaus wahrgenommen, aber gleichwohl, wie unser Zitat besonders deutlich macht, nur indirekt. Das heißt nicht als Erscheinung selbst, sondern als Gesetzmäßigkeit, die den *Wandel* der Erscheinungen bestimmt.

1 Hans Cornelius, Transzendentale Systematik, München 1916, S. 201f., hier zitiert nach Schmitz, 1978, 150.

Wie die Wahrnehmung des Dinges als Körper uns selbst zu Körpern macht, so macht die Wahrnehmung des Dinges als Objekt uns erst eigentlich zu Subjekten. Zwar ist die Subjektivität qua affektive Betroffenheit in jeder Wahrnehmung schon vom Ursprung her enthalten, das Subjekt als selbständige Instanz bildet sich jedoch erst durch Differenzierung heraus. Haben wir das fundamentale Wahrnehmungsereignis, nämlich das Spüren von Atmosphären als Ko-Präsenz, d.h. als gemeinsame Wirklichkeit von Subjekt und Objekt, erkannt, und haben wir deshalb auch den ersten Gegenstand der Wahrnehmung, die Atmosphären als durchaus subjektiv konstituiert gefunden, so ist der Wandel der Wahrnehmung zur Dingwahrnehmung gleichzeitig ein Prozeß der Entsubjektivierung von Wahrnehmung. Er entspringt der Tendenz, uns das Erzeugende von Atmosphären vom Leibe zu halten. Über Lokalisierung und Verdichtung endet dieser Prozeß bei der Feststellung von objektiven Eigenschaften des Dinges. Darin wird die Dichotomisierung, die Trennung von Subjekt und Objekt der Wahrnehmung vollendet. Die Erscheinungen werden zu bloß subjektiven abgewertet, in denen nur indirekt und bei gehöriger Disziplin die objektiven Eigenschaften des Dinges hervortreten. Die so disziplinierte Wahrnehmung nennt man dann die objektive.

Durch die Trennung von Subjekt und Objekt erscheint schließlich die letzte Dingkategorie, nämlich die Feststellung eines Dinges als eines *Dies-da*. Die Kategorie des *Dies-da* bezeichnet das Ding in seiner puren, unverrückbaren, nicht zu leugnenden Faktizität. Die Wahrnehmung wird in der Verengung auf das *Dies-da* zur bloßen Konstatierung dieser nackten Faktizität. Sie ist in gewissem Sinne der Kern von Realität überhaupt. Zwar gehören der Charakter des Erzeugenden, Lokalität, Körperlichkeit und Objektivität ebenso zur Realität, aber erst in der Faktizität des *Dies-da* zeigt sich unwidersprechlich, daß es Ernst damit ist. Auch die Faktizität des *Dies-da* wird nicht als solche wahrgenommen, gleichwohl fällt sie in die Wahrnehmung. Und zwar wird sie in der Wahrnehmung spürbar als die Erfahrung, daß da etwas ist, dessen Anwesenheit ich letzten Endes bloß ausgesetzt bin, und das eine letzte und unverrückbare Schranke für das freie Spiel der Erscheinungen setzt. Wir sehen, wie sich in der Faktizität des *Dies-da* durch den Prozeß der Ausdifferenzierung von Wahrnehmung am Objektpol eine absolute Instanz herausbildet oder, besser gesagt, in Erscheinung tritt, der am Subjektpol der Wahrnehmung das Ich in seiner Absolutheit der Subjektivität und des Hier und Jetzt entspricht.

Wir können jetzt zusammenfassend sagen, was die Dingwahrnehmung ist. Sie ist die Konstatierung von etwas, das körperlich und mit bestimmten Eigenschaften an einem Ort existiert und sich durch seine Anwesenheit in bestimmter Weise bemerkbar macht, sprich: eine bestimmte Atmosphäre erzeugt. Als solches wird das Ding allerdings nur indirekt wahrgenommen. Die Dingwahrnehmung ist eine spezifische Wahrnehmung, die durch Prozesse der Abwehr, Differenzierung und Verengung aus der fundamentalen Wahrnehmung, dem atmosphärischen Spüren, entsteht. Die Dingwahrnehmung ist die Konstatierung und Lokalisierung von einem körperlichen *Dies-da* mit bestimmten Eigenschaften.

Wir haben damit am Ende die trivialen Wahrnehmungsereignisse vom Typ *Ich sehe ein Haus* wieder eingeholt bzw. in die Betrachtung hereingeholt. Diese Wahrnehmungsereignisse, die sich für das landläufige Verständnis als erstes anbieten, sind der Sache nach, d.h. der Sache der Ästhetik nach, das letzte. Die Ästhetik wird nicht von solchen trivialen Wahrnehmungsereignissen her gewonnen. Für sie ist nicht eine besondere Wahrnehmungsweise, der sogenannte ästhetische Blick, konstitutiv, der etwa aus der alltäglichen Dingwahrnehmung durch Abstraktion, Rahmung, Verhaltung und Zweckfreiheit oder sonstige Disziplinierung gewonnen würde, sondern umgekehrt: Grundlegend für die Ästhetik ist das Spüren von Atmosphären, und von diesem ist durch einen langen Weg von Differenzierung, Spezifizierung und Disziplinierung die alltägliche Wahrnehmung von Dingen abgeleitet.

XII. Ästhetische Praxis und ästhetische Kritik

1. Poetik und Theorie des Geschmacks

Am Ende dieser Vorlesung ist die Frage berechtigt, wozu Ästhetik überhaupt dient, und im besonderen, was die hier entwickelte neue Ästhetik zu leisten verspricht. Um solche Fragen zu beantworten, ist es sinnvoll, noch einmal auf die Ursprünge der Ästhetik zurückzugehen. In der ersten Vorlesung wurde dargestellt, inwiefern die Ästhetik qua Aisthetik eine Wiederaufnahme des Projektes der Ästhetik, wie es von Alexander Gottlieb Baumgarten im 18. Jahrhundert konzipiert wurde, darstellt. Es gibt aber, neben diesem, zwei andere Ursprünge der Ästhetik, die sich dann in der Entwicklung der ästhetischen Theorie als einer philosophischen Disziplin mit dem Baumgartenschen Ansatz verbanden: und zwar einerseits die aristotelische Poetik und Rhetorik, und andererseits die Theorie des Geschmacks, wie sie von englischen Gefühlstheoretikern des frühen 18. Jahrhunderts entwickelt wurde.

Sowohl die aristotelische Poetik, wie auch die Rhetorik, gehören bei ihm zur Wissensform der τέχνη und das heißt: sie sind Herstellungswissen. Poetik als Herstellungswissen, insbesondere als ein Korpus von Regeln, wie man Gedichte macht, einen schönen oder erhabenen Stil schreibt und dergleichen, ist seit der Zeit der Romantik verpönt. Vom Standpunkt der Genieästhetik gesehen erschien ein solches Wissen als banausisch, schien es doch Kunst zum Handwerk zu degradieren. Der wahre Künstler dagegen sei frei, in ihm wirkte die produktive Natur. Es ist auch heute noch schwer, gegenüber diesem Verdikt die Berechtigung von Poetik im klassischen Sinne deutlich zu machen. Sicher hat die Genieästhetik einseitig die Kreativität für das Kunstschaffen berufen, wobei das handwerkliche Können, wie auch die Notwendigkeit einer Orientierung an Vorbildern in den Schatten gerieten. Ferner wurde übersehen, daß die Poetik qua Herstellungswissen in manchen Perioden der Kunstentwicklung eine viel größere Bedeutung hatte, weil sich in ihnen die Kunst als *Renais-*

sance vollzog, nämlich in der Nachahmung *klassischer* Vorbilder. Das gilt für die Renaissance im engeren Sinne, es gilt aber bereits für die römische Plastik, wie auch die römische Lyrik, die sich in Nachahmung griechischer Vorbilder entfalteten. Es gilt ferner für die Anfänge der deutschen Dichtung im 17. und 18. Jahrhundert und damit für die Poetiken eines Opitz und eines Gottsched, und es gilt erneut für die akademische Kunst des 19. Jahrhunderts, die sich in Folge des kunsthistorischen Neuhumanismus, etwa eines Winckelmann, entwickelte. Da alles, was wir heute als moderne Kunst verstehen, also die Kunst seit dem ausgehenden 19. Jahrhundert, sich selbst in Protest und Absetzung gerade von dieser akademischen Kunst verstand, ist Ästhetik qua Poetik im klassischen Sinne erneut in Mißkredit geraten. Die Verachtung von Poetik enthält aber ein ideologisches Moment. Das wird deutlich, wenn man sich vor Augen führt, daß kaum einer der modernen Künstler *nicht* Absolvent irgendeiner Kunsthochschule ist. Kunsthochschulen leben ja wohl von der Unterstellung, daß es für werdende Künstler etwas zu lernen gibt. Freilich ist die Frage berechtigt, worin unter der Bedingung der Modernität die Ausbildung zum Künstler bestehen soll, und damit stellt sich die Aufgabe einer Reformulierung der klassischen Poetik. Eine solche wird heute an der aristotelischen entdecken, daß sie wesentlich Rhetorik ist, d.h. nicht so sehr die sachgerechte Herstellung von Kunstwerken als vielmehr die Frage behandelt, wie der Künstler auf Seiten des Betrachters oder Hörers oder Lesers gewisse Wirkungen erzielen kann. Die heute übliche Unterscheidung von Produktions- und Rezeptionsästhetik gleitet deshalb an der klassischen Poetik ab. Sie behandelt die Herstellung von Kunstwerken im Blick auf das mögliche Publikum.

Die zweite Quelle neuzeitlicher Ästhetik, an die man sich erinnern sollte, ist die Theorie des Geschmacks, wie sie sich in der englischen Aufklärung entwickelte. Als prototypisch sind die ästhetischen Schriften des Grafen von Shaftesbury, mit bürgerlichen Namen Anthony Ashley Cooper (1671 bis 1713) zu nennen. Shaftesbury ist, von deutscher Perspektive her gesehen, noch ein Frühaufklärer. In England dagegen gehört er bereits der zweiten Welle der Aufklärung an, die sich nicht mehr primär mit den alten etablierten Mächten, der Kirche, der Monarchie, der Scholastik auseinander zu setzen hatte, sondern bereits mit dem neuen, zum Teil durch die Aufklärung selbst freigesetzten Irrationalismus. So ist ein Großteil seiner Schriften gegen Enthusiasmus und Schwärmerturm gerichtet. Auch das, was man bei ihm als Anfänge der Ästhetik bezeichnen kann, sind Überlegungen darüber, wie Ordnung in die neuen, entfesselten Freiheiten gebracht werden kann. Es geht um die Notwendigkeit, die Berechtigung und um die Maßstäbe von Literatur- und Kunstkritik. Für das Wirken von Shaftesbury ist vorauszusetzen, daß sich bereits ein Markt für Literatur und Kunst entwickelt hatte, daß also auch für den Markt produziert wurde, daß die künstlerische Produktion damit von den strengen, stilistischen wie ikonographischen Regeln ihrer Einbettung in religiöse und staatliche Zusammenhänge entbunden war. Entsprechend entwickelte sich ein Chaos von Geschmacksrichtungen und Moden, es wurde für den Markt und für den Verbraucher produziert, Werbung und Geschäftemacherei zogen in die Kunstproduktion ein. Ein Beispiel dafür ist Alexander Pope, wohl einer der ersten Schriftsteller, die von ihrer literarischen Produktion leben konnten bzw. sogar reich wurden (Brown, 1985, 130ff.). In dieser Sphäre marktförmiger Kunstproduktion entwickelte sich auch die Rolle des Kritikers als eines festen Bestandteils der bürgerlichen Öffentlichkeit.

Die für unseren Zusammenhang wichtigste Schrift Shaftesburys ist die Schrift mit dem Titel *Selbstgespräch oder Ratschlag an einen Autor,* zuerst erschienen im Jahre 1710. Dem Titel entsprechend handelt es sich um eine relativ locker und assoziativ konzipierte Schrift. Und doch kann man wohl sagen, daß das Thema Geschmack und Kunstkritik ihr zentrales Thema ist.

Dort, wo mit verschiedener Nuancierung im Deutschen der Ausdruck *Geschmack* auftritt, findet sich bei Shaftesbury *taste, relish, choice* – dabei hat *relish* gelegentlich schon den Sinn von Modegeschmack und *choice* eine Bedeutung, die gegenüber *taste*, das auch Wahl bedeutet, eher bewußte Wahl meint. Ferner finden sich *whim* und *fancy* ebenfalls als Geschmacksbezeichnungen, die allerdings schon eher abfällig den Sinn von *Laune, Marotte, Subjektivität* haben.

Shaftesburys Theorie des Geschmacks nimmt ihren Ausgangspunkt in einer Verteidigung der Kunstkritiker. Er versucht Künstlern, insbesondere Autoren, plausibel zu machen, daß sie ihr bestes Auditorium sind und nützliche Vermittler zum breiteren Publikum. Er unterstellt dabei, daß dem Künstler die Wertschätzung dessen am wichtigsten ist, der sein Können zu beurteilen weiß. Das sind in erster Linie die Künstlerkollegen, in zweiter Linie diejenigen, die sich auf die Beurteilung eben dieses Könnens spezialisiert haben. Von diesen nun, den Kritikern, erwartet Shaftesbury zugleich, daß sie den Geschmack des Publikums bilden und jedermann zum kompetenten Kunstrezipienten machen.

> „Es muß eine Hörkunst erfunden werden, ehe die aufführenden und darstellenden Künste ihre gehörige Wirkung tun können, oder irgend Vortreffliches in dieser Art gefühlt oder vernommen werden kann. Die wahren Künstler wünschten daher natürlicherweise am meisten, das Ohr des Publikums zu bilden und zu verfeinern, was sie auf keine Weise besser zuwege bringen konnten als mit Hilfe dieser letzteren Genies (d.h. der Kritiker, G.B.), die gewissermaßen ihre Dolmetscher bei den Leuten waren, und die das Publikum durch ihr Beispiel lehrten, das Wahre und Große in jeder Darbietung zu finden“ (Shaftesbury, 1710, 153).

Der Kritiker und seine Weise Kunst aufzufassen, werden hier also zum Vorbild der eigentlich erwünschten Kunstrezeptionen. Das impliziert, daß diese wahre, wünschenswerte Kunstrezeption weniger als eine Wirkung auf das Gemüt als vielmehr als Beurteilung und kompetente Wahl verstanden wird. Ferner impliziert es, daß es Standards des Geschmacks gibt, und daß der Geschmack gebildet werden kann.

Die Bildung des Geschmacks ist nun keineswegs die Herausbildung einer isolierten Kompetenz. Vielmehr ist sie in den Bildungsprozeß der Gesamtpersönlichkeit eingebettet oder mehr noch, dieser Bildungsprozeß wird im ganzen als eine Bildung des Geschmacks verstanden. Geschmack ist nämlich bei Shaftesbury keineswegs etwas, das sich nur auf die Auswahl in ästhetischer Rezeption bezieht. Es geht ebenso um die Auswahl von Handlungen, Haltungen und Verhaltensweisen. Das bedeutet also, daß für Shaftesbury das Moralische gewissermaßen mit dem Ästhetischen zusammenfällt.

> „Wenn Höflichkeit und Humanität ein Geschmack sind; wenn Brutalität, Unverschämtheit und Ausschweifung gleichermaßen ein Geschmack sind; wer, wenn er darüber nachdenken könnte, würde sich nicht dafür entscheiden, sich eher nach dem liebenswürdigen und angenehmen als nach dem anrüchigen und verderbten Muster zu bilden?“ (Shaftesbury, 1710, 271).

Das Ideal der Bildung, der Gentleman, erweist sich damit als eine Wiederauflage des griechischen καλόν κ'ἀγαθόν.

Fassen wir zusammen: Shaftesburys Ansatz zu einer Ästhetik ist offenbar durch eine sozialgeschichtliche Situation bedingt, die durch bürgerliche Öffentlichkeit, Kunstmarkt und das Entstehen einer professionellen Kunstkritik zu charakterisieren ist. Dem Pluralismus und Liberalismus dieser Szene hält er Natur als Maßstab entgegen. Das Vorbild der Natur qualifiziert das gute Kunstwerk, und der gute Geschmack ist derjenige, der das naturgemäße Kunstwerk bevorzugt. Dabei wird unterstellt, daß empirisch häufig ganz andere Maßstäbe gelten und ganz anderer Präferenzen wirksam sind. Guter Geschmack ist nichts Selbstverständliches, sondern muß herausgebildet werden. Allgemein ist Bildung (breeding) überhaupt die Ausbildung des guten Geschmacks, insofern auch ethische und politische Fragen als Geschmacksache, d.h. als Sache der Wahl, verstanden werden können.

Blickt man auf diese Ursprünge der Ästhetik zurück, so ist von der Ästhetik nicht nur eine Theorie sinnlicher Erfahrung zu erwarten – auf dieser Linie haben wir uns in dieser Vorlesung bisher im Wesentlichen bewegt – sondern auch ein Wissen, das die Herstellung von Kunstwerken leiten kann, wie auch die Grundlage einer Theorie des Geschmacks und der Kunstkritik. Man ist versucht, die beiden letzteren Aufgaben nach heute gängiger Terminologie als die einer Produktions- und einer Rezeptionsästhetik zu benennen. Da wir aber die Ästhetik in der Baumgartenschen Linie wesentlich als Aisthetik entwickelt haben, liegen unsere Unterscheidungen zu der genannten gewissermaßen quer: Ich spreche statt von Produktions- und Rezeptionsästhetik von den Aufgaben der Ästhetik in bezug auf die ästhetische Praxis, bzw. auf die ästhetische Kritik.

2. Ästhetische Praxis

Das Feld der Ästhetik qua Aisthesik ist die Wirklichkeit – im Unterschied zur Realität. Es ist also von ihr zu erwarten, daß sie etwas leistet für unser Leben mit und in den Erscheinungen. Bezeichnet man als ästhetische Praxis den Umgang mit den Erscheinungen, so könnte man diesen Umgang, wenn man die Härte der Ausdrücke nicht scheut, in ästhetische Arbeit und ästhetischen Konsum einteilen. Solche Ausdrücke dienen der Ernüchterung in bezug auf die Ästhetik, um sie vor der Einschränkung auf die Kunst oder gar die hohe Kunst zu bewahren, und das Feld der Ästhetik so weit zu halten, daß auch Tätigkeiten wie Werbung oder Verhaltensweisen wie das Riechen an einer Blume, dazu gehören. Hart sind die Ausdrücke, weil nämlich bei dieser Einteilung auch das Kunstschaffen als ästhetische Arbeit anzusehen ist und beispielsweise ein Museumsbesuch als ästhetischer Konsum.

Was leistet nun die neue Ästhetik für die ästhetische Praxis? Die erste und allgemeinste Funktion der Ästhetik ist die Erweiterung der Sprachfähigkeit. Die Ästhetik steht seit dem Altertum in dem Ruf, mit dem Irrationalen zu tun zu haben. Das geht von der göttlichen Raserei des Dichters in der Antike bis zur modernen Genieästhetik, von der magischen bis zur suggestiven Wirkung von Kunstwerken, und findet in den Schriften der Ästhetiker selbst seinen Ausdruck: Boileau spricht von dem *je ne sais quoi*, Kant von der Begriffslosigkeit des Geschmacksurteils, Adorno von dem *Mehr*, das das *wahre Kunstwerk* auszeichnet. Die neue Ästhetik ist bemüht, die ästhetische Wirklichkeit von Irrationalismus zu befreien, d.h. wörtlich: sie sprachfähig zu machen. Damit werden die Phänomene von suggestiver Wirkung und Ergriffenheit keineswegs geleugnet, sondern vielmehr gerade anerkannt, und d.h. auch gegebenenfalls kritisierbar gemacht. Dem dienen die Begriffe der Atmosphäre, der Ekstase, der Charaktere, der Erzeugenden, wie sie in dieser Vorlesung entwickelt wurden.

Aber nicht nur eine Erweiterung der Möglichkeiten, über ästhetische Erfahrung zu sprechen, ist von der neuen Ästhetik zu erwarten, sondern auch eine Förderung der ästhetischen Praxis, auch der Herstellungspraxis. Von einer Ästhetik, die sich wesentlich als Wahrnehmungslehre gestaltet, kann man keine Regelpoetik alter Art erwarten – alles, was für den ästhetischen Arbeiter handwerklich zu lernen notwendig ist, wird er von den jeweiligen Meistern der einzelnen Fächer viel besser lernen. Die Ästhetik dagegen kann gewissermaßen die Perspektive zurechtrücken, die Augen wieder dafür öffnen, worum es eigentlich bei ästhetischer Arbeit geht: Um die Hervorbringung von Erscheinungen, die auf ein Publikum bestimmte Wirkungen haben sollen. Nur allzusehr haben sich Architektur und Design auf die Gestaltung von Dingen bezogen, ohne ein explizites Bewußtsein dafür zu entwickeln, daß Architekturen und Formen des Design *Erzeugende* sind, d.h. etwas ausstrahlen sollen und zur Hervorbringung von Atmosphären beitragen. Wenn man hinzufügt, daß Bühnenbildner und Werbegraphiker dieses Bewußtsein sehr wohl entfaltet haben, dann könnte es bedenklich scheinen, auch bei Architekten und Designern dieses Bewußtsein zu entwickeln. Die Kritik folgt auf dem Fuße, aber zunächst einmal muß ernst genommen werden, daß Architektur und Design nicht nur die Herstellung funktionaler Gebilde zum Ziel haben – die dann unter Umständen auch noch die Billigung von Kunstkritikern finden – sondern der humanen Gestaltung unserer Welt dienen. Das gilt umso mehr für den Bereich der Naturästhetik. Als ökologische Naturästhetik (Böhme, 1999a) mußte sie postuliert werden, weil nämlich unter der alleinigen Herrschaft der Ökologie in der Naturgestaltung der Bezug auf den Menschen verloren zu gehen drohte. Es geht aber nicht um Natur überhaupt, sondern um Natur für uns, d.h. also gerade dort, wo zerstörte Natur wiedergewonnen werden soll, um deren Humanisierung.

Die Ästhetik wird also die Herstellungspraxis fördern, insofern sie die Aufmerksamkeit auf das richtet, was Goethe die sinnlich-sittlichen Wirkungen der Farben nannte, auf Bewegungsanmutungen, auf Synästhesien, und indem sie lehrt, Eigenschaften als Ekstasen zu interpretieren.

Auch die klassische Ästhetik ist nicht davon ausgegangen, daß sich ästhetische Rezeption von selbst macht. Vielmehr sah sie eine ihrer Hauptaufgaben in der Ausbildung des Geschmacks. Geschmack aber ist Beurteilungs- und Auswahlvermögen. Die Notwendigkeit von Geschmack soll nicht geleugnet werden, aber es ist eine Pointe der neuen Ästhetik, ästhetische Erfahrung und ästhetisches Urteil zu trennen. Zu einem Urteil muß man zuallererst ästhetisch erfahrungsfähig werden. Und nur dann, wenn man das Vermögen ästhetischer Erfahrung ausgebildet hat, lohnt es sich, mit *Geschmack* die eigene Umgebung zu gestalten. Die Ausbildung von ästhetischer Erfahrungsfähigkeit ist nun allerdings eine Sache der Übung und kann sicherlich nicht durch ein Buch über ästhetische Theorie vermittelt werden. Wohl aber kann letztere darlegen, daß es unterschiedliche Wahrnehmungstypen gibt, wie sie miteinander zusammenhängen, und wie von einer zu anderen überzugehen wäre. Die Darlegung unterschiedlicher Wahrnehmungsweisen, von der Wahrnehmung von Atmosphären bis zur Wahrnehmung von Dingen, sollte ein kompetentes Umgehen mit der eigenen Wahrnehmung vorbereiten. Diese Vorbereitung ist zum großen Teil negativ, d.h. sie besteht in der Auflösung von Vorurteilen. So etwa auch des Vorurteils, daß ein Kunstwerk immer ein Gegenstand mit Eigenschaften sei, oder ein Zeichen mit Bedeutung. Auf diese Weise wird die Ästhetik ein *Verstehen* der modernen Kunst vorbereiten, wo immer das nötig ist, und zwar gerade dort, wo es darauf ankommt, an den Kunstwerken selber Erfahrungen zu machen. Die angestrengten Vermittlungsversuche moderner Kunst, die wesentlich über kunsthistorische Erklärungen gingen, konnten zwar beim Publikum die Fähigkeit mitzureden erweitern, aber keineswegs das Vakuum füllen, das dort entstand, wo ein Verstehen im Sinne von Semiotik und Hermeneutik nicht mehr zureichte. Umgekehrt sollte man aber nicht in den Fehler verfallen, nun das Spüren der Aura eines Kunstwerks zu dem *eigentlichen* Kunsterlebnis hochzustilisieren.

Eine Pointe der Ästhetik qua Aisthetik ist sicherlich, die Sinnlichkeit innerhalb der technischen Zivilisation mit ihrer Tendenz zur progressiven Cerebration (Gottfried Benn) und leibloser Existenz stark zu machen. Wenngleich man nicht mit Martin Seel (1996, 129) wird sagen wollen, daß die Ästhetik ein Teil der Ethik sei, so hat sie hier doch ethische Konsequenzen, nämlich Konsequenzen für die Lebensweise. Da der Mensch ein hinfälliges Wesen ist, das an die Bedingungen sinnlicher Existenz gebunden bleibt, muß ein Leben in telematischer Ortlosigkeit, aufgelöst im Strom der Zeichen, als unvollständig angesehen werden. Das Leiden, das die Bindung an körperliche Existenz für den Menschen mit sich bringt, hat seit je zur Flucht aus der Leiblichkeit motiviert. Entgegen dem klassischen Ideal des βιός θεορετικός und der Vergeistigung des Menschen, muß man heute angesichts der technisch bedingten Entleiblichung den illusionären Charakter dieser Ideale erkennen. Zur Erfüllung dessen, was Mensch-Sein heißt, gehören auch sinnliche Erfahrungen. Doch die Kompetenz dazu kann heute nicht mehr als naturgegeben angesehen werden, vielmehr muß man sie erwerben, und zumindest zu sagen, was man da erwerben muß, dazu ist die neue Ästhetik der Ort.

3. Kritik

Wie schon immer, bleibt eine der wichtigsten Aufgaben der Ästhetik die Kritik. Keineswegs kann sie sich darauf zurückziehen, als ästhetische Theorie die Theorie zur ästhetischen Praxis zu sein (Seel, 1996, 128). Im immer wieder verlorenen Wettlauf mit moderner Kunst hat sich die resignative Auffassung bei den Ästhetikern verbreitet, Ästhetik könne nur deskriptiv und analytisch sein. Das hieße auch, sich den Erwartungen der Kunstkritiker entziehen, die nämlich von ästhetischer Theorie eine Basis für ihr Geschäft verlangen. Die Aufgabe bleibt also die alte, nur wird die ästhetische Theorie sie nicht erfüllen können, wenn sie nicht realisiert, daß sich die Fronten der Kritik im 20. Jahrhundert verschoben haben. Das beginnt schon beim Begriff der Kritik selbst. Man kann nicht mehr, wie wir es von Shaftesbury berichtet haben, Kritik und Geschmack ineins setzen. Ästhetische Kritik und ästhetische Erfahrung sind nicht dasselbe, und der Kunstkritiker ist nicht einfach ein ästhetisch gebildeter Mensch. Wie auch sonst, fallen hier Lebenswelt und System auseinander. Kunstkritik ist ein professionelles Geschäft und bezieht sich auf den öffentlichen ästhetischen Diskurs, während die Ausbildung einer ästhetischen Lebensweise vielmehr ein kompetentes Umgehen mit der eigenen Sinnlichkeit verlangt als ein kritisches Urteil.

Um die Verschiebung der Fronten ästhetischer Kritik darzustellen, lohnt es sich, nun auf die in der ersten Vorlesung angegebene Dreiteilung des ästhetischen Arbeitsfeldes zurückzukommen: Natur, Design (Ästhetisierung des Realen), Kunst. Dort in der ersten Vorlesung waren aus den Problemen dieser Felder bereits die Erwartungen an die Ästhetik beschrieben worden. Unter dem Leitbild einer Ästhetik als Theorie sinnlicher Erkenntnis waren die dort formulierten Desiderata im Wesentlichen solche des Wissens: eine ästhetische Theorie der Natur, eine Theorie ästhetischer Politik und Ökonomie und eine Theorie künstlerischer Praxis und Erfahrung. Jetzt dagegen soll in der Unterstellung, daß in Bezug auf Erkenntnis und Orientierung in diesen Feldern bereits Wesentliches geleistet sei, nach dem kritischen Potential der Ästhetik in ihnen gefragt werden. Dabei wird wie angekündigt, die Verschiebung der Kritikfronten gegenüber der traditionellen Ästhetik deutlich werden.

Von einem kritischen Potential der klassischen Naturästhetik kann man genaugenommen gar nicht reden. Denn insoweit sie Ästhetik der Natur *in* den Kunstwerken war, ist sie nicht von der Kunstkritik überhaupt zu unterscheiden. Soweit sie aber Ästhetik der Natur als dem Bereich des Gegebenen war, wäre sie als Kritik ohnehin unangebracht gewesen. Allein Hegels Ästhetik könnte man auch als eine ästhetische Kritik der Natur ansehen. Denn vom Standpunkt der Ästhetik als Theorie der Kunst ist Hegels wesentliche Aussage, daß die Natur selbst den Begriff der Schönheit nicht erreicht und deshalb allenfalls den Vorhof der Ästhetik darstellen kann. Diese Kritik ist also im Wesentlichen eine Aufforderung an die Künstler, in ihrer Gestaltung der Natur oder ihrer Arbeit an Natur als Sujet die Idee, die in der Natur selbst noch eher verschlossen ist, wirklich zum Scheinen zu bringen. Gegenüber der historischen Situation, in der Hegel argumentierte, ist nun heute das eigentliche Feld der Naturästhetik nicht die Natur als der Bereich des Gegebenen, sondern die Natur, die wir selbst herstellen bzw. herstellen müssen. Die zentrale Herausforderung der Naturästhetik ist heute die Wiedergewinnung bereits zerstörter Natur, also alles was unter den Stichworten Renaturierung, Rekultivierung, Humanisierung von Natur geleistet werden muß. Die neue Naturästhetik verdankt sich in diesem Zusammenhang von vornherein einem kritischen Impuls: Nämlich die Unzulänglichkeiten einer *nur* naturwissenschaftlich, das heißt hier auch ökologisch geleiteten Gestaltung der Natur. Paradoxerweise liefert hier gerade Martin Seels Ästhetik der Natur (Seel, 1991), die sich wesentlich an der unberührten Natur orientiert, ein brauchbares Arsenal von Begriffen und Gesichtspunkten, mit Hilfe derer man hergestellte Natur kritisch betrachten kann. Sie soll human sein, insofern sie menschlichen Lebensformen korrespondiert, insofern sie Anlaß zur Kontemplation bietet, und insofern sie zur Imagination anregt. Diese Gesichtspunkte sind sehr nützlich, werden in der Praxis der Naturgestaltung aber kaum über die Empfehlung der klassischen Vorbilder, wie wir sie etwa in den europäischen Kulturlandschaften oder den traditionellen Gartentypen vor Augen haben, hinaus führen, denn sie sind kein Mittel der *Erkenntnis* der Natur. Der ursprüngliche Ansatz einer ökologischen Naturästhetik (Böhme, 1999a) hatte deshalb weitergesteckte Ziele. Entstanden als Kritik an der Naturwissenschaft, will sie dieser die Alleinzuständigkeit auf dem Felde der Erkenntnis der Natur streitig machen. Ästhetik als Kritik heißt hier also die Forderung einer ästhetischen Erkenntnis der Natur, und damit einer Bestimmung der Grenzen ihrer naturwissenschaftlichen Erkenntnis. Es geht, das ist die Grundthese einer solchen Naturästhetik, um die Frage, was die Natur in bezug auf den Menschen als leiblich-sinnliches Wesen ist. Ansätze zu einer solchen Naturerkenntnis sind inzwischen unter dem Stichwort einer *Phänomenologie der Natur* (Böhme, Schiemann 1997)entwickelt worden. Sie folgen naturgemäß im Wesentlichem dem Paradigma von Goethes Naturwissenschaft.

Was nun die Kritik der Ästhetisierung der Realität angeht, so sind hier die entscheidenden Paradigmata bei Walter Benjamin einerseits, und Horkheimer und Adorno andererseits, zu suchen. Benjamin hat unter dem Eindruck des Faschismus mit der Prägung des Begriffes *Ästhetisierung der Politik* (Benjamin 1979, 42-44) den entscheidenden Schritt getan. Er besteht darin, Ästhetik überhaupt als Politikum zu thematisieren. Freilich müssen heute sowohl im Rückblick auf Faschismus und Nationalsozialismus, aber auch im Blick auf die Gegenwart, die Fronten gegenüber der Benjaminschen Kritik verschoben werden. Denn Benjamin versuchte noch, durch seinen Begriff die faschistische Politik als Scheinpolitik zu entlarven. Sie verhelfe der Masse *bloß* „zu ihrem Ausdruck (beileibe nicht zu ihrem Recht)" (Benjamin, 1979, 42). Damit folgt er der klassischen Unterscheidung von Sein und Schein und der Abwertung des Emotionalen gegenüber den *wahren* Bedürfnissen. Demgegenüber zeichnet sich heute die Einsicht ab, daß der Nationalsozialismus nur so erfolgreich sein konnte, weil er gerade durch seine Politik der Gefühle wirkliche Bedürfnisse befriedigte (Karlson, Ruth 1982).[1]

1 Hermann Schmitz hat in seinem, im übrigen durchaus problematischen Hitlerbuch (Schmitz 1999, 364) herausgearbeitet, daß Hitler als »Meister der Eindruckstechnik« ein »enormes Bedürfnis« des deutschen Volkes zumindest *plakativ* befriedigte, nämlich das Bedürfnis nach einer *implantierenden Situation*.

Darüber hinaus hat man einsehen müssen, daß die Emotionen der Massen tatsächlich eine Machtbasis darstellen können. Schließlich kommt man an der Erkenntnis nicht vorbei, daß Politik als Theater kein Spezifikum von faschistischen oder überhaupt totalitären Regimes ist, sondern heute eine Konsequenz davon ist, daß wir in der technischen Zivilisation, oder genauer gesagt, im Medienzeitalter leben. Die Kritik, die die Ästhetik heute in der politischen Sphäre leisten kann, wird sich also nicht mehr darauf beziehen, daß überhaupt Politik ästhetisiert ist. Vielmehr wird sie damit rechnen, daß zur Politik im Medienzeitalter Inszenierung, die Produktion von Atmosphären, die Erzeugung von affektiver Betroffenheit bei den *Massen* gehört. Aus dem Wissen der neuen Ästhetik heraus wird es aber immer möglich sein, die Methoden, mit denen das geschieht, zu kritisieren, und damit den Einzelnen der Manipulation seiner Gefühle zu entreißen und ihm die Freiheit zurückzugeben.

Über den anderen Teil der Kritik der Ästhetisierung des Realen ist schon das Wesentliche gesagt worden: Sie muß Kritik der ästhetischen Ökonomie sein. Diese setzt aber wie im Feld der Politik voraus, daß zunächst die Ästhetik als ein genuines Element von Ökonomie anerkannt wird. Erst, wenn man neben dem Gebrauchswert und dem Tauschwert auch den Inszenierungswert der Waren ins Auge faßt, wird man das Funktionieren der Ökonomie im fortgeschrittenen Kapitalismus verstehen. Aber dieses Verstehen ist dann auch schon implizit ein kritisches. Die Theorie der ästhetischen Ökonomie ist vom Typ kritische Theorie (Böhme, 2001), d.h., nach den Worten Horkheimers, daß sie das Faktische in der Perspektive vernünftiger Verhältnisse betrachtet (Horkheimer 1970, 21). So gesehen, erweist sich die Ökonomie des fortgeschrittenen Kapitalismus als Verschwendungsökonomie, d.h. daß sie bei fortbestehender Armut in der Welt und fortschreitender Zerstörung der natürlichen Lebensgrundlagen der Menschheit sich als unvernünftig erweist. Dabei soll nicht geleugnet werden, daß die ästhetische Ökonomie mit wirklichen Bedürfnissen der Menschen – die aber unter gewissen Gesichtspunkten besser Begehrnisse genannt würden – zu tun hat: Der Mensch will nicht nur leben und überleben, sondern er will sein Leben intensivieren und sein Lebensgefühl steigern. Die Kritik der politischen Ökonomie macht aber deutlich, daß der Mensch gerade über diese Dimensionen ausbeutbar ist und in Abhängigkeitsverhältnissen gehalten werden kann. Das Besondere der Begehrnisse, also des Bedürfnisstyps, auf den der fortgeschrittene Kapitalismus setzt, ja, setzen muß, besteht gerade darin, daß ihre Erfüllung nicht zu Befriedigung führt, sondern den Wunsch nach weiterer Steigerung weckt. In der Ausstattung des Lebens für Ansehen und Sichtbarkeit gibt es keine prinzipiellen Grenzen. Die Kritik der politischen Ökonomie wird hier dem Einzelnen helfen, aus der Eskalation der Begehrnisse auszusteigen. Mochte einstmals die Freiheit in der Unabhängigkeit vom Mangel bestehen, so heute im fortgeschrittenen Kapitalismus eher in der Unabhängigkeit vom Überfluß.

Die Aufgabe der *Kunstkritik* war es, Kunstwerke in Hinblick auf ihre Qualität zu beurteilen – im Sinne der klassischen Ästhetik hieß das auf ihre Schönheit. Denn Kunstwerke wurden als Produkte der *schönen* Künste verstanden, im Unterschied zu denen des Handwerks. Neben die Schönheit traten als Beurteilungsgesichtspunkte Vollkommenheit, Angemessenheit des Ausdrucks, Authentizität. Diese Gesichtspunkte mögen auch in gegenwärtiger Kunstkritik noch eine Rolle spielen, sie sind aber gerade für Werke, die die Kunstentwicklung vorangetrieben haben, also für die Werke der modernen Kunst seit dem 19. Jahrhundert Schritt für Schritt entmachtet worden. Seit Rosenkranz' *Ästhetik des Häßlichen* (1853) ist Schönheit keine Bedingung *sine qua non* der Kunst mehr. Selbst ihre konservativen Interpreten, wie sie in dem Arbeitskreis *Poetik und Hermeneutik* versammelt waren, sahen sich gezwungen, einen Band über *Die nicht mehr schönen Künste* herauszubringen (Jauß, 1968). Wenn man vom Standpunkt der Ästhetik qua Aisthetik Atmosphären als das eigentliche Thema der Kunst bezeichnet, so erscheint Schönheit dann nur noch als eine Atmosphäre unter anderen – etwa neben dem Schrecklichen, dem Heiteren, dem Bedrohlichem etc. Auch Vollkommenheit kann nicht mehr als generelle Qualität angesehen werden, die Kunstwerke als solche auszeichnet. Was in der klassischen Kunst als Torso, als Skizze, als unvollendeter Entwurf überliefert wurde, kann in der modernen Kunst das Werk selbst sein. Gerade die Sichtbarkeit von Arbeitsspuren, das Offenlassen einer Darstellung gehört zum Charakteristikum von Werken. *Das offene Kunstwerk,* wie es Eco (1973) bestimmt, konnte wegen seiner Potenz, den Betrachter zur Mitwirkung einzuladen, als modern gewertet werden. Auch Angemessenheit des Ausdrucks, ein Kriterium, das Habermas gerade zum Charakteristikum des ästhetischen Diskurses erhoben hat (Habermas 1982, Bd. 1, 41)[2], kann kein generelles Kriterium für moderne Kunst mehr sein. Daß das sogar im Bereich der Literatur gilt, zeigt die Ent-

2 Was Habermas hier über ästhetische Diskurse sagt, schwankt freilich zwischen Kritik des »ästhetischen Ausdrucks« und Kritik von »Wertstandards«, d.h. zwischen Diskurs und Meta-Diskurs.

wicklung von Diltheys *Das Erlebnis und die Dichtung* (1965), in dem er, von Beispiel Goethes ausgehend, als entscheidend für das Verständnis seiner Lyrik den Rückgang auf die biographische Situation und Gefühlslage des Autors fordert, zu neueren intertextuellen Beurteilungen sprachlicher Kunstwerke. Daß Kunstwerke nicht Ausdruck einer wie immer zu bestimmenden Innerlichkeit des Künstlers sind, und daß damit auch die Forderung der Authentizität fällt, zeigen insbesondere die readymades seit Duchamp.

Im Erscheinen der readymades sieht Thierry de Duve in seinen Studien zur Archäologie der Moderne den entscheidenden Epochewandel. Nicht ungeschickt sind diese in der englischen und der deutschen Ausgabe seines Buches mit dem Titel *Kant nach Duchamp* (de Duve 1993, 289) bezeichnet worden. Die zentrale These von de Duve ist, daß mit der modernen Kunst seit Duchamp sich das Thema der Kunstkritik gewandelt hat. War die Grundfrage der Kunstkritik vorher *Was ist schön?,* so lautet sie nach Duchamp *Was ist Kunst*? Seine Analyse zeigt, daß das ästhetische Urteil *Das ist Kunst* formal dieselben Eigenschaften hat, wie sie Kant für das Geschmacksurteil analysierte. Insbesondere ist es ein begriffsloses Urteil (de Duve 1993, 289). Was de Duve allerdings nicht berücksichtigt, ist, daß der Hintergrund für das Geschmacksurteil bei Kant nicht einfach der *common sense* ist, wie er vielleicht auf die faktische Naturausstattung des Menschen zurückgeführt werden könnte, sondern Geschmacks*bildung*. Er vollzieht damit für die Kunstkritik eine Demokratisierung, wie sie Beuys für die Kunstproduktion – jedermann ein Künstler – gefordert hatte: „Daß jeder Mann und jede Frau *Geschmack*, ja, sogar *Genie* habe, ist einzig eine Forderung der Vernunft“ (de Duve 1993, 294). Sein Ergebnis liefe damit auf ein Ende – nicht der Kunst – aber der Kunstkritik hinaus. Es liest sich folgendermaßen:

> „Der Satz *Das ist Kunst* erfordert nämlich, daß man ihn ausspricht und liest wie ein reflektierendes, ästhetisches Urteil – im strengsten kantischen Sinne -, das aber den *Geschmack* im *Genie* begründet oder darauf zurückführt und beide in einem jeden voraussetzt. Ob er nun auf Werke der Vergangenheit angewendet wird, oder auf solche der modernen Kunst, auf das Ready-made, oder tatsächlich auf etwas X-Beliebiges, dieser Satz versieht *ein Das-da* mit einem bezüglich einer indemonstrablen Idee inexponiblen Namen (nämlich dem Namen *Kunst*, G.B.). *Kunst gibt es nicht, sie wird als solche deklariert,* hat Rosenberg gesagt[3]. Sie ist kein Gegenstand, sondern der Gegenstand einer Deklara-

3 Harold Rosenberg, *The Anxious Object*, New York 1973, S. 18.

tion. Wie die Menschenrechte, deren symbolische Überzeichnung sie vielleicht ist. Oder wie die Liebe." (de Duve 1993, 295f.)

Damit fällt de Duve in das Diktum *über Geschmack läßt sich nicht streiten* zurück, ein Diktum, dessen Berechtigung Kant gerade bestritten hat. Interessant an de Duve's Analyse bleibt sicherlich das Moment der Setzung, der Deklaration, d.h. also des Performativen, nämlich, daß ein Kunstwerk weniger etwas Vorhandenes ist und in seiner Vollendung gut, sondern sich vollzieht.

Daß aber ein Kunstwerk zum Kunstwerk wird rein durch Deklaration, durch den Machtspruch seines Autors, trifft nicht zu. Das *System* Kunst muß es nämlich als Werk akzeptieren. In diesem Sinne ist dem Kontextualismus von Arthur Danto (1964)[4] und Niklas Luhmann (1995) zuzustimmen, nämlich der Auffassung, daß ein Etwas durch seine Einbettung in den gesellschaftlichen Kontext *Kunst*, nämlich in den Betrieb von Ausstellung, Museum, Galerie, Kunstmarkt etc. zum Kunstwerk wird. Auch wir hatten ja von einer Auratisierung von Alltagsgegenständen durch ihre Versetzung ins Kunstsetting gesprochen. Nur die letzte Wahrheit kann das nicht sein, denn das System Kunst, zu dem ja auch die professionelle Kunstkritik gehört, kann ja unter Umständen äußerst widerständig sein, so daß die Geste eines Jedermann, durch die er ein Etwas zum Kunstwerk und sich zum Künstler erklärt, ins Leere laufen kann. Der Diskurs über die Frage *Was ist Kunst?* ist also selbst ein wesentliches Konstituens für das, was als Kunst erscheinen kann.

Damit stellt sich die Frage, ob es für diesen Diskurs, also die Auseinandersetzung darüber, was eigentlich Kunst ist, Leitlinien gibt. Paradoxerweise ist das Grundpostulat für diesen Diskurs, sich einer Definition von *Kunst* zu enthalten. So verständlich es ist, angesichts der in allen Bereichen zu beobachtenden Prozesse der Entdifferenzierung eine ästhetische Grenze (Bohrer, 1993) bestimmen zu wollen, so verkennt doch diese Bemühung die Tatsache, daß die Auseinandersetzung um die Frage *Was ist Kunst?* nicht nur eine diskursive ist, sondern durch die Kunstproduktion selbst mitbestimmt wird. Faktisch läßt sich die seit Hegel periodisch wiederkehrende Rede vom *Ende der Kunst* dadurch erklären, daß die Kunst als Praxis jeweils die durch einen bestimmten Kunstbegriff gesetzten Grenzen überschritten hatte. Die Bedingungen der Auseinandersetzung um Kunst müssen deshalb so sein,

4 Danto hat seine Auffassung gegenüber diesem früheren Aufsatz später modifiziert, s. Danto 1996.

daß sie die Auseinandersetzung selbst offen halten. Als eine solche erste Bedingung könnte man wohl *Anschlußfähigkeit* benennen. Ein Werk hat berechtigte Aussicht, als Kunstwerk akzeptiert zu werden, wenn es sich in irgendeiner Weise auf die bisherige Kunstentwicklung bezieht – das kann auch durch Protest und bestimmte Negation geschehen. Tatsächlich hat Marcel Duchamp, indem er unter dem Namen Richard Mutt sein Werk *Fontaine* für eine Ausstellung einsandte, die Frage *Was ist Kunst?* aufgeworfen und sich damit im Sinne einer konkreten Negation auf die bisherige Kunstentwicklung bezogen. Von daher könnte man allerdings sagen, daß das eigentliche *Werk* von Duchamp dieser Akt war, und daß umgekehrt das, was man im Museum bewundern kann, nur noch als Dokument dieses Aktes zu gelten hat.

Diese Verschiebung vom Werk zur Performation, durch die Gegenstände der Kunst lediglich Anlaß zur Erinnerung und Dokumente eines Ereignisses sind, dürfte überhaupt charakteristisch für eine Hauptlinie der modernen Kunstentwicklung sein (Mersch, 2001).

Daraus ergibt sich unmittelbar ein zweites Kriterium, das für breite Teile der modernen Kunst ihren Kunstcharakter definiert, nämlich, daß sie *Kommentar* sind. Auch hier ist wieder ein Werk von Duchamp, nämlich seine Mona-Lisa-Übermalung (L.H.O.O.Q., 1919), bahnbrechend gewesen. Ein großer Teil der modernen Kunst bezieht sich so, kommentierend, übermalend, reproduzierend auf die klassische Kunst. Als hervorragendes Beispiel sei die *Begegnung* von Bill Viola genannt, durch die er ein Gemälde von Pontormo im Medium der Videokunst kommentiert.

Auf dem Hintergrund der Ästhetik qua Aisthetik läßt sich ein weiteres offenes Kriterium zur Beantwortung der Frage *Was ist Kunst?* angeben. Ihre Stärke besteht ja gerade darin, daß sie als solche gerade nicht als Theorie des Kunstwerks konzipiert ist. Sie ist Theorie sinnlicher Erfahrung. Das Ästhetische wird von ihr als die Erscheinungswirklichkeit, oder schlicht die Wirklichkeit im Gegensatz zur Realität, bestimmt. Da aber faktisch die Erfahrung der Wirklichkeit immer in die Auseinandersetzung mit der Realität eingebettet ist, und Erscheinung immer als Erscheinung von etwas gewertet wird, könnte die gesellschaftliche Aufgabe der Kunst darin bestehen, Wirklichkeit als solche zu thematisieren und damit die Erfahrung von Erscheinung ohne den Ernst der Auseinandersetzung mit der Realität zu ermöglichen. Deshalb wurde die Produktion von Atmosphären als die eigentliche Aufgabe ästhetischer Arbeit und ihre Rezeption in handlungsentlasteter Situation als charakteristische Kunsterfahrung benannt (Böhme, 1999a, 11f.)[5]. Tatsächlich kann man auch beobachten, daß in jüngster Zeit die reflexive Thematisierung sinnlicher Wahrnehmung ein leitendes Thema der Kunstentwicklung ist. Freilich sollte man sich davor hüten, sie zu einem Definiens von Kunst hochzustilisieren, sonst wäre man vielleicht durch das Auftreten der *concept art* bereits widerlegt. Die Auseinandersetzung um die Frage *Was ist Kunst?* geht weiter, und auch die Ästhetik qua Aisthetik hat ihren historischen Ort.

5 Trotz mancher Differenz findet sich bei Seel (1996, 105) eine durchaus verwandte Auffassung: »(Kunstwerke) sind Objekte eines besonderen – vollzugsorientierten, sinnengeleiteten und selbstbezüglichen – Wahrgenommenswerdens. Sie sind zu nichts anderem da, als in ihrem komplexen Erscheinen wahrgenommen zu werden«.

Literatur

Es wird im Text nach Autor und Jahreszahl zitiert. Bei älteren Texten wird außer dem Erscheinungsjahr der benutzten Ausgabe das Erscheinungsjahr der Originalausgabe angegeben.

Adler, Hans u. Zeuch, Ulrike (Hrsg.), 2001: Synthese der Sinne. Synästhesie historisch und aktuell. Würzburg: Königshausen u. Neumann 2001

Albers, Josef, 1997: Interaction of Color. Die Grundlegung einer Didaktik des Sehens,Köln: Dumont 1997

Adorno, Theodor W., 1985: Ästhetische Theorie, Frankfurt/M: Suhrkamp, 7. Auflage 1985

Aristoteles, 1961: Aristoteles' kleine Schriften zur Naturgeschichte (Übers. Paul Gohlke), Paderborn: Schöningh 1961

Aristoteles, die folgenden Schriften werden wie üblich nach der Bekkerschen Ausgabe zitiert:
De Anima
Kategorien
Meteorologie
Nikomachische Ethik
Physik
Über Entstehen und Vergehen
Über den Himmel

Barck, Karlheinz; Peter Gente, Heidi Paris, Stefan Richter (Hrsg.) 1990: Aisthesis, Wahrnehmung heute oder Perspektiven einer anderen Ästhetik, Leipzig: Reclam 1990

Barth, Heinrich, 1947: Philosophie der Erscheinung. Eine Problemgeschichte, 2 Bde., Basel: Schwabe 1947/1959

Baudrillard, Jean, 1982: Der symbolische Tausch und der Tod, München: Matthes & Seitz 1982

Baumgarten, Alexander Gottlieb, 1759/1983: Texte zur Grundlegung der Ästhetik, übers. und hrsg. von H. R. Schweitzer, Hamburg: Meiner 1983

Benjamin, Walter, 1979: Das Kunstwerk im Zeitalter seiner technischen Reproduzierbarkeit, Frankfurt/M.: Suhrkamp, 11. Aufl. 1979

Benjamin, Walter, 1991: Gesammelte Schriften, Frankfurt/M.: Suhrkamp, 1991

Benn, Gottfried, 1962: Prosa und Szenen (Werke Bd. 2), Wiesbaden: Limes 2. Aufl. 1962

Bernd, Adam, 1738/1973: Eigene Lebens-Beschreibung, München: Winkler 1973

Böhme, Gernot, 1980: Whiteheads Abkehr von der Substanzmetaphysik. Substanz und Relation. In: E. Wolf-Gazo (Hrsg.), Whitehead, Freiburg: Alber 1980

Böhme, Gernot, 1986: Philosophieren mit Kant. Zur Rekonstruktion der Kantischen Erkenntnis- und Wissenschaftstheorie, Frankfurt/M: Suhrkamp 1986

Böhme, Gernot, (Hrsg.), 1989: Klassiker der Naturphilosophie. Von den Vorsokratikern bis zur Kopenhager Schule, München: C. H. Beck 1989

Böhme, Gernot, 1993: Alternativen der Wissenschaft, Frankfurt/M: Suhrkamp, 2. Aufl. 1993

Böhme, Gernot, 1998a: Brief an einen japanischen Freund über das *Zwischen* in: T. Ogawa, M. Lazarin, G. Rappe (Hrsg.), Interkulturelle Philosophie und Phänomenologie in Japan. München: iudicium Verlag, 1998, 233-239

Böhme, Gernot, 1998b: Anmutungen. Über das Atmosphärische, Ostfildern: edition tertium 1998

Böhme, Gernot, 1998c: Der Typ Sokrates, Frankfurt/M.: Suhrkamp, 2. Aufl. im Taschenbuch, 1998c

Böhme, Gernot, 1999a: Für eine ökologische Naturästhetik, Frankfurt/M.: Suhrkamp, 3. Aufl. 1999

Böhme, Gernot, 1999b: Kant's *Kritik der Urteilskraft* in neuer Sicht, Frankfurt/M: Suhrkamp 1999

Böhme, Gernot, 1999c: Kommunikative Atmosphären, in: Eine Rose für Jochen Bockemühl. Sonderheft der *Elemente der Naturwissenschaft*, Kooperative Dürnau 1999, 60-70

Böhme, Gernot, 1999d: Die ontologischen Grundlagen westlicher Kultur. In: Beiträge zur Integralen Weltsicht, Vol. XIV, 1999, 1-14.

Böhme, Gernot, 1999e: Theorie des Bildes, München: Fink 1999

Böhme, Gernot, 2000a: Atmosphäre. Essays zur neuen Ästhetik, Frankfurt/M.: Suhrkamp, 3. Aufl. 2000

Böhme, Gernot, 2001: Zur Kritik der ästhetischen Theorie, in: Zeitschrift für kritische Theorie, 2001

Böhme, Gernot/Schiemann, Gregor (Hrsg.) 1997: Phänomenologie der Natur, Frankfurt/M.: Suhrkamp 1997

Bohrer, Karl Heinz, 1993: Die Grenzen des Ästhetischen. In: W. Welsch (Hrsg.), Die Aktualität des Ästhetischen. München: Fink 1993, 48-64

Bormann, Alexander v., 1987: Die Erde will ein freies Geleit. Deutsche Naturlyrik aus sechs Jahrhunderten, Frankfurt/M.: Insel, 2. Aufl. 1987

Brandt, Reinhard, 1999: Die Wirklichkeit des Bildes. Sehen und Erkennen – Vom Spiegel zum Kunstbild. München: Hanser 1999

Brockhaus, 1986: Brockhaus Enzyklopädie in vierundzwanzig Bänden, Mannheim: F. A. Brockhaus, 19. Aufl. 1986ff.

Brown, Laura, 1985: Alexander Pope, Oxford: Basil Blackwell 1985

Carus, Karl Gustav, 1853: Symbolik der menschlichen Gestalt. Ein Handbuch der Menschenkenntnis, Leipzig: Brockhaus 1853

Cassirer, Ernst, 1973: Philosophie der symbolischen Formen, 3 Bde., Darmstadt: WB, 7. Aufl. 1973
Castoriadis, Cornelius, 1984: Gesellschaft als imaginäre Institution? Entwurf einer politischen Philosophie, Frankfurt/M: Suhrkamp 1984
Cramer, Friedrich; Wolfgang Kaempfer, 1992: Die Natur der Schönheit. Frankfurt/M.: Insel 1992
Danto, Arthur C., 1964: The Artworld, Journal of Philosophy 1964, Bd. 61 (1964), H. 19, S. 571
Danto, Arthur C., 1996: Kunst nach dem Ende der Kunst, München: Fink 1996
Darwin, Charles, 1872: Der Ausdruck der Gemüthsbewegungen bei dem Menschen und den Thieren. Stuttgart: Schweizerbart'sche Verlagsh. 1872
Dilthey, Wilhelm, 1965: Das Erlebnis und die Dichtung (1905), Göttingen: Vandenhoeck & Ruprecht 1965
Durth, Werner, 1988: Die Inszenierung der Alltagswelt. Zur Kritik der Stadtgestaltung, Braunschweig/Wiesbaden: Vieweg, 2. Aufl. 1988
Duve, Thierry de, 1993: Kant nach Duchamp, München: Boer 1993
Eberle, Matthias, 1980: Individuum und Landschaft. Zur Entstehung und Entwicklung der Landschaftsmalerei, Gießen: Anabas 1980
Eco, Umberto, 1973: Das offene Kunstwerk, Frankfurt/M.: Suhrkamp 1973
Eco, Umberto, 1977: Zeichen. Einführung in einen Begriff und seine Geschichte, Frankfurt/M.: Suhrkamp 1977
Gadamer, Hans-Georg, 1965: Wahrheit und Methode. Grundlagen einer philosophischen Hermeneutik, Tübingen: Mohr, 2. Auflage 1965
Gall, Franz Joseph, 1802: Darstellung der neuen auf Untersuchungen der Verrichtungen des Gehirns gegründeten Theorie der Physiognomik, Wien: Horchenleitter, 3. Auflage 1802
Gibson, William, 1990: Neu-Romancer, München: heyne, 5. Aufl. 1990
Goethe, J. W. v., 1810/1966: Zur Farbenlehre, in: Goethes Werke, Hamburger Ausgabe, Bd. XIII, Hamburg: Chr. Wegner, 5. Aufl. 1966
Goethe, J. W. v., 1967: Maximen und Reflexionen, in: Goethes Werke, Hamburger Ausgabe, Bd. XII: Chr. Wegner, 6. Aufl. 1967
Habermas, Jürgen, 1982: Theorie des kommunikativen Handelns, 2 Bde., Frankfurt/M.: Suhrkamp, 2. Aufl. 1982
Haug, Wolfgang Fritz, 1977: Kritik der Warenästhetik, Frankfurt/M.: Suhrkamp, 6. Aufl. 1977
Hauskeller, Michael, 1995: Atmosphären erleben. Philosophische Untersuchungen zur Sinneswahrnehmung, Berlin: Akademie Verlag 1995
Heidegger, Martin, 1957: Sein und Zeit (1927), Tübingen: Mohr, 7. Aufl. 1957
Hegel, G. W. F., 1970: Vorlesung über Ästhetik, Bde. 13-15, in: Werke in zwanzig Bänden, Frankfurt/M.: Suhrkamp 1970
Hellpach, Willy, 1939: Geopsyche. Die Menschenseele unterm Einfluß von Wetter und Klima, Boden und Landschaft, Leipzig: Engelmann, 5. Aufl. 1939
Hirschfeld, Christian Cayus Lorenz, 1779-85: Theorie der Gartenkunst, 5 Bde., Leipzig: M. G. Weidmanns Erben 1779-85

Hoffmann-Axthelm, Dieter, 1984: Sinnesarbeit. Nachdenken über Wahrnehmung, Frankfurt/M.: Campus 1984

Horkheimer, Max, Theodor W. Adorno, 1969: Dialektik der Aufklärung, Philosophische Fragmente (1944), Frankfurt/M.: S. Fischer 1969

Horkheimer, Max, 1970: Traditionelle und kritische Theorie, Frankfurt/M.: Fischer 1970

Humboldt, Alexander von, 1807/1986: Ansichten der Natur, mit wissenschaftlicher Erläuterung, Nördlingen: Greno 1986

Humboldt, Alexander von, 1889: Kosmos. Entwurf einer physischen Weltbeschreibung, (Ges. Werke I, II), Stuttgart: Cotta 1889

Jauß, Hans Robert (Hrsg.), 1968: Die nicht mehr schönen Künste. (Poetik und Hermeneutik 3), München: Fink 1968

Juchem, H. G., 1970: Die Entwicklung des Begriffs des Schönen bei Kant, Bonn: Bouvier 1970

Kant, Immanuel, 1781/1956: Kritik der reinen Vernunft, Hamburg: Meiner 1956

Kant, Immanuel, 1790/1959: Kritik der Urteilskraft, Hamburg: Meiner 1959

Kant, Immanuel, 1786/1963: Metaphysische Anfangsgründe der Naturwissenschaft in: Werke in sechs Bänden (Hrsg. v. W. Weischedel) Bd. V, Darmstadt: WB 1963

Karlson, J./Arne Ruth, 1983: Samhället som teater. Estetik och Politik i Tredje Riket, Stockholm: Liber Förlag 1983

Klages, Ludwig, 1970: Grundlegung der Wissenschaft vom Ausdruck, Bonn: Bouvier, 9. Aufl. 1970

Kluge, Friedrich, 1960: Etymologisches Wörterbuch der deutschen Sprache, Berlin: de Gruyter, 18. Aufl. 1960

Kriegk, Georg Ludwig, 1840: Ueber ästhetische Geographie, in: ders.: Schriften zur allgemeinen Erdkunde, Leipzig: Engelmann 1840

Kümmerlen, Robert, 1929: Zur Aesthetik bühnenräumlicher Prinzipien, Ludwigsburg: Schmoll und Häußermann 1929

Langer, Susanne K., 1957: Philosophy in a new Key. A Study in the Symbolism of Reason, Rite and Art, Cambridge/Mass.: Harvard UP, 3. Aufl. 1957

Lavater, Johann Kaspar, 1778: Physiognomische Fragmente zur Beförderung der Menschenkenntnis und Menschenliebe, Leipzig/Winterthur: Weidmann 1778ff.

Lehmann, Herbert, 1986: Essays zur Physiognomie der Landschaft. (Hrsg. v. A. Krenslin u. R. Müller), Wiesbaden: Erdkundliches Wissen 83, 1986

Lichtenberg, Georg Christoph, 1778/1972: Schriften und Briefe, Bd. 3, (Hrsg. v. W. Promies), München: Hanser 1972

Lippe, Rudolf zur, 1974: Naturbeherrschung am Menschen, 2 Bde., Frankfurt/M: Syndikat 1974

Luhmann, Niklas, 1995: Die Kunst der Gesellschaft, Frankfurt/M: Suhrkamp 1995

Mach, Ernst, 1903: Die Analyse der Empfindungen und das Verhältniss des Physischen zum Psychischen (1886), Jena: Fischer, 4. Aufl. 1903

Magritte, René, 1985: Sämtliche Schriften (Hrsg. v. André Blavier), Berlin: Ullstein 1985
Meier, Georg Friedrich, 1748-1750: Anfangsgründe aller schönen Künste und Wissenschaften, 3 Bde., Halle: Hemmerde 1748-1750
Meier, Georg Friedrich, 1757: Betrachtungen über den ersten Grundsatz aller schönen Künste und Wissenschaften, Halle: Hemmerde 1757
Merleau-Ponty, Maurice, 1966: Phänomenologie der Wahrnehmung, Berlin: de Gruyter 1966
Mersch, Dieter, 2001: Ereignis und Aura. Grundlinien einer performativen Ästhetik. Frankfurt/M: Suhrkamp 2001
Mitscherlich, Alexander, 1966: Die Unwirtlichkeit unserer Städte. Anstiftung zum Unfrieden. Frankfurt/M.: Suhrkamp 1966
Newton, Isaac, 1988: Über die Gravitation... . Texte zu den philosophischen Grundlagen der klassischen Mechanik (Text lat.-dt., übers. und erläutert von Gernot Böhme), Frankfurt/M.: Klostermann 1988
Porta, Giambattista della, 1593/1930: De humana Physiognomia, Hannover: Fischer 1593, dt. Die Physiognomie des Menschen, (Hrsg. v. Th. Lessing); Radebeul/Dresden: Dr. Madaus 1930
Reichel, Peter, 1991: Der schöne Schein des Dritten Reiches, München: Hanser 1991
Rosenkranz, Karl, 1979: Ästhetik des Häßlichen (1853), Darmstadt: WB Nachdruck 1979
Sartre, Jean Paul, 1966: Das Sein und das Nichts. Versuch einer phänomenologischen Ontologie, Hamburg: Rowohlt, 3. Aufl. 1966
Scheuerle, Hans Jürgen, 1984: Die Gesamtsinnesorganisation. Überwindung der Subjekt-Objekt Spaltung in der Sinneslehre, Stuttgart: Georg Thieme, 2. Aufl. 1984
Schiller, Friedrich, 1795: Über die ästhetische Erziehung des Menschen in einer Reihe von Briefen (1795), in: Schillers Werke in zwei Bänden, Bd. II, 563-641, München: Droemer o. J.
Schmitz, Hermann, 1964: System der Philosophie, Bd. I, Die Gegenwart, Bonn: Bouvier 1964
Schmitz, Hermann, 1965: System der Philosophie, Bd. II.1, Der Leib, Bonn: Bouvier 1965
Schmitz, Hermann, 1967: System der Philosophie, Bd. III.1, Der leibliche Raum, Bonn: Bouvier 1967
Schmitz, Hermann, 1968: Subjektivität. Beiträge zur Phänomenologie und Logik, Bonn: Bouvier 1968
Schmitz, Hermann, 1969: System der Philosophie, III. 2, Der Gefühlsraum, Bonn: Bouvier 1969
Schmitz, Hermann, 1977: System der Philosophie, Bd. III.4, Das Göttliche und der Raum, Bonn: Bouvier 1977
Schmitz, Hermann, 1978: System der Philosophie, Bd. III.5, Die Wahrnehmung, Bonn: Bouvier 1978
Schmitz, Hermann, 1990: Der unerschöpfliche Gegenstand, Bonn: Bouvier 1990

Schmitz, Hermann, 1994: Situationen oder Sinnesdaten – Was wird wahrgenommen?, in: Allg. Zt. f. Philosophie, 19.2 (1994), 1-21
Schmitz, Hermann, 1999: Adolf Hitler in der Geschichte, Bonn: Bouvier 1999
Schulze, Gerhard, 1993: Die Erlebnis-Gesellschaft. Kultursoziologie der Gegenwart. Frankfurt/M: Campus, 4. Aufl. 1993
Schürmann, Eva, 2000: Erscheinen und Wahrnehmen. Eine vergleichende Studie zur Kunst von James Turrell und der Philosophie Merleau-Pontys, München: Fink 2000
Seel, Martin, 1991: Eine Ästhetik der Natur, Frankfurt/M: Suhrkamp 1991
Seel, Martin, 1996: Ethisch-ästhetische Studien, Frankfurt/M: Suhrkamp 1996
Seel, Martin, 2000: Ästhetik des Erscheinens, München: Hanser 2000
Shaftesbury, 1710: Soliloquy: Or, Advice to an Author, in: Standard Edition (Hrsg. G. Hemmrich u. W. Benda), Stuttgart: Frommann-Holzboog o. J., Bd. I, 1 Ästhetik
Ströker, Elisabeth, 1965: Philosophische Untersuchungen zum Raum, Frankfurt/M: Klostermann 1965
Welsch, Wolfgang, 1990: Ästhetisches Denken, Stuttgart: Reclam 1990
Welsch, Wolfgang (Hrsg.), 1993: Die Aktualität des Ästhetischen, München: Fink 1993
Werner, Heinz, 1966: Intermodale Qualitäten (Synästhesien), in: Handbuch der Psychologie in zwei Bänden, Bd. I, 1, Göttingen: Hogrefe 1966
Whitehead, Alfred North, 1929/1957: Process and Reality. An Essay in Cosmology, New York: Harper & Row 1957
Wolff, Christian, 1732: Psychologia empirica, Frankfurt & Leipzig: Hengeriana 1732
Wundt, Wilhelm, 1900: Völkerpsychologie, Bd. 1, Leipzig: Engelmann 1900

Danksagung

Ich danke Frau Heiderose Kolberg und Frau Bożena Friedrich für ihre Mühe bei der Erfassung des Textes. Ferner meinem Mitarbeiter Michael Hauskeller für die Hilfe bei den Korrekturen und für die Erstellung des Namensregisters. Schließlich meinen Hörern bei den Vorlesungen, die stets mit Diskussion durchgeführt wurden, für Anregungen und Kritik.

Namensregister